敘說探究：

質性研究中的經驗與故事

Narrative Inquiry : Experience and Story
in Qualitative Research

D. Jean Clandinin / F. Michael Connelly◆著
蔡敏玲、余曉雯◆譯

Narrative Inquiry :

Experience and Story in

Qualitative Research

By D. Jean Clandinin / F. Michael Connelly

Jossey-Bass books and products are available through most bookstores. To contact Jossey-Bass directly, call (888)378-2537,fax to(800)605-2665, or visit our website at www.josseybass.com.

Substantial discounts on bulk quantities of Jossey-Bass books are available to corporation, professional associations, and other organizations. For details and discount information, contact the special sales department at Jossey-Bass.

作者簡介

D. Jean Clandinin 是 Alberta 大學的教授，以及「教師教育和發展研究中心」的主任。她在Alberta大學完成心理系與歷史系的學士學位，以及諮商教育的碩士學位，之後在 Toronto 大學取得博士學位。之前，她曾當過教師、諮商員，和校內輔導員。在 *Curriculum Inquiry*、*Teaching and Teacher Education*、*Cambridge Journal of Education* 等雜誌上，她發表過多篇獨立著作或與人合著的文章。她最新與 F. Michael Connwelly 合著的書是 *Teachers' Professional Knowledge Landscapes*（1995），及 *Shaping a Professional Identity*（1999），由 Teachers College Press 所出版。她之前擔任過 American Educational Research Association（AERA）的副會長，在 1993 年獲頒 AERA 的 Early Career Development Award。

F. Michael Connelly 曾在 Alberta 大學、Columbia 大學和 Chicago 大學求學。他在 Alberta 大學獲得科學學士學位、碩士學位，以及教育學士學位，在 Chicago 大學完成博士學位。他是一位教授，也是「教師發展中心」以及安大略省在Toronto大學中教育研究協會的主任。他曾在Alberta的中等學校裡教書，同時在 Alberta、Illinois 和 Chicago 大學中擔任教職。在第二屆國際科學研究中，他負責組織加拿大的部分。他是 *Curriculum Inquiry* 的編輯，並且是 John Dewey Society for Study of Education and Culture 主任會的成員。他和 Clandinin 共同擔任一個關

I

於教個人實務知識與教師專業的知識景致（landscape）的長程研究計畫主持人。他和 Clandinin 合著 *Teacher as Curriculum Planners: Narratives of Experience*（1988），以及許多與此書有關的文章和其他書中章節。他是 Canadian Society for the study of Education 1987 年所頒發 Outstanding Canadian Curriculum Scholar Award 的得獎人；1991 獲得教育研究的 Canadian Education Association-Whitworth；1999 獲頒 AERA 中 B 組的 Lifetime Achievement Award。

作者序

　　本書《敘說探究：質性研究中的經驗與故事》的設計，是 用來引導讀者對敘說探究的研究途徑有所瞭解——瞭解什麼是敘說探究，及如何進行。我們認為，當一個人在架構研究問題、進入探究現場，以及撰寫現場文本和研究文本時，故事可以顯明敘事式學習與思考的重要性。我們的途徑不是經由定義來告訴你敘說探究是什麼，而是藉著詳述敘說研究者所做之事，以這種透過脈絡建立定義的方式來展示它是什麼。接下來的章節裡，我們舉出了許多從敘說探究而來的故事實例，用以提出其所關注的範圍。我們從自己的故事出發，其中也包括了其他人在敘說探究旅程的道路上，所發生的一些具有代表性的故事。

　　為了解釋旅程中那些引導我們從事敘說探究的重要人事，在第一章裡，我們將簡略地介紹某些影響我們研究的看法，並且進一步討論，其他人的經驗如何為我們的觀點帶來啟發。我們從杜威開始，他對我們的研究有顯著的影響。他相信，檢視經驗是教育的關鍵；我們審視了當代對具象化隱喻（embodied metaphors）和敘說整體（narrative unity）的研究所帶來的影響；也討論新的探究形式對其他領域的影響，如人類學、心理學、心理治療和組織理論等，以及這些新探究形式如何也對我們的研究發生作用。

　　第二章中，我們檢視了參與在一個主要任務為修正 Bloom

分類法的研究小組中的經驗。透過這個檢視，我們細查了敘說探究及鉅型敘事（grand narrative）兩者之間優勢地位的差異。我們的經驗可以當成例子來說明，當敘說探究途徑與一個不同的、較傳統的途徑迎面交鋒時，會產生的緊張狀態。

在第三章裡，我們把焦點較直接地放在專業實踐的範圍內。我們提出敘說研究者和那些從其他觀點而進行研究的探究者之間，不可避免地會發生的緊張關係。透過檢討一種由鉅型、包納式的（overarching）想法、概念及理論所構想的探究（形式主義的），以及另一種以部分、因素、次級過程所規畫的探究（化約主義的），我們指出了兩個邊界。我們還探討特定的緊張關係，例如在每個邊界上，有關理論的位置，以及人的性質與角色等問題。

第四章，我們開始實際去演示敘說研究者的作為。我們的意圖不在定義敘說探究，而是透過敘說研究者所做之事來展現敘說探究；我們的興趣在於那些敘說探究所使用的詞彙，以及這些詞彙如何定義和界定探究過程。我們還討論了那些有助於形塑我們的探究的詞彙。在這裡，我們介紹了我們的研究架構——三度探究空間。我們也從我們的工作中提供兩個實例來說明，敘說探究如何在實踐中被活出來。

第五章把我們和研究者一起帶進現場中。我們首先看到，一個實際的敘說探究過程是何等地具有動態性：活著和說著故事、重活和重述故事。而且，不只是參與者的故事，還包括研究者的故事。我們也檢視了研究者在整個探究過程中，必須學習去協商的特定挑戰。

IV

　　第六章處理的是與書寫現場文本有關的挑戰。其中討論了研究者在認為自己喪失客觀性時所遭遇的困難，並且示範說明，現場文本如何能幫助他們澄清自己的位置。現場文本就像是記憶的提增物（memory enhancers），在那些遺忘的事件（外在經驗）與情感（內在經驗）的空白處中，添入遺失的線索。

　　第七章描述的是由研究者及參與者所可能創造出來的多種現場文本，這些文本代表了現場經驗中的不同面向。我們審視研究者和參與者之間的關係，不但以某種方式塑造了現場文本的本質，也形塑了所創造出來的現場文本之類型。結尾時我們探討，謹慎且敏感地定位現場文本，對於最終的研究完整性是多麼得重要。

　　敘說探究的新手會發現，從現場文本移向研究文本是最困難的轉換之一。第八章描繪了幾個主題，我們需要審慎地思慮這些主題，並且巧妙地將之織入最後的「產品」——研究文本——中。

　　在第九章中，我們繼續檢視與書寫研究文本有關的複雜度。我們探查研究過程如何把研究者帶回到在探究初始時所面臨的化約主義與形式主義的邊界。我們探討那些對研究文本的目的所具有的懷疑與不確定感，對研究者來說，在書寫的階段中，這些感覺幾乎是無可避免地會一再回返。並且也討論，在研究文本寫定時，研究者非常有可能精鍊甚或改變一些在研究起始時似乎很清楚的目標。我們在這章的結尾討論，當一個人為其研究文本選擇一最佳的敘述形式時，環繞著這個選擇所會產生的許多顧慮。

最後，第十章呈現的是，在探究過程中，從探究想法的孕育到最後研究文本撰寫完畢時，所必須努力去解決的議題，例如倫理、所有權、匿名等。第十章結束時所討論的是，我們認為對敘說研究者最重要的一個判準——保持清醒。

D. Jean Clandinin 於愛德蒙頓‧加拿大
F. Michael Connelly 於多倫多‧加拿大
1999 年 8 月

致謝

在我們的經驗與敘說之旅上，有許多人陪伴著我們一道漫 xvii
行。我們應該盡我們可能地尊敬這些人，並且將榮耀歸於這些
共行者。有些人，由於時間、地點或學術環境的理由，我們只
能透過他們的作品與之相遇；有些人，他們也許甚至不是敘說
研究者，但卻透過相關的書寫來支持我們，幫助我們去想像敘
說探究的可能性；有些人是在學校、大學、學院或健康照護機
構裡的實務工作者，他們讓我們在一個接著一個的研究中，進
入他們的專業生活中；有許多是學生，他們修我們的課，同時
教導我們如何教授敘事，並且如何進行敘事式教學；有很多已
經是在寫碩士或博士論文的學生，他們來自不同的文化、社會
和專業位置，書寫各種不同的主題，但都帶著敘說探究的議
程。

也許，其中對我們日復一日思考敘說探究最重要的是那些
博士班學生。他們參與我們的研究小組，將他們的研究如此緊
密地攙合進我們的研究中，以致到最後無法將之區分出來，並
適當地予以歸功。我們試著在整本書裡去感謝這些人，感謝他
們在我們發展敘說探究的想法時，所帶給我們的重要貢獻。

敘說探究總是多層次且具多樣路線。為了能為這些說出來
的、活出來的、共同建構的，且最後要在研究文本中敘說的故
事，賦與其所具有的複雜度與交織性，我們試著將自己安置在
這些作為共同研究者的博士班學生身邊。當我們這樣做的時

候，我們是把我們、我們的研究放在緊臨著他們的研究、他們的參與者的位置上。這些交織的角色——我們是這本書的作者、這個研究小組的成員以及他們的參與者——形成了一個由生活、故事、難題以及因難題而驅動的敍說探究所構築的空間。

xviii　如同我們在其他的書中所做的一般，我們非常地感謝Gary Pyper。他總是熟練地利用可得的科技資源，來謹慎地處理多樣的草稿、回應和修正。

D.J.C.

F.M.C.

目錄

序曲

我們那時坐在菲律賓大學的一間會議室裡。之前一年，這 個小組曾在日本碰頭；我們還計畫下一年要在義大利的一個紅酒產區碰面。大學招待我們吃了一頓精緻的午餐，我們期待著接下來要在馬尼拉和其近郊所展開的一系列半天或全天的旅行。看起來，每個人（當然也包括 Michael）不管是對於此地的烹調風格或者探索新地方的機會，都顯得興致勃勃。

1980 年的年末，我們在馬尼拉參與一個由國際協會所舉辦，針對教育成就評量所進行的第二屆國際科學研究（Second International Science Study of the International Association for the Evaluation of Educational Achievement）。這是一個國際性的比較教育研究，研究對象包括了四十多個國家。

隨著世界表面上的開放，並且處在多種自由貿易協定的邊緣；隨著世界上大部分的地區身在和平中（或者，至少並沒有捲進一個稱為世界大戰的事件中），以及逐漸承認世界各地區間的相互影響力（至少對 Michael 來說是如此）——德國、日本在製造業和市場上的成功、美國的政治影響力、中國的覺醒——還有那些偶爾伴隨著這個承認而來的競爭性，教育——不管實行方式如何、學校看起來樣貌為何，或者在不同文化中的人們所學為何——已經變成一個有趣的議題。察覺到日本教育系統的成功，讓新聞記者覺得憂心；其他人則對教育在所謂的第三世界，以及發展中文化裡所扮演的角色感到好奇。

XV

　　Michael在加拿大西部一所只有一個房間的鄉村校舍接受教育。那些過去只存在於想像、地圖、地球儀、報紙或收音機中的人們，還有他們對教育的想法，或他們生活的地方，對他來說是如此地具有吸引力。我們拜訪了馬尼拉的幾所學校，這些學校因為其紀律和嚴格而雀屏中選。當我們的車子停在學校前的交叉路口，街上的孩子過來向我們兜售小裝飾品時，我們看見了某種不一樣的生活。

　　在會議室裡，我們卯起勁來工作。我們花了兩個星期的時間，爭論著正確且最切實可行的製表方式；對於那些即將在參與國國內小學的三個年級中所舉辦的測驗，我們針對每個題目提出了多重選擇的回答。Michael 記得，隨著會議時間慢慢流逝，他覺得好像有些事不關己；也覺得已經知悉狀況，知道接下來要如何進行；他還有一種沒說出的，無關緊要的感覺；然而，他還是非常樂意身在那裡，能有機會去認識另外一個世界的生活與教育狀況。

　　那些日子在那個房間，或其他日子在其他的會議中所發生的事情，正是在教育探究中經常會發生的事情（至少，就我們的經驗來說是如此）：公眾對教育的興趣轉向研究者所提出來的易於管理的、微小的現實；為了研究精確度的緣故，研究者個人的興趣與關心因而被淹沒。

　　教育者的興趣在於生活。借用杜威（John Dewey）的隱喻來說，生活**就是**教育。教育者對學習、教學，以及這兩者如何發生等問題感到興趣；他們的興趣還在瞭解不同的生活、價值、態度、信念、社會系統、制度和結構等的開展，以及這些

如何與學習和教學相連結。教育研究者也是教育者，而且，我們也對人充滿了興趣。因為對人感到興趣，所以從這個意義來看，教育研究者是無異於其他任何在社會科學界從事研究的人。所有這些都是有關人的科學。人們的生活，以及人們如何去編寫和度過他們的生活，正是研究者的興趣所在。我們社會科學家是一群規模龐大的閒談者，我們喜歡觀察、參與、思考、敘說和撰寫我們人類夥伴們的所作所為。不過，在馬尼拉那間會議裡的那些閒談，真是無聊極了。

但是，如果身為研究者的我們之興趣，是在那些活過的經驗——也就是生活，以及生活如何被活過——那麼，為什麼我們的對話焦點會變成是去測量學生的反應呢？教育經驗怎麼會被看成是某種可以用這樣的方式來測量的東西呢？

由於我們對所有事物、人及事件的認識，這種把經驗的研究化約成測量問題的考慮，其實是一條正在進行的情節線路之一部分。對於教育研究，甚至可能對社會科學研究來說，這條情節線是非常具有威力的。那些在馬尼拉的會議並不是孤立的事件，它們是教育研究中一個鉅型敘事的一部分。

Lagemann（1996）在他的論文〈競爭的地域：1890-1990 xxiii 在美國的一段教育研究史〉（Contested Terrain: A History of Educational Research in the United States, 1890-1990）中也提到了類似的情形。這篇論文是從他正在進行的《杜威的挫敗：1890-1990 在研究大學中研習教育》（John Dewey's Defeat: Studying Education in the Research University, 1890-1990）一書中所選錄出來的。這本書的書名本身即已指出，經驗（這是杜威對

於教育想法的關鍵詞）此一概念是如何在教育研究中失去了蹤影。

　　Lagemann 注意到，1900 年初，在教育研究中浮現出一種思潮，在這種思潮裡，「從實證資料推得通則，逐漸成為一種共通的價值信念；並且，對於那些建立在邏輯或思索上的知識，普遍表示出一種輕蔑的態度。」（1996, p. 5）在這樣的思潮中，第一個教育研究正如預期般，像是一種全面的、人口普查似的調查。早期這種研究之所以可能，是因為有測驗和統計設計。Lagemann 認為，這些方法「使得研究者能去測量學生的成就與教學的代價，而後透過比較統計的分析，進一步去決定哪一種是最有效、代價最少，因而是最有效率的實務活動。」（1996, p. 6）

　　這個在教育研究中所浮現出來的情節線，其所處的脈絡，正是其他社會科學研究「對數字的尊崇」。那些開始被歸為社會科學的研究，導致了例如 1980 年末，在馬尼拉那間會議室裡所被討論的研究。測驗與統計設計使得這樣的研究成為可能，而且它們也吸引政府機構、政策決策者和研究者以某種方式來從事研究。比較教育研究者透過多重選擇測驗結果的評定，來研究不同國家中學生的學習。但早在這之前，經驗和生活已經開始以這樣的方式被研究。這是教育研究的情節線，也是許多在 1900 初期所建立起來的社會科學研究之情節線。

　　假使我們如杜威一般，把研究想像成是經驗的探究，那麼，對社會科學研究而言，這條情節線應該會是什麼樣子呢？社會科學關心的是人，以及人與自己還有環境的關係。如此而

言，社會科學應是建立在經驗的研究上；經驗也因而應該是所有社會科學探究的起始點與關鍵詞。

　　在我們的研究中，定期地轉向杜威的著作（例如，[1916] 1961, 1934, 1938），讓我們能夠一直把經驗放在最顯著的位置上。對杜威來說，教育、經驗和生活，三者之間緊密交織。當一個人問說，研究教育指的是什麼時，最廣義的答案是——去研究經驗。跟隨杜威的想法，教育的研究就是生活的研究—— xxiv 例如，研究神靈或靈感顯現時刻、儀式、例行慣例、隱喻，以及每日的行動。藉著對生活的思索，我們學習教育；而且，我們也從對教育的思索中去學習生活。對教育的注意，以及把教育的思考**看成**是經驗的思考，這正是在學校中的教育者所作所為中的一部分。

　　我們兩個人在學校中的工作都像是教育者。Jean 有幾年在兩所小學裡當學校輔導員。在那裡，她把時間花在傾聽孩子、家長，以及她們的老師訴說有關她們的生活，還有那些對她們而言重要的事。在這之間，她發現自己需要去進行一個碩士論文的研究，她希望她的研究與她過去花時間所做的事情能夠有所相關。由於身為教育者，Jean 在孩子和教師之間「過著她的生活」，而孩子和教師也在學校中「過著他們的生活」，Jean 因而懷疑是否有可能把生活和生活的研究兩者加以連結。

　　接下來她所面臨的問題是，如何與那些有閱讀困難的孩子們一起工作。通常，對老師和家長來說，這些「閱讀」問題在小學的後幾年會變得很明顯。而且，對此還有一種常用的情緒性表達方式，就是預測哪個孩子可能會遭遇這些問題的正確度

為何。去研究這些經驗似乎是有意義的。問題是，如何去研究孩子的經驗，以及如何能夠與那些面對此種問題的孩子，早點開始作密集性的研究呢？很明顯的，這些孩子的經驗，需要被化約成某些可以透過測驗和統計設計來測量的東西，以利研究的進行。正如後來出現的，在這樣的研究中，藉由著名的智力測驗和一個被普遍採用的詳細技能測驗，來測量學生的經驗。當然，這之間會有關係，而且，這也是預測哪些孩子很有可能遭遇閱讀困難的一種方式。

　　雖然 Jean 的確是研究那些在學校中與她一起生活的人，可是不管是與她自己的或她們的生活間，似乎總有好一段距離。孩子們的經驗被化約成兩個測驗分數，兩個分數在求取相關後，根據這個相關，可以得知學生如何去經驗學校生活。對 Jean 來說，當她讀了又讀這些統計相關，她開始覺得有些不對勁。她認識這些孩子；當孩子們告訴她時，她知道了一些他們的故事；她也從他們的教師和家長口中，聽到了某些故事。而 xxv 這些，絕不僅僅只是測驗的分數而已。他們的生活充滿了複雜、希望、夢想、願望，以及意圖。雖然研究社群尊崇數字，將焦點集中在統計的相關上，但 Jean 所想的卻是孩子們的生活。有個孩子的分數並未符合預測，在測驗分數上，他代表的是一個「偏差」。就這個研究而言，他是一個例外，位在標準範圍之外。在研究文本中，Jean 針對他的狀況寫了一筆。不管在生活或在學校裡，Jean 花了更多的時間，試著去瞭解他的經驗的複雜性。

　　我們兩個人的故事發生在不同的時間和不同的空間，但同

樣都嵌置在一個較大的教育研究故事中。在第一個故事裡
（Michael 的），一個研究者帶著自身的教育和生活興趣，幫忙
設計多重選擇題，以及那些用來比較教育評量的策略。在另一
個故事中（Jean 的），一個對學生的生活感到興趣的教師，透
過碩士研究計畫，學習去把孩子們的生活看成是他們所得分數
間的相關。但是，把教學及對經驗的研究興趣，轉化成帶有確
定性及錯誤評估性等可測量、可操作的策略，這樣的方式根本
無法掌握這些故事。我們的故事反映了整個社會科學研究的取
向。這是研究者被教育的方式；這是研究者從事研究的方式；
這也是教師被教導去思考，研究在他們的生活中所扮演的角色
之方式。

　　Lagemann（1989）寫道：「我經常帶點爭議性地對學生堅
稱，除非你知道 Edward L. Thorndike 獲勝，而杜威失敗，要不
然你將很難瞭解二十世紀時在美國的一段教育史。」（1989, p.
185）Thorndike 是一個教育心理學家，在行為觀察的基礎上，
他將教育科學的觀念加以普及化。根據 Cuban（1992）的看
法，在北美教育研究思潮中，Thorndike 是一個領導人物。Doy-
le（1992）指出，聯合了 Rice 和 Taylor 在社會學、商業和專業
化的研究，Thorndike 為社會效率運動提供了心理學的基礎。我
們把杜威和 Thorndike 之間的競爭，看成是兩個有關如何從事
社會科學研究的故事間的競爭。由 Thorndike 所撰寫的故事變
得如此普及，並且被當成是理所當然、唯一正當有效的故事，
我們因此將之稱為社會科學探究的一個「鉅型敘事」。

　　我們的教育研究生涯，正是處在這種背離經驗的思潮中

（雖然當時我們並沒有察覺到）。我們發現我們將那些引起我
們興趣的東西加以量化。當我們把經驗量化時，其豐富性與表
xxvi 達性也必然因此喪失殆盡。然而，由於某種緣由——不管是形
式上的教育或教養，或我們每個人過生活的方式——或其他的
原因，或原因間的結合，我們對經驗的興趣一直未曾稍減。在
我們對心理學、社會學、管理或哲學的研究中，我們真切地知
道，雖然微少，但確實有些東西一直支撐著我們的興趣，讓我
們繼續試著去瞭解在我們生活和研究中所經歷的經驗。

　　最終，敘說變成了一種瞭解經驗的方式（其中某些部分我
們會在第一章中解釋）。我們對敘說所感受到的興奮與樂趣，
其根源就在於我們對經驗的興趣。以敘說作為我們的有利位
置，我們因此有了一個參考點、一段生活和一塊可站立的根
基，用以去想像經驗為何，以及如何去研究經驗，並且將之呈
現在研究者的文本中。從這個觀點來看，經驗就是人們生活的
故事。人們的生活即是故事，並且在敘說這些故事時，對之加
以重新確認、修正，甚而建立新的故事。活過的和說出來的故
事，教育了自己也教育了他人，其對象包括年輕的，以及才剛
進入其社群的研究者（Clandinin & Connelly, 1994）。

為什麼敘說？

這本書的起點是始於我們對教學及教師知識的探究。在過去的三十年間，身為教師、師資培育者、大學裡的教師，以及教育研究者，我們已經在教育場景裡置身於不同的位置，以及不同的故事線間。我們提出的問題與研究上的疑惑定焦於以下幾個大問題上：個人如何教與學，時間性（將事物置於時間的脈絡中）如何與變化及學習產生聯繫，以及機構如何框限形塑了我們的生活。

介紹

在這個篇章裡，我們將回顧一些在此敘說探究的旅程中，有助於塑造我們觀點的歷史影響。其中，以對我們影響最深的

杜威（John Dewey）為起始點。我們還將討論一些當代影響我們的人物——Johnson 與 Lakoff 對具象化隱喻的研究，以及 MacIntyre 對敍說整體（narrative unity）的研究。同時，透過評論 Geertz 和 Bateson 在人類學、Polkinghorne 在心理學、Coles 在心理治療，以及 Czarniawska 在組織理論中的研究，我們也將檢視此種新探究形式在這些領域的影響力。最後，我們將提出一個指涉廣泛的操作概念來說明敍說探究對我們的意義，來結束這一章。

JOHN DEWEY

杜威是教育界裡聲譽卓著的思想家，我們所做的事受他影響甚鉅。杜威談論的一些事情是我們工作的重點，也是一些我們不斷返回思考的事情。過去幾年來，我們研究的興趣從台前的學生、學生學習，轉移到教師及教學、學校場景中的例行事物、節奏、價值及人，還有學校的改變及改革。不管我們如何地移轉焦點，或將某主題置於台前而將其他主題移居幕後，杜威關於經驗性質的著作，一直都是我們的概念與想像的常設背景。

在這些不同的探究中，「經驗」是一關鍵詞彙。對我們來說，杜威把教育場景中的日常用語、經驗，轉化成研究用語，並使我們因而可以藉此更瞭解教育場景中的生活。對杜威而言，經驗同時是個人的，也是社會的。個人與社會的層面總是同時存在。人是個體，也必須以個體的方式被瞭解；但人卻不

能只被當成個體看待。人總是存在於關係，存在於社會情境中。「經驗」這一詞彙有助於我們在思考個別兒童的學習時，同時能夠理解到，學習是發生在與其他孩子及教師的互動間，發生在教室中、社區裡等等。

　　杜威更進一步認為，經驗的一個判準是「連續性」。簡言之，經驗是由過去的經驗而生，同時經驗也引向更進一步的經驗。一個人不管將自己置身於此一連續向度中的哪一個位置——想像中的此刻，想像中的過去或未來——每一個點都是以過去的經驗為根基，並且引至一個有待經歷的未來。在我們對教育的思考中，這樣的想法也是重要的。因為，當我們在思索一個孩子的學習、一所學校，或一特定的政策時，必須體認到，它們總是帶有歷史性，也總是處於改變中，並且展向未來。在研究的有限與實際層面裡，某個探究或許看來只定焦於上述那個關於經驗之說法的某一個面向上。在我們的研究生涯中，當我們去反省教育困惑或問題時，我們總是謹記著這些主題。我們學會了在不斷延伸擴展的社會場景裡，在個人與社會中來回移動，並且同步思考過去、現在和未來。

MARK JOHNSON 和 ALASDAIR MACINTYRE

　　在 1980 年代早期，當我們試著去凸顯個別教師的知識時，我們遇上了哲學家 Mark Johnson。他對經驗的、具象化隱喻所做的研究，引起了我們的注意。那時，我們嘗試要去瞭解在教師知識中，經驗意象（experiential images）所扮演的角色，以

3

及其在教室實務中的展現。我們與 Stephanie 及 Aileen 兩位教師共同完成了一個為時三年的研究。我們去瞭解這兩位教師，花時間待在她們的教室裡。我們和她們對話，與她們一起書寫、談論，也同時談論與書寫有關她們的事。我們的焦點在於，試著去瞭解她們的「個人實務知識」。而我們用來瞭解她們知識的主要方法之一是，探問她們教學意象的性質。不過，當我們寫到 Stephanie 與 Aileen 的意象時，我們發現，如果太過分析性地聚焦於那些個別的意象，將會失去對獨特的個人所具有的整體感，以及她的經驗知識。一開始，我們的難題看起來像是一種再現的問題。就是這種對於究竟該以何種方式來思考經驗性知識的興趣，引著我們接觸到 Mark Johnson 和他的合作者——George Lakoff 的研究。Johnson 與 Lakoff 關於隱喻的著述似乎直接與我們的經驗焦點相連結，在我們心裡，它也與杜威的作品相接繫（Lakoff & Johnson, 1980）。

　　思忖著這些困惑，我們因此邀請 Johnson 花上一兩天的時間來到多倫多（Toronto），幫助我們去思考這些問題。我們在當地的旅館裡與 Johnson 展開一場對話，他鼓勵我們「多談談你們如何將知識視為具現並嵌置於文化中，如何建基於敘說整體之上」（與作者的對話，1983/2/17）。在旅館的便箋上，他潦草地寫著一些簡短的話語，把 Alasdair MacIntyre 的著作以及**敘說整體**的觀念介紹給我們。敘說整體的想法使我們能夠以一種更詳細、更有教益的方式去思考連續性在個人生命中的一般性構念。對我們來說，連續性變成一種敘事建構，它開啟了觀念與可能性的閘門。我們因而將注意力轉移到其他的敘事文

獻，以及那些研究敘事及生活之環節的作者身上。

　　我們在「敘說探究」的標題下從事這項工作。這裡所指的　　4
敘說，籠統而言，既是所研究的現象，也是研究的方法。我們
將教學及教師的知識看成是具體的個人及社會故事的展現；同
時，當我們進入與教師的研究關係、建立「現場文本」，或者
書寫教育生活的故事性敘事時，我們也進行敘事式的思考。
（現場文本是我們用來指稱現場所收集到資料的詞彙，這個術
語將在第七章中討論。）

新的思考方式：探究的貢獻

　　當我們回顧二十年來的工作，我們有種感覺，覺得自己早
些年時，經常在教育領域中已經建立的探究傳統邊緣上工作。
但現在看著我們的現場，看著教育研究，對於敘說探究被接受
為此論述一部分的程度，讓我們備感震撼。許多不同派別的教
育研究者聲稱使用敘事，而許多未利用此方法的人則對它提出
批評。

　　在社會科學領域裡，也有同樣的狀況。當我們審視人類
學、心理學、心理治療等不同學科內的文獻時，我們很震驚地
發現此一事實：針對探究、如何探究，以及探究對知識現象的
貢獻等主題所發表的反思性作品，正在改變。Clifford Geertz
（1995）的《事實之後》（*After the Fact*），Mary Catherine
Bateson（1994）的《周邊幻象》（*Peripheral Visions*），Nor-
man Denzin（1997）的 *Interpretive Ethnography*，Donald Polkin-

ghorne（1988）的《敘事認識與人文科學》（*Narrative Knowing and the Human Sciences*），Roy Schafer（1992）的 *Retelling a Life*，Robert Coles（1989）的《故事的呼喚》（*Call of Stories*）[1]，以及 Barbara Czarniawska（1997）的《敘說組織》（*Narrating the Organization*）等，都是其中的一些例子。

　　雖然我們的興趣主要在社會科學，不過，類似的情形似乎也發生在人文學科裡。例如：Donald Spence（1982）的《敘說的真實與歷史的方法》（*Narrative Truth and Historical Method*），David Carr（1986）的《時間、敘說與歷史》（*Time, Narrative, and History*），以及 Carolyn Heilbrun（1988）的《書寫一名女子的生活》（*Writing a Woman's Life*）。這些作者檢閱她們的領域，為改變中的現象及探究，帶來新的思考方式。這些相對而言新近提出的說明——有些是以審慎的歷史方法，有些則比較軼事式、比較敘事式——呈現出了一幅各領域因著新探究形式漸受注意而發生轉移的圖像。1986 年，Marcus 和 Fischer 在她們的標題中寫道，在人文科學探究的生活中，這是一個「實驗的時刻」。這個想法得到 Denzin 和 Lincoln 的迴響，她們將當前的研究時代稱為「第五時期」（p. 11）。

　　在其他社會科學和人文學科中，讀出她們對於改變中的探究及現象之洞見，對我們來說是很有幫助的。這些洞見既與我們的敘說探究相呼應，同時也為之帶來啟發。我們開始去閱讀這些文章，以獲知這些作者對於她們探究領域歷史的說明，並且去知悉，她們所要引進她們領域的是什麼（如果有任何什麼的話），以及為什麼。

　　在接下來的段落裡，我們選取了某些文本——人類學中的

Geertz 及 Bateson、心理學領域的 Polkinghorne、心理治療的 Coles，以及研究組織理論的 Czarniawska——並且仔細地分析了這些文本，以得知這些作者在他們領域中所看見的改變之圖像。當我們如此做時，我們點出的洞見或許會對於在教育研究中所從事的敘說探究提供重要訊息。

CLIFFORD GEERTZ 的《事實之後》

在《事實之後》一書中，當 Geertz（1995）重訪他之前在印度、摩洛哥兩個國家曾做過研究的兩個城市 Pare 及 Sefrou 時，他也反省了自己四十年來所從事的人類學探究。當他回顧這個探究時，他評論道：

> 問題在於，所改變的以及所斷裂的，比原初所想像的還要多。當然，這兩個城市在許多層面上，或深或淺地改變了。但是，同樣的改變也發生在人類學者身上。此外，人類學者所從事研究的學科、此學科所存在的知識場景及所依靠的倫理基礎也都改變了。不僅如此，這兩個城市所在的國家、這兩個國家所牽涉的國際世界，還有對每個人來說，生活裡有什麼是可及的那種感覺……等等，都歷經轉變。當每件事情——研究的對象、緊臨其外的世界、學生、直接環繞在學生之外的世界，以及更廣的圍繞著這兩者的世界——都經歷著由微小到巨大，由具體到抽象的改變時，似乎再難找到立足點去放置那些所改變之物及改變的過程。

　　在這段引言中，很快攫獲我們注意力的是不安定及「改變」的語調。對 Geertz 來說，改變是一種加印在事物之上的標記：改變的不只是這兩個城市、國家和世界，研究者自己也改變了；改變的不只是學科本身，還包括了學科的倫理基礎；甚而，連 Geertz 所稱的「知識場景」——有些人可能稱為學科的視角、觀點，或根本結構——也處於改變中。作為研究者，這種種一切對 Geertz 來說太過複雜，使得他再也不清楚自己該立於何處，去瞭解所發生的改變。在這個變動的世界中，人類學者的位置，以及改變中的人類學研究，對 Geertz 而言，是不確定的。

　　改變——世界裡的改變、研究中的改變、研究者的改變、觀點的改變、結果的改變——是 Geertz 在反思時注意到的，也是他所謂的「問題」。面對這種種的問題，Geertz 為探究提出什麼建議？一開始，他說：「如果我們留下筆記，並且還存活著，我們所能做的就是，對那些似已發生過之事件間的關係，提出後見之明的解釋：補綴摹製，在事實之後……。這工作所需要的是，去呈現個別的事件、獨特的場合，以及此處的遭遇或彼處的發展，這種種之間如何透過多樣的事實，以及整套的詮釋相互交織，以製造出一種事情如何進展、過去如何進展和未來可能如何的一種意義。」（pp. 2-3）

　　對上述兩段意見的一種讀法是，Geertz 對於研究中什麼是可能的，以及一個人在研究中該如何行事等，有種含糊的感覺。他希望人類學家當一個細心的觀察者，收集各種不同的現場文本，以求能為事物間的關係提出解釋。甚至在此，他不說

事情已經發生，而是寫道：「似乎已經發生」。根據 Geertz 的想法，人類學家的工作是「**特定且一時**」（ad hoc and ad interim）。從三個星期的屠殺中來拼湊千年的歷史；從內政生態來瞭解國際間的衝突。米或橄欖的經濟學、種族或宗教的政治學、語言或戰爭的作用等，在某種程度上，都必須被結合在最後的解釋中。甚至地理、貿易、藝術或科技，也不能除外。因而不可避免的，結論將會以一種令人不滿意的、蹣跚的、搖搖欲墜的，甚且差勁的方式被建立起來，成爲：一個雄偉堂皇的怪玩意兒。

對 Geertz 來說，人類學家研究那些人們不太確定是否已經發生的事；建立可能可以提供連結的關係；提出一概括的、組織鬆散的解釋。這些，早已失去了理論的精確性，變成只是「雄偉堂皇的怪玩意兒」。人類學家所生產出來的東西，在Geertz 眼裡看來，充其量只是被「蹣跚地、搖搖欲墜地，甚且差勁地建立」。

這些雄偉堂皇的怪玩意，這些人類學家的學術論文是如何 7 被建構的？這正是敍事理解的重要之處。Geertz 說，照片、序文、附錄等是「很不恰當的」，而且還會「把重要的東西邊緣化。真正需要，或無論如何必定有用的是如畫似的描寫、軼事、比喻、故事：有敍說者在其中的迷你敍述。」

MARY CATHERINE BATESON 的《周邊幻象》 ✐

Bateson 從事人類學研究的時間與 Geertz 有很大程度的重疊，而且，在《周邊幻象》（1994）一書裡，她也從事了與Geertz 相類似的工作：她也對她身為人類學家的生活做了反思性的回顧。Bateson 亦覺察到，作為一種探究形式，敘事是適合於人類學的。我們閱讀她的作品，期能為我們在教育研究中的敘說探究積累洞見。Bateson 的焦點在於「學習」，而且，她小心地將她的書環繞在連續及即興（improvisation）等主題上。她為即興所附予的特性是：「當今愈來愈多的生活，是在不確定中度過，並且充滿了另類選擇的暗示。……調適是來自於，與那些似顯混亂的新奇事物之遭逢。但在努力調適中，我們需要從曾經珍視的價值中逃逸出來，以那些我們未曾注意過的方式立身行事，並捕捉那零碎不全的線索。」（p. 8）

對 Bateson 來說，即興是對生活中種種不確定，以及那似乎是無意義、無法解釋並且「混亂」的新奇事物之一種回應。生活如果總處於騷動中，即興如果是一種必然的回應，那 Bateson 如何能把連續當成是她的中心主題之一呢？就 Bateson 而言，連續之所以可能，是因為學習是人類的一種努力。無疑的，如同 Geertz 一般，Bateson 也把改變當成生活的一種特質。但對她來說，人類的居中斡旋，同時帶來了改變與連續。即興演出與面對改變時的調適，使得過去能夠被結合，並且帶有未來的連續性。

這是一本關於改變的書，改變由學習而來。對 Bateson 來說，學習正是改變。連續性的產生，正是因為人們的即興演出與調適。也就是說，人在學習。

很清楚的，Bateson 的世界就像 Geertz 的世界，是一個改變的世界。但是，當他們為讀者建立改變的觀念為何，以及改

變對於人類學研究領域的重要性時，很明顯地，他們所強調的 8
是改變的不同面向。在 Bateson 和 Geertz 兩人的文章裡，每件
事物都在改變——現象、學科、行動者、方法，以及結果。只
是，Geertz 強調的是改變中的現象、人類學家所研究的改變中
的世界；而 Bateson 則強調人，有時她強調的是參與者，有時
是研究者，但不變的是這兩者間的不可分離性。這兩本書的起
點突顯了他們對於改變，及改變在人類學中的角色有不同的理
解。Geertz 的起點是，因為他的人類學研究現場歷經四十年的
轉變，他思索著該如何去描述那些場景的變化；而 Bateson 的
反省則從她女兒在一個波斯花園中出發。當她多年後敘說一個
關於如何教她女兒，以及如何理解這個教學的故事時，她思考
的是，彼時以及現今發生在她及女兒理解中的改變。Geertz 關
心的是對變動世界的瞭解；Bateson 的焦點則在於，理解人如何
瞭解一個處於變動的世界。

　　Geertz 一直把改變當成他的關鍵詞，同時，在改變此一概
念上，建立了他對於人類學探究，以及敘事在人類學探究中所
扮演的角色之想法。而 Bateson 雖然把她的關鍵詞彙轉換至學
習，但她也同樣著錨於敘事。她說：「人類啊，以隱喻思考，
透過故事學習。」（p. 11）在人類學家的生活與一般的生活之
間，有種相似性，甚至彼此等同。對她來說，人類學的探究是
面對差異、調適及學習。她說：這是「一種存在的方式，而且
這種方式特別適合於一個變動的世界。一個擁有許多傳統與文
化的社會，可以是一所生活的學校。」（pp. 7-8）

　　正是敘事，使得作為人類學家的 Bateson 可以去學習，也

正是敘事，使得我們所有人都可以去學習。除了「透過故事」學習之外，Bateson所指的敘事是什麼呢？比之於那些只是單純地說，我們是透過故事彼此溝通，或說經驗是以故事的形式被記錄與傳遞，Bateson 所談的敘事有更多的意涵。於 Bateson 而言，很清楚的，人類學家以及我們所有的人都是在故事的廣闊場景裡，過著故事般的生活。這種對探究的觀點，也是一種對生活、對故事的觀點；而生活與故事中所帶有的情節線，不論好壞，都是改變的觸動者。它們會被「帶錯路」（p. 83），會改變，會變得「更複雜與模糊」（p. 83）。它們也「帶有不只一種的意義」，不容許「唯一真實的詮釋」（p. 84）。

　　當我們在探索對 Bateson 來說，人類學探究看起來像什麼的時候，我們從她的例子比從她的敘說中所學到的更多。不管從結構或內容上來看，她的書都是一種生動的敘述。借用 Geertz 的說法，Bateson 的書是由一系列的迷你敘述所構成。在這些迷你敘述中，敘說者存於其中。

　　Bateson 也指出如何從事人類學探究此一工作。這種探究，我們也許可以稱之為敘事探究的一種形式。最重要的是，探究者對於參與者的態度，那是一種能夠滋養學習的態度。本質上，人類學者是參與觀察者。不過 Bateson 說，有時其中之一會多一些。她寫道：「有些時候，某種不協調會突圍而出，將妳拉入密集的參與」（p. 5）；有些時候，則反而會將妳從參與的位置中推開。為了能夠有所學習，探究者在這種模糊、移轉及參與的觀察角色中，總要會見差異，容許差異挑戰原有的假設、價值及信念，並且即席演出或者適應差異；也因此，在這

9

個過程中學著當一個敘事的人類學家。

　　雖然取徑上，至少在概念路徑上，Geertz 與 Bateson 對於最後的文本，以及探究者最終能說些什麼等的看法有所不同，但他們仍有相似點。對 Bateson 來說，「模稜兩可是生活的經緯，而不是該被抹消排除之物」（p. 9）。確定性並不是一個目標。她寫說，人類學或者其實每一個人，需要去拒絕「僅只如此」的修辭，在這種修辭裡，凡被認定為互動的人類心靈之產物，都被當成是「瑣碎之物」。此外，人也需要「去接受模糊不定，而使學習能夠緣此獲得開展」（p. 235）。對 Geertz 來講也是如此，確定性不是目標，理論的精確性也不可能。人類學家建立的是一蹣跚的、搖搖欲墜、雄偉堂皇的怪玩意兒。對 Bateson 來說，最後寫就的是從事探究的行動者所做的建構，是一個「我」的文件（I document）。Bateson 強調，是「我」所做的建構，因為，如此一來，作者的聲音可以減縮她所謂的「永久的權威：就是如此」（pp. 75-76），並且能抵抗「被歸類的誘惑」（pp. 75-76）。這個敘事的人類學家也提供了一個「我」，這個我是長自於模糊、移轉的參與觀察關係中：這個我用這樣的方式，透過看與說故事來學習；而且，他也書寫關於關係的故事。在人類學的書寫當中，存在著時間性與座落性：與探究者的「我」的關係中，隱含了偏見、觀點，以及特別的學習。而也正是因為如此，才讓探究者能夠投身其中。因而，雖然 Bateson 沒有用這麼多的話來說，但仍可以想像，人類學家最後的作品，將具有包羅萬象、組織鬆散的特質。就 Geertz 而言，人類學家所要建築的是針對那些觀察到的事件，以

及對事件的解釋，提出兩者間關係為何的假設。對 Bateson 來
說，人類學的廣廈則座落於作為行動者的「我」，以及所有因
為學習的不確定性而隱含的一切之中。

BARBARA CZARNIAWSKA 的《敘說組織》

　　Barbara Czarniawska是一個組織研究者，她反省了 1990 年
代初期明顯可見的制度轉型之本質與強度。她寫到：「事物從
它們的標記中用力掙脫，話語無須事件而憑空成長。在詮釋
時，對詮釋的狂亂嘗試不斷繁衍增多」（1997, p. 1）。身為研
究者，Czarniawska 茫然不知該如何使用組織理論中既有的語
彙、概念工具及隱喻來解釋這些轉型。面對著變動中的組織世
界，以及對新隱喻的需求，在一個跨學科的研究中，她轉向人
類學、文學理論，以及社會學中的制度學派。與 Geertz 及 Bat-
eson 不同——他們的方法是藉由正視改變中的現象，正視他們
自己是經歷過改變的研究者，以及正視一個改變中的學科來尋
求啟發——Czarniawska的策略是，從其他學科借用隱喻，並且
加以混合。而她所借用的正是敘事，但不似 Geertz 與 Bateson
將敘事視為嵌置於現象的本質之中，對 Czarniawska 來說，敘
事是一個富有啟發性的設計，是一個用來瞭解組織時有用的隱
喻。

　　以敘事作為理論架構——至少是一個隱喻的、後設層次的
架構——Czarniawska把它應用在對瑞典公共部門的研究上。透
過敘事的應用，她寫出了公共行政管理的三個故事：《在大都

10

市中的新預算與報帳慣例》（*A New Budget and Accounting Routine in Big City*）、《稅制改革》（*Tax Reform*）、《社會重建計畫》（*The Rehabilitation Program*）。以這些作爲故事的標題，她使用了一些敍事的詞彙，如**製造張力的設計**（tension-producing devices）、**中斷**及**矛盾**等，來進行故事的分析。她把這些故事連結到員工及溝通議題，制度分權化、「公司化」及電腦化等一系列變化上，並且把這整個敍事分析過程稱爲ergo-nography。

就像 Geertz 和 Bateson 一樣，Czarniawska 的研究者也改變了。然而，在她的研究中所發生的改變，是受到方法學上的轉變所推動——一個敍事的探究者因爲使用了一個新的隱喻而對工作有不同的投入。對 Geertz 和 Bateson 來說，伴隨著現象的變動，探究者因爲嵌置於現象中，所以也改變了。就 Czarniawska而言，探究者不再是一個系統的分析家，而是某種文學批評者，但也與小說家有所區分。一個文學批評者將注意力放在現實上，而在她的例子中，她關心的是組織中生活的現實，而小說家是可以免受此限的。

儘管如此，Czarniawska 還是說：「組織研究者只要是在『組織作家』（organizational authors）及學術理論家之間居中斡旋，就因而要永遠地活在搖動不穩的地基上。……實務工作者及諮詢者忙於寫作文章及創作作品，研究者的角色則在詮釋這些文本（雖然這也需要創造另外一個文本）。他們建立世界，我們則視察這個建造物（雖然這同樣需要建造另外一個世界）。」（pp. 203-204）

11

Czarniawska所觀察到的變動中的組織世界，以及改變中的研究者角色（現在是一個敘說研究者），導致了對「研究所生產之物的重新定義」（p. 202）。Czarniawska 用事實及虛構這兩個詞彙來構築此議題。對 Czarniawska 來說，從文學理論借用詞彙意味著，「在事實與虛構間沒有清楚截然的差別」（p. 203）。敘事的組織研究者所製造出出來的文件，部分是事實，部分是虛構，兩者以某種不可分離的方式結合。例如，在她《在大都市中的新預算與報帳慣例》此一故事中，明顯地使用了故事的結構。她搭起舞台、引入問題、描述演員、插入緊張關係以製造情節的開展，並且具有某種高潮與解決方案。在 Czarniawska 的工作中，她看待研究結果的方式與 Geertz 及 Bateson 也有所不同。從 Geertz 及 Bateson 的觀點來看，結構是暫時的，臣服於改變，並且鬆散地被組織。但對 Czarniawska 來說，生產出來的作品帶有虛構的性質，流暢些且有較少的稜角，並且明確地使用敘說結構。

ROBERT COLES 的《故事的呼喚》 ☞

Robert Coles 的《故事的呼喚》（1989）是一本結合了生活、教學與精神治療實務的書。Coles 自己說這是一個關於學生對文學的反應之探究，也是一個教與學的研究。與 Bateson 有很大的相似點，與 Geertz 也有點像，但一點都不像 Czarniawska 等在各自的學科中所做的，Coles 作品中的反思將精神治療與生活及教學合而為一。Coles 從他的病人及學生身上，學習各種與

12

生活相關之事──死亡、婚姻、道德。此外，他也從文學上面學習並教導同樣的事物。生活、教學與精神治療三者共同交織於教─學方法中。當然，為達我們的目的，我們將主題維持在把精神治療想成是一種探究，並且探問，Coles 如何也落腳於敘說──這是一種對於多重面向文本的單一面向閱讀。實際上，Coles 的作品比起隱含在我們這單一問題中的東西要豐富得多了。

　　變動──那將 Geertz、Bateson 以及 Czarniawska 引至敘事的驅動力── 在 Coles《故事的呼喚》一書中，並未扮演重要的角色。在他的作品裡，感覺不到一個變動的世界，也無須瓦解曾經成功的理論與想法並取而代之。就這層意義而言，那些明顯在其他作者作品中出現的，關於探究領域中暫時的、偶然的性質，對 Coles 來說根本不是問題。從一種具有說服力的道德觀點來看，精神治療必然「應該」在與生活的和諧中進行。相較於那種利用精神治療理論來進行精神治療的作法，這種和諧顯然有所不同。

　　Coles 是透過生活、教學與學習而著錨於敘說。對他來說，敘說並不像 Czarniawska 所想的，是某種被發現之物，可以隱喻地適用於其領域。第一章開頭的故事是發生在 Coles 擔任精神治療駐院醫師時期的教─學故事。在那段期間，他有兩個督導者，Dr. Ludwig 與 Dr. Binger，他們的任務在幫助 Coles 反思他與病患工作時所寫的調查記錄。督導之一 Dr. Binger 用徵候群的字眼來求得症狀及行為的歸類；另一督導 Dr. Ludwig 則鼓勵 Coles 用心傾聽。Coles 寫道：「我被力勸去讓每個病患變成

老師：『傾聽他們能教導你，透過他們的敘說，病患能學到的，將會如一個好的教師在變成一個願意學習且急於求教的學生時，才能學到的一般多。』」（p. 22）。Dr. Ludwig 教導Coles，「那些引人興趣的應該是……已活過之生活的展現，而不是這樣的生活對某些理論所能提供的驗證（p. 22）。」Coles在他當駐院醫師的三十三年後出版一本書，並且相信，他的敘說取向的督導 Dr. Ludwig「是真正地為一場革命而辯論——下層社會所說的每一個字都真正的**關係重大**，他們的意義應該被重視。」（p. 22）。因而，雖然變動並不是將 Coles 引導到敘事的思考驅動力，但他相信，敘說代表了在精神治療實務上的一個革命性轉變。敘說對他而言，並不是改變的結果，而是在他的領域中引起改變的根源。

13　　Coles 在當精神治療駐院醫師時所學到的，是他的病患早已教給他的。在這本書的導論中，他把他的病患描述為故事的讀者。不只是閱讀，當用在精神治療上時，對敘說此一觀念同樣重要的是，圍繞著故事所進行的家族討論。他的父母親互相讀給對方聽，討論他們所讀到的東西；而且，他們與 Coles 不只討論他們所討論的，也討論他們為什麼要討論。他回想起他的父親說：「你的母親和我深覺受到這些書所拯救，我們帶著感恩的心情閱讀。而你，日後有一天也會很感謝這些作者。」（p. xii）。Dr. Ludwig 教導 Coles 的是關於如何從事精神治療的方式，這正是 Coles 已經受教的。而且，也繼之成為他用來描述自己的教學，以及與病患間工作的方式。

　　不過，詳細而言，對 Coles 來說，敘說探究到底是什麼呢？

如同 Czarniawska 般，Coles 關於敘說的想法，就術語上來說，也是來自文學。《故事的呼喚》一書從頭到尾討論的是讀者、作者、文本、病患、生活間的關係。尤其在這裡又要提到 Dr. Ludwig，Coles 寫道：「他鼓勵我用故事所需要的獨特方式來當一個好的聽眾：注意呈現的手法、情節的發展、角色、新戲劇場景的添加；在演出時，強調這個或那個人物，以及敘說者對他或他所提出的解釋，所表現出來的熱切及連貫程度。」（p. 23）

　　從 Coles 在教學及精神治療實務上對文學的倚賴，我們可以合理地猜想，在他對於敘說的思考上，文學理論應該是一重要的資源。然而事情並非如此，在他的書中，文學理論家幾乎不扮演任何明顯的角色。不像 Czarniawska 大量倚重既有文學理論中的詞彙，Coles 似乎為敘說建構了一個屬於他自己的理論架構。就像 Coles 希望我們所有人從生活中學習，他自己也是從文學中學習敘說。他所接觸的文學，似乎來自其雙親的偏好以及醫學文學，特別是 William Carlos Williams 的作品。另一方面，Coles 對敘說的學習也來自於他在精神治療與教學中所聽到的故事。學生的故事、病患的故事，以及文學中的故事，都成了 Coles 在學習敘說時的老師。例如，Cole 把這期間的某些連結歸功於 William Carlos Williams，當 Coles 引用 William 的話：「我們應該仔細地注意我們所說的。病患所說的，讓我們去思索什麼東西對他造成傷害；而我們所說的，則告訴我們自己發生在我們身上的事——我們思考什麼，我們哪裡可能不對勁。……她們的、你的還有我的故事，這些都是我們在所選擇

的這個旅程裡隨身帶著的東西。而且，我們藉由尊重我們的故事，並且從中學習，來感激彼此。」（p. 30）

因而，對 Coles 來說，探究者與病患間的**親密度**（intimacy）是他所使用的關鍵詞：學習者和教師，精神治療者和病患，皆透過他們的文本攜手共行。但 Coles 強調，這裡所指的文本不只是病患的文本，也是精神治療者的文本。不過，對他來說，兩者都不是基於對敘說方法的興趣。而應該說，敘說就是生活、學習及虛構，它不是用來促進其領域發展的一個隱喻。

那麼，敘說的精神治療之成果，或其所構思出來的是什麼？與我們之前曾提及的其他作者相較，我們當然與 Coles 是處在一個不太相同的領域。Coles 書寫的是關於作為一種探究方式的精神治療實務，而 Bateson、Geertz 與 Czarniawska 所提供的則是他們領域中關於探究的後設層次文本。雖然 Coles 所寫的不是向其他進行精神治療工作的人說明如何成為精神治療研究者的文本，然而對我們的目的來說，仍然同樣明顯而重要。精神治療師也產出東西，即她們所建構的廣廈。這裡，Coles 再度歸功於 Ludwig 教授，因為他告訴我們，那些成果，那些精神治療的廣廈應該是什麼。Coles 寫道：「我應該做的是寫出病患的簡短傳記，而不是帶著一張病患的抱怨單去到他的辦公室。我還應該列出一張在訪談時『有趣的臨床時刻』之清單——標記出我認為是重要的點。這樣做的目的何在呢？他並沒有特別或便捷地給出確定的答案，他只是告訴我，當我們鼓勵病患說出一兩個關於她的生活故事時，『會有一些東西跑出

來』。而且，『我們應該一直朝向這樣的方向前進』。雖然他很快又加上一句，『但也不要氣勢太旺或用一種太過組織的方式。』」（p. 14）

因此，一個傳記的文本被寫就──就像 Geertz 及 Bateson 所寫出來的文本，但與 Czarniawska 的文本不同──而且，其中的假設還帶有一種此刻最佳猜測的意味。當 Coles 碰到這樣的問題：「學生對文學如何作出反應？」時，他發現了傳記的這種性質。一開始他想說，醫學系的學生和商業系的學生會以不同的方式對文本作出回應，但他發現這樣的想法「既天真且是一種荒謬的概化」（p. 190）。代之而來的是，他發現「回應方式範圍驚人」。而且，「決定的關卡在於，教師的想像如何涉入文本──這自然地就成爲學生涉入那些文本時的序曲。」（p. 190）簡言之，這些被寫出來當成結果的傳記是一種開端──精神治療者所譜的「序曲」，將病患吸引進一場反思、一個故事，或一篇傳記中。

DONALD POLKINGHORNE 的《敘事認識與人文科學》 ⌐15

Polkinghorne 之所以寫作《敘事認識與人文科學》一書，是來自於他「對研究與實務間整合狀態的一種未定感」（1988, p. ix）。當他反省自己作爲學術研究者及執業心理治療師的工作時，他發現，在他的領域中所做出來的那些研究，並沒有碰觸到這個領域內實際所發生的問題。作爲臨床醫生，他沒能利用研究而有所獲；身爲研究者，他發現社會問題無法使用社會

科學的研究方法及發現來加以解決。例如，他注意到，之前曾有一段時間挹注大筆投資在大社會（Great Society）中的人文科學之基金會，現在已從這個研究事業撤手，但原因並不在於問題變少了。他注意到，人們逐漸轉向社會科學中的實務工作者——心理治療師、顧問、組織諮詢者。這個觀察引領他去「檢視，從實務工作者身上能學到哪些與如何進行研究有關之事宜。」（p. x）

　　Polkinghorne 直接且很快地就找到了敘事。不像之前討論過的其他作者，他們緩慢地，並且在論辯中逐漸地接近敘事，Polkinghorne 面向實務工作者，並且聲稱，敘事是他們工作的根基。他說：「她們關心人們的故事。她們的工作是在研究個案歷史，而且，利用敘事的解釋來瞭解，她們的工作對象為何以她們自己的方式行事。」（p. x）當然，Coles 也是在他跟隨 Ludwig 教授學習專業時開始敘事實務。但是，與 Coles 起點終點皆為實務不同的是，Polkinghorne 為了發展敘事研究的一種形式，進而從實務轉向理論。他強調：「敘事是人們用來瞭解人類世界的方式，擁有那些對敘事而言可用可行的研究策略是重要的。」（p. xi）最後，他希望，「我們的研究能被看成是更成功且更有效用」（p. xi）。實際上，他想要建立一個與實務相一致的理論構思。

　　在建立關於敘事理論的說明時，Polkinghorne 很像 Czarniawska 在組織科學中所做的，他也從其他學科借鏡，特別是歷史學、文學理論，及某些形式的心理學。雖然 Polkinghorne 是在那些成功的執業者身上發現敘事，但他在《敘事認識與人文

科學》一書中所寫的，大半歸功於這三個學科。同時，他也致力於收集「一種人文學科實踐所需的敘事理論」（p. 125）。

在 Polkinghorne 的工作中，其中一個有趣的可能性是，建構一個以實務工作者實際作為基礎的敘事理論，或者，也許可以說是敘事實務的理論。在 Coles 的書中也可以找到這種探究的輪廓，他從他的病患及學生的故事中，學習與敘說相關諸事。同樣的，一個人可以想像，仔細地研究實務工作者與其顧客間成功的敘事活動，也可能是一個人在建立關於敘事的想法時，所能採用的產出豐饒的途徑之一。

對 Polkinghorne 來說，敘說探究可以有兩種類型——**描述性的**與**解釋性的**。大體而言，這兩種探究形式使用的都是從訪談或文件分析中，所收集到的同一種類的敘事資料。在描述性的敘事中，其目的在「正確描述那些詮釋性的敘事說明。藉著這些說明，個體或團體為那些發生在她們的生活，或組織中的連串事件，賦予意義。」（p. 161-162）至於解釋性的敘事，其旨趣則在提出因果事件間關係的解釋。並且，提供必要的敘事說明來填補這些關係。雖然在這個方向上 Polkinghorne 給出一些特別的建議，但他相信，敘事研究「還處在一個初期的階段。因為在它的組織結構中，包含了時間向度，這是一種迥異於把『事實』予以歸類的形式組織。」（p. 184）

對於敘事文本看起來會像什麼這一點，他並未予以著墨（也沒有給出例子）。我們只能試著去猜測，對 Polkinghorne 來說，敘事研究是否像在 Bateson 和 Geertz 工作中所呈現的一般，去建立一個暫時的、蹣跚而行的、個人式的文件記錄；或

者是否如我們所想像的在 Czarniawska 工作中所提出來的，應該是一種潤飾過的，較具有文學性質的研究文件。

把這些作者帶到敘說探究

　　以上所談到的五個作者，每一個都把敘說帶入他們的工作中。在這樣做的同時，他們提出了新的面向，讓作為敘說研究者的我們去思索。

　　Geertz 在回顧人類學，以及歷經四十餘年後他自己在其中的位置時，呈現出一種遊行（parade）的隱喻，那是他用來捕捉在時間中所發生的改變之方式。Geertz 提醒我們，我們不可能只望向一事或一時，而未看見事件或時間是連結套疊於其隱喻的遊行之整體中。他至少用了兩種方式來介紹暫時性，讓作為敘說研究者的我們去思考。第一種意義下的暫時性所關聯的是，人置身於此遊行中的方式。我們因為所處的位置，而知道我們所知道的。如果我們在這個遊行中轉換位置，我們的認識也將跟著改變。至於第二重意義的暫時性之發生，Geertz 說，是因為我們的相對位置隨著遊行的改變而改變了。我們在某一時點上所知道的，伴隨著此遊行在時間上朝著另一點的移動，也跟著轉移了。

　　Bateson 也提供給我們關於暫時性的想法，但這裡所指的暫時性，其所相關的是，研究者如何書寫人與事件。我們所寫就的，都是暫時的，總是容許修正。Bateson 比 Geertz 更明確地為研究者提供與生活的連線。在這種生活與研究的連結中，她

強調關係面。事實上，她提出來的觀念是，一個人要做好研究，就得先是一個好的人類。

就像 Bateson 一樣，Coles 為身為研究者的我們，提供一種對生活的信任。而且，他鼓勵我們去傾聽我們的教學，傾聽我們所教所說的故事。

Czarniawska 和 Polkinghorne 提供我們一種可能性，我們可以透過從其他學科借用理論、隱喻及詞彙，來銜接我們的研究與實務。

總而言之，這些作者為作為敘說研究者的我們，提供一種來自學科領域的、土生土長出來的敘事概念之可能性（Geertz、Bateson、Coles），以及從其他學科轉借而來的改編採用（Czarniawska、Polkinghorne）。

為何轉向敘事／敘說

在我們的序言以及這個章結的開頭中，我們試著去說明那些在我們的工作中，引導我們轉向敘說的敘事究竟是什麼。我們可能可以說，當我們正如我們所做的一般，敘事式瞭解這個世界時，那麼，敘事式地研究這個世界就變得很有意義了。對我們來說，生活——發生在我們或他人身上的——充滿了敘事的片段，這些片段活化於故事裡的某時某地，並且以敘說整體及不連續性被反思與瞭解。

因為專注於試圖理解經驗，我們因此開始了此書的寫作。當我們去思考個人生活經驗的連續性及整體性時，我們看見了

我們的研究難題。在教育研究中的研究難題，最終將我們帶到敘事，我們也因而開始反省整個與人類經驗有關的社會科學。

18

對社會科學家，因而也對我們來說，經驗是一個關鍵詞。教育及教育研究是一種經驗的形式。對我們來說，敘說是呈現及瞭解經驗的最佳方式。我們所研究的是經驗，我們敘事式地研究它，因為，敘事思考是經驗的一種關鍵形式，也是書寫及思考經驗的一種重要方法。實際上，敘事式思考是敘說現象的一部分。也許還可以說，敘事的方法是敘說現象的一個部分或面向。我們因而可以說，敘說既是社會科學要研究的現象，也是社會科學的方法。

不過，這不是把我們帶至敘說的理由。剛開始時，我們對經驗不帶有一種敘事的觀點。我們以較直覺的方式奮戰多年，以求與教室中的生活、學校中的生活，以及其他教育場景的生活獲致協議。當我們帶著 Bateson 的參與式觀察進行研究，敘事對我們來說，變成了一個用來呈現我們自己及我們的研究參與者所認為健康、豐富的人類關係之詞彙。至於理論性的如MacIntyre 的作品，如他所提出的敘說整體這個想法，對我們而言具有連結的效果。因為，我們因此可以為經驗命名，而且在命名中，擴展我們已經著手進行的研究。

當我們在閱讀 Geertz、Bateson、Czarniawska、Coles、Polkinghorne 以及其他人的作品時，我們體認到，在朝向敘事／敘說時，我們所經歷的許多摸索，也以不同的方式發生在其他的學科中。由於尊重現象的複雜性，Geertz 讓我們覺得，他無可避免地被推向一個**特定且一時**的人類學之敘事描述。Bateson 和

Coles，更甚於Geertz在《事實之後》一書所做的，他們奮力在他們學科中去建立一些理解，使其能更普遍地為生活帶來意義。他們也似乎是說：「經驗優先，敘說，是因為我們必得如此。」Czarniawska 和 Polkinghorne 比起其他人，更具有一種方法學家機會主義的味道。他們似乎是說，生活和敘說是連結的，因為這樣的連結好像發揮作用。他們也看到，敘事將經驗帶入他們的領域。但對他們來說，那似乎是發生在事實之後而非之前。Czarniawska的組織是以人的形貌呈現在研究文本中，不過，留給身為讀者的我們的是，去猜疑有多少是生活經驗，又有多少是文學建構：在研究文本中，有多少是人們及他們的地方所帶引出來的？有多少是文學形式的虛構展現？

　　雖然在我們開始進行我們的研究時，我們只是偶爾思及那個我們亦身屬其中的社會科學研究論述，但當我們試著定位我們自己及他人的工作時，它卻變得重要起來。如果從一個把科學及科學方法看成是客觀中立且去人性化的觀點來看，去反省我們自己及其他五個作者論證中的道德語調，此一行動似乎顯得有些奇特。這五個作者中，沒有一個只是純然地描述他們對敘事的看法，而是說（或者至少是強烈地暗示），事情應該敘事式來做。在我們的情況中，我們要說的是，在我們也身處其中的關於探究的鉅型社會敘述裡，經驗是一被化約了的現象，而且（我們暗示）也不受偏好。Geertz、Coles 和 Bateson 在這條思路上，帶著自然主義的語調議論道：「這就是世界存在的方式，也因此，這應該是它被思索的方式。」我們的主張似乎與他們頗相像。經驗是敘事式地發生，敘說探究是敘事式經驗

19

的一種形式。因此，教育經驗應該被敘事式地研究。Czarn-
iawska 和 Polkinghorne 在他們的論辯中，顯得較為功利性。雖
然兩個人皆有如此的傾向，但當 Czarniawska 主張要把敘事看
成是組織的科學之文學隱喻時，其功利性更是明顯。Polkin-
ghorne 的書使用了一個類似的類型來建構，雖然他的起點是注
意到大眾受那些敘事式工作的心理治療師所吸引，並且因此相
信，在實務工作實際的作為和思考之根基上，他可以發展敘事
心理學的理論。不過，他並沒有停留在以實務為基礎所建立的
理論上，而是如同 Czarniawska 所做的，轉向一些重要的觀念。
如果他繼續維持一開始的路徑，應該就會發展出更多的自然主
義式論證。

　　如我們之前所提到的，**暫時性**對我們而言是一個關鍵詞。
當然，對此我們有部分指的是，經驗是暫時的。我們因而關注
的不只是此時此刻所經驗到的生活，也關心在連續性中被經驗
到的生活——人們的生活、制度的生活、事物的生活。就像我
們發現我們自己的生活是嵌置在一個較大的社會科學探究之敘
事中，我們所研究的人、學校、教育場景等，也是日復一日在
一個長程的歷史敘事脈絡中，歷經閱歷。對於某個人、學校或
其他人，我們此時所能談論的，必須放在一個較大的脈絡中，
才能為其賦予意義；而且，這個意義是會與時改變的。我們的
社會科學知識就像我們所研究的事物般，是某種「處於變化」
中的事物。Coles、Czarniawska 和 Polkinghorne 關於時間性的書
寫很少，而且留給我們的感覺是，關於敘事及從敘事中所學到
的，不過就是那樣。Geertz 則提供了最強有力的時間感，甚

且，這就是他的關鍵詞。在時間中所歷經的變動，標示出了Ge-　20
ertz 的世界。而且對他來說，時間的變動正是人類學特有的性
質。

敘事式地進行研究

　　在第一章裡，我們試著強調，某些作者為什麼，或用什麼
樣的方式，在人類學、心理學及組織科學等學科中，轉向敘
事。我們回想我們自己漸漸靠近敘說的故事，並且嘗試去回答
我們為自己提出來的問題：為什麼敘說？

　　因著這些在這裡討論過的影響，以及過去二十年來我們的
工作所帶來的影響，敘說探究已經如此綿密地整合在我們的工
作中，以致我們無法想像可以用其他的方式來進行研究。這的
確是至關重要的。我們的意圖是，在這本書中，透過「展示」
而非「訴說」敘說研究者的作為，逐步逼近敘說探究的「定
義」。但現在，在這裡要提出一些構成此種工作概念的特徵：
敘說探究是瞭解經驗的一種方式。它是研究者和參與者隨著時
間的流逝，在一個或一連串的地點，並且在與環境的社會互動
中，所建立起來的合作。探究者進入這個陣仗的中心，以同樣
的精神前進，斷定這個探究仍在生活和述說、回想和重述之
中，以及斷定那些構成人們生活經驗的故事，既是個人的，也
是社會的。簡單地說，就如同我們在序言中所寫的：敘說探究
是活過的以及說過的故事。

　　下一章，我們將開始探索如何學習敘事式地思考。接下來

的章節則檢視在研究現場中，敘說過程與書寫過程的複雜性，以及在這條路上，敘說研究者在每一個步驟所會面臨的持續性挑戰。

譯註

譯註 1：*Call of Stories: teaching and the moral imagination* 華語譯本為《故事的呼喚》，吳慧貞譯，遠流出版。

2 敘事式思考：
一個在邊界上
的個案

前一章我們探討了一些學說，這些學說引領我們及其他人，把敘說探究當成是一種瞭解經驗的方法。

介紹

在這一章裡，我們要開始探索一些特定的領域。在這些領域裡，敘說探究式的思考遇上了另一種思考方式的智識領地（intellectual territory）。我們把這些地方稱之為**邊界**。並且，

透過我們自己的一個鮮明經驗，我們要來說明「邊界上的生活」。杜威所提出來的兩個關於經驗的判準，**連續**和**互動**，為此提供了一個理論架構，用來確認邊界上的緊張狀態。連續性是由經驗所撫育，在這一章裡所要描述的，與連續性相關的緊張狀態是**時間性**、**人**、**行動**，和**確定性**；與互動有關的緊張狀態則是**脈絡**、**人**、**行動**，和**確定性**。

Bloom 的分類法

在菲律賓大學所舉辦的馬尼拉會議結束十年後，來了一張邀請函，邀請我們去參加另一個與評量相關的計畫。這一次，我們被邀請去參加一個小組，這個小組的工作任務是，修正在教育研究中眾所皆知的 Bloom 的分類法（Bloom, 1956）。序言中曾提到教育研究的鉅型敘事，這個分類法在其中可以說是獲得非凡的成就；而此鉅型敘事也正是 Lagemann 把 Thorndike 與杜威二人對於構思教育研究的路線之爭，加以聯想在一起的關於探究之敘述。

要點簡述之就是 Thorndike 是一個測量取向的心理學家，他以觀察及行為的數量表徵為基礎，將教育科學這個觀念普及化。當這種看待教育研究的方法成為「唯一」的方法時，它就變成我們所說的鉅型敘事，變成一種不容置疑的看待事情的方式。Bloom 遵循著 Thorndike 的理念，在可觀察的、可分類的行為之上，發展出教育目標的分類。掌握了分類法不久之後，Bloom 就成為設立教育成就評量國際組織（International Association for the Evaluation of Educational Achievement）中重要的人物。這個組織進行的是比較教育成就的研究，而且把 Michael 帶到一個科學教育成就的國際性研究中，最後並去到了馬尼拉參加會議。十年後的這個邀請，是要我們去參加一個小組，其目的在把這個分類法加以更新改良，並使之現代化。

這個分類法的性質與地位，在 1994 年全國教育研究協會（National Society for the Study of Education）的年報中，有清楚的說明。作者寫道：

> 可以這麼說，過去半個世紀中，最具影響力的教育專論之一是《教育目標的分類》（*Taxonomy of Educational Objectives*）⋯這本書在 1956 出版，近四十年後，無論在討論測驗與評量、課程發展，或者教學和師資培育上，仍具有權威性的參考價值。搜尋最近的《社會科學引文索引》（*Social Science Citation Index*）（1992）顯示，這本書被引用的次數超過一百五十次。在最近一個將近兩百位行政人員及教師與會的會議中，這本書的資深編輯要大家以舉手方式回答下面的問題：「有多少人聽過 Bloom 的分類法？」幾乎所有聽眾的手都舉了起來。很少教育出版品能夠如此長期地得到壓倒性的認可（Anderson & Sosniak, 1994, p. vii）。

雖然這個引用次數的統計讓我們印象深刻，但在著手這項新任務前，對於這個分類法被使用的範圍，我們也做了一個迷你估計，並且發現，在一般（相對於特定主題）職前教師教育教科書和一般課程教科書裡，就如同我們所報告的，「充斥」

了 Bloom 分類法的參考與闡釋。但有趣而且可能對這個新設計小組來說不太妙的是，在最近的關於教學（Wittrock, 1986）、師資培育（Houston, 1990），以及課程（Jackson, 1992）等教育研究手冊中，這個分類法幾乎未被引用。我們的結論是，Bloom 對於分類法所抱持的理論願望並沒有實現。他期待這個分類法變成行為理論的基礎（Bloom, 1956），然而，只有在師資培育及學校目標設定的實際應用上，他的希望似乎才獲得實現。雖然這個分類法與理論無關，但由於其在教育實務上似乎關係重大，我們認為，藉由參與在這個修正工作中，也許我們可以為之帶來一些影響，因此決定接受這個邀請。

　　這個分類法是由六個層次的認知行為所組成——**知識、理解、應用、分析、綜合、評價**。例如，知識被定義為：「那些強調觀念、材料或現象等等的記憶（經由再認或回想）之行為與測驗情境」（Anderson & Sosniak, 1994, p. 18）。再多舉一個例子來說明，分析被定義為：「將元素及部分結合在一起以形成一個整體」（p. 23）。分類法的範疇由簡而繁，階層式地排列，每個範疇都被包含在其上的範疇中。這個分類範疇被看成是「自然的」，內在於事物的秩序中。因此，使用了**分類**這個詞彙，並且具有使用生物分類參照的正當性（Bloom, 1956）。

　　協助讓這個分類法變得現代化的邀請，被我們詮釋為，邀請我們把敘事式的思考引進法，進而將之引進於使用分類法用來檢視教育目標的特定方式中。不過，我們很快就發現，我們自己在重新思考其他事情。其中最重要的是思考那些我們早期使用此分類系統，來進行跨文化科學成就研究的經驗。

在某個階段時，我們只看見我們任務中的一些表面價值。我們把它當成是重新思考分類範疇的一項挑戰，也從敘事的角度來看到分類法的可能用法。我們原先想像，這個工作應該是很簡單的。就我們而言，敘事對我們瞭解經驗來說是重要的。因此，對於像分類法這樣的文件來說，應該也很重要。我們把個體看成是在故事的場景中過著故事般的生活。敘事式瞭解生活和經驗是我們的研究，也是我們的生活計畫。所以，當面對這個邀請時，我們把我們的任務定位在，去說明那些利用敘事的觀點而加以概念化的行為和目標。

24

　　在我們開始工作時，我們模糊地意識到我們所做的事好像與原先所想像的不太一樣。不過，直到我們投入此工作相當長的一段時間後，我們才開始看到自己在風暴的中心——在探究的鉅型敘事獲致最成功展現的地方，或者說，在一個意圖去建立一套普世通用的教育目標之處——碰上了另一種探究思考的方式，那是鉅型敘事與敘事式的思考面對面交鋒之處。作為鉅型敘事的一種表達，Bloom 的分類法不只是一種應用。它在鉅型敘事中所具有的重要性，不只是因為它把 Bloom 和 Thorndike 連結在一起，更重要的是因為它在教育思考中占有支配的地位。

　　詳細敘述我們加入這個分類法修正小組的故事，是為了提供一種脈絡感。在這個脈絡裡，敘事式的思考在社會科學發展的這個階段裡，不可免地發生了。Polanyi（1958）在談到個人知識的參考架構時，曾經使用了「寓身」（dwelling in）這個詞彙來指出，一個智識上的安全之地對於發展連貫思考的必要

性。在方法論的文獻上，他的普遍觀念獲得了不同方式的迴響。例如，Kuhn（1970）提出典範與典範轉移的想法；杜威（[1916] 1961, 1922）關於以習慣做事或反思性地做事之想法；以及 Schwab（1960）對於流動的和靜止的探究之區分。那些在典範中經由習慣，或者在一個靜止的探究架構中工作的人，一般說來，並不會特別去考慮到其他可能會產生不同探究取向的參考架構，而邁步前進。

　　然而，敘說探究無法安穩地落身棲息，或許因為它正處於一波波討論著各種探究，與呈現社會科學世界之新的、「後現代」方式的論辯及出版品的浪潮中。在這樣的時刻，如果敘說探究誠然是一種典範的話（或至少如果它與某個典範相符），那也是一個被視為要去挑戰已被接受的探究及呈現方式之假設的典範。Schwab（1960）曾寫到，當假設、先決條件，以及理所當然的架構讓步給問題、懷疑，及不確定時，那麼，在一個吸引人的死胡同中，許多的漫遊是可以被期待的。那些學習使用敘事來進行探究的學生——特別是研究所的學生，她們通常在一個支持性的研究生研究社群中學習她們的探究實務——很快就學到，要利用那些外在於她們的敘事參考架構中的詞彙，來防衛或辯護她們的工作。學習在敘事和其他探究形式的**邊界**上敘事式地思考，也許是成功的敘事式思考唯一最重要的特徵。

與分類法小組工作

　　在採用行為的語彙這件事上，我們完全沒有問題。總之，敘事關心的是所作所為與所發生的事。但有點像是因為戴上或拿掉了立體眼鏡所帶來的改變，敘事式思考改變了觀察者所觀察到的東西。從敘事的觀點來看，行為是什麼？一個在 Thorndike 傳統下工作的鉅型敘事探究者在使用**行為**這個字眼時，所意指的，以及因之而看到的，與一個敘事式思考的探究者必然有所不同。這是我們在回應這個邀請時，最開始且最直接的疑問層次。那麼，我們所謂的行為指的又是什麼？要記錄什麼？它該如何被詮釋？

　　我們以敘事的語彙來回答每一個質問。例如，行為是在某一特定時間及特定脈絡中，個體故事的表現。因為行為是敘事的表現，所以，重要的是要去考慮到故事中的人物、說故事的人、故事發生和被說的時間與地點等等。

　　當我們的工作從敘事式的修正進行到新近的特定目標時（這個小組中其他成員所設的目標），我們經常要奮力掙扎著，以免被圍繞在我們四周的鉅型敘事之觸角所捕獲。在某個程度上，這些觸角似乎找到一種思考行為的表達方式。也就是，用目標的語言和可觀察的行為來思考、數量式地思考、因果性地思考、用全知的觀點普遍地思考，以及思考此地與此時。我們相信，要逃離這些觸角所做的掙扎，也正是敘說研究者及敘事的學生每天所必須面對的掙扎。

　　當我們努力把敘事式思考帶入修正 Bloom 分類法這項工作中時，我們的起點是，把目標想成是一種教育的工具。正如同我們在一個計畫要寫的段落——**課程、教學**及**目標**——的引言中所寫到的：

26

　　　這本手冊的讀者或使用者可能會問，或者應該說一定會問到，目標對她們在課程或教學上的工作來說，有什麼相關性。這就像很多工具一樣，對不同的人，在不同的時間，處於不同的脈絡中，目標具有不同方式的用處。我們拿常用的木工工具車床來作例子。對不同的人，在不同的時間及不同的脈絡中，車床都是一個有用的工具。對商業的木工工作者，對愛好者，對木工工具製造商，對教師，對學生等等；或者在工廠、在小小的家庭 DIY 工作室，在學校等等，車床都是有用的。

　　透過車床此一工具隱喻的介紹，我們試著在讀者及我們之間建立共識。我們瞭解，敘事的重要觀念——情節化、人物、場景、地點、時間、觀點等等——會對許多讀者帶來不協調感。我們的第一個讀者是分類法修正小組的其他成員，她們之中大部分都是來自一個非敘事的探究傳統。我們選擇車床來作比喻，因為它是我們所能想到的一個觀點中立的概念。在建立敘事式思考的幾個重要元素時，我們所嘗試的方式是，讓大家可以不受不同研究傳統的偏見所干擾，而能對之取得共識。車床帶給我們一種可能性，讓我們可以用來闡明，工具是可以被

不同的人、在不同的時間以及不同的脈絡中所使用，而這些都是敘事式思考的根本想法。我們希望，車床的隱喻可以為我們及讀者提供中立的共識。而且我們極需要這個共識，因為我們察覺到，我們思考分類時所使用的敘事方式，和其他的小組成員有多麼的不同，我們必須努力去找到一個解釋敘事式思考的方式。

我們用了好幾頁的篇幅來詳盡地陳述這個隱喻。我們把注意力集中於人們在不同的時間、脈絡中，可能用來操作車床的各種不同用法。例如，關於脈絡部分，我們寫道：「而且，車床和商店所存在的脈絡，對於它如何被看待與使用，都會帶來很大的差異。即便車床都是放在學校場景中，但把它放在一個孤立的原始社區，或相對地放在一個富有的郊區或市中心的場景中，其背後的理由就會有所不同。不只是放在不同社區脈絡的理由不同，學生的種類會不同，教師會不同，以及作用在車床上的東西也會不一樣。脈絡造成所有的差異。」

在敘事的思考中，脈絡造成差異。我們以為，藉著把注意 27 力引到課程的脈絡中，脈絡會對車床的使用帶來差異的這個現象，我們便可以與讀者建立共享的理解。不管一個人是否使用敘事思考，我們認為那些提出來的普遍觀點，應該會得到其他教育者的迴響。一開始，看起來好像不太困難，這個隱喻果然發揮作用。而且我們相信，我們已經建立了一座通向鉅型敘事，或者更平實一點地說，通向老舊並且正待被修正的分類法之橋樑。

我們開始得到一些回應，其中大部分是夾雜在接受與支持

的說法中所傳達出來的回應。但當我們逐條逐點，仔細地閱讀這些批評和建議時，我們即刻感到陷入困境中。有時候，我們質疑自己的意圖究竟是什麼。我們真的瞭解這個工作？我們有沒有圓滿且適當地做好它？這些觸角開始讓我們覺得我們的敘事式思考不太能被接受，它有點薄弱、枯竭，及模糊；有點缺乏嚴密、精確及確定。透過引述回應的段落，我們試著來傳達這些感覺的起源。但當我們這樣做時，我們清楚知道，在身陷羅網的當時，我們所經歷到的不安全感是很難完整去捕捉的。

對敘事式修正的回應

我們那些引起回應的段落，其中重要的一段如下所述：「因為認知到目標是一個被廣泛使用的工具，移動於期望及預定的目的之間。因此，我們建議去描繪出一個思考目標的架構，把目標看成是被不同的人，在不同的時間，於不同的脈絡中所使用。藉由檢視影響目標使用的因素，我們開始去探討目標的應用。」

在這個段落裡，我們希望能夠舉例說明，當對分類法進行敘事式的修正時，需要意識到從期待到預定的目的間，歷經時間推移所會產生的變化。與其把目標的功能看成是事先設定的，不如把它當作是一種可以在不同的時間裡，彈性使用的工具。稍後在這篇報告中，我們利用這個敘事的觀念，建構了一個理論架構，來顯示目標在教學前、教學中，以及教學後等不同時間內有所不同。甚且，我們還進一步去指出，即便在同樣

的這些時間裡，不同的脈絡（例如鄉下、都市，或市中心區）和不同的對象（例如書籍出版商、政府官員、行政人員、教師，和評鑑者），都會以不同的方式來利用目標。因此，我們對於目標所能或將會適用的敘事，端視時間、脈絡和對象之不同而有所差異。

　　有些回應反駁道，這不過是一個有關清晰度的問題罷了。這些回應者說，如果我們詳細陳述「目標的層次」，那麼問題就可迎刃而解。所以，雖然我們想的是，因為時間、脈絡和人物的不同，同樣的意圖也可能帶來不同的目標；然而，「回應我們的人」卻把這個考慮解釋為目標階層的問題。對這些回應者來說，「期待」是最高的層次；「目標」居中，可以用來引領課程；至於位處最下層的，則是應用在特定教室任務的「非常明確的目標」。在這個再詮釋中，回應者拿走了時間性，而以一個與時間無關的階層類型來取代它。同樣明顯的，在回應者的系統說明中，脈絡也被移開了，階層的應用被看成是普遍適用於所有脈絡。如此，回應者把一個將目標應用於特定時間、脈絡、對象的想法，改用一個普遍的、去時間、去脈絡的方式來重新表述。

　　在另一個重要的解釋段落中，我們寫道：「杜威（1938）關於『情境』及『經驗』的想法，使得我們有可能去想像，教師並不那麼是課程的製造者，而是課程的一部分；同時，也為脈絡、文化（杜威對互動的觀念），以及時間性（過去和未來都包含在杜威『連續』的觀念中），想像出一個棲身之地。在目的和手段的觀點裡，課程與教學彼此緊密地相互交織，以至

於當我們試圖要為教師設計出一套能夠實現教學目標的課程
時，顯得如此不真實，而且還多少有點本末倒置了。」

在這個短文所出現的段落中，我們試著指出，任何一組特
定目標的正當性，是在課程的脈絡中被決定。這個觀念的重要
性，可以透過與鉅型敘事的對比看出。從鉅型敘事的觀點來
看，課程的觀念被定義為：教師在其中實行課程計畫，以符合
預先設定的目標，並且達到特定的結果。在這個觀點裡，學生
成就行為的評量，也正是教學成敗的測量。當我們從敘事的觀
點重新去詮釋課程時，我們想要呈現的是，用這種方式輕易地
把目的與手段予以分離，在概念上是有疏漏的。認為目標和成
就是經由教學和課程所中介，從敘事的角度來看，這種線性的
看法很值得置疑。根據敘事的構念，教師並不是一個過濾的變
29　數，也不該只被考慮成阻礙或觸發目標完成的因素，而應把教
師當成是課程的一部分。也因而，在剛開始建立目標時，或者
在之後接續的完成中，教師都是其中的一部分。當我們嘗試要
把敘事式思考引進分類法時，這個關於課程的敘事式想法，對
我們來說是很重要的。

有點**幽默**的是（說幽默是因為，我們加諸在課程上的這些
思索原是如此龐大沈重），有個回應竟說，這個段落寫得還挺
不錯的，應該可以放在註解中。回應者說，這個段落所具有的
艱深指涉，只有精通學術文本的特定讀者才會感興趣。

在邊界上探究生活

　　與分類法修正小組一起進行的工作，無可抗拒地把我們帶到一個思考的邊界上——以敘說探究的方式，或根據鉅型敘事的方式思考。一個人不管是站在此邊界的哪一邊，似乎都需要去與另一邊的人溝通——那些討論失焦的人，那些不能清楚表述的人，以及那些雖然提出觀念、想法和建議但卻好像錯失重點的人。這個修正小組其他成員的反應讓我們感到困惑，而且無疑的，他們也深為我們對目標的處理方式而迷惑。我們認為他們有點不肯讓步也無意改變；而他們因為重視他們所屬陣營的意見，也很可能認為我們深奧難解，並且不願妥協。在敘事式思考和以鉅型敘事的方式思考的邊界上，究竟是什麼使得彼此間的溝通如此困難？在與分類法修正小組的成員共同進行工作時，其中的一些問題被攤開來了，我們現在要來一一加以處理。

一、時間性

　　當我們參與在分類法修正小組的工作中時，最明顯的緊張關係是關於時間性的看法。在敘事的思考中，時間性是一個重要的特徵，我們很理所當然地把事物置於時間中來思考。當我們看見一個事件時，我們對它的思考，並不是把它看成是發生在那個時刻的一件事，而是把它當作是發生在時間歷程中，某

一事件的表現。事件，或者事物，都有過去，以及出現在我們
面前的現在，和隱含的未來。

30 　　從鉅型敍事的觀點來看（至少在我們與分類法修正小組接
觸的經驗中），事件或事物是從其自身，或透過自身來標示其
特徵；它們被看成是一種確定的存在，帶有一種永恆感。回應
我們的人察覺到，在我們之間的對談中，有某些爭論點與時間
性有關。但他們用目標階層來加以重構，並因而移開了時間的
觀念。把事物放在時間中來思考，或者把事物看成是當下自
身，存在於這兩種抗頡想法中的緊張關係，變成是我們每每轉
身時都要碰到的一個在邊界上的爭論。緊張關係環繞在，我們
認為教學前、中、後等不同時段裡，對目標應有不同使用方式
的想法；我們對於課程的概念也帶來緊張關係，因為我們認為
教師的經驗敍事會塑造課程；緊張關係還存在於學生和教師的
敍事歷史中，以及這些歷史如何影響成就分數的解釋等議題
上。

二、人

　　還有一個密切相關的緊張關係與人有關，不管其所指的是
學生或是老師。這個由人所產生的緊張關係，與時間性所帶來
的緊張關係，彼此之間具有高度相關。我們認為理所當然的
是，在任何時間點上的人，都是處在一個個體改變的過程中。
而且，從教育的立場來看，重要的是要能以過程的觀點來敍述
這個人。知道一個孩子當前的教育歷史——不管是最近教過的

課程，或者是一個較長遠的敘事歷史，在這個歷史中，每一個
孩子被看成是從過去演變至現在，並且具有未來可能的樣貌——
——在敘事的教育思考中是很重要的。我們認為不管在課程、目
標的形成上，或者在進行成就測量時，都應該將這些敘事的歷
史切記在心。

　　相反的，鉅型敘事（至少在這個事件中）引導回應我們的
人去建立一個在本質上無關乎人的想法。對許多參與在修正小
組中的人來說，一個目標決定了某個特定層次的思考，以及特
定層次的內容，並且普遍地適用於特定的年齡或年級。人自身
的敘事歷史被看成是有些不相關，或者就算不是毫無關聯，對
修正小組來說，也是一個全然不實際的考量。

三、行動

　　第三個緊張關係集中在如何去理解一個行動。在敘事的思
考中，行動被當成是一個敘事的徵象，在我們的例子中，我們
把課程此一行動詮釋為：教師和學生的敘事歷史在教室中的展
現。例如，一個孩子在一個成就測驗上所展示出來的特定層次
表現，代表的是某事的一個敘事徵象。在賦予意義之前，必須
先對此徵象作出敘事的詮釋。如果不瞭解這個孩子的敘事歷
史，那麼，這個表現的重要性與意義，以及這個徵象本身，就
仍然是個未知數。學生在某個測驗上的成績，除了分數本身之
外，並無法告訴測驗者或教師更多的訊息，除非學生學習史的
敘事亦被帶進這個表現中來考慮。例如，某一次特定的表現代

31

45

表的可能是算術的機械應用、一組用以解決特定問題的線索之應用，或者是一個高層次認知的表現。

相反的，從鉅型敘事的觀點來看（在我們與分類法修正小組的共事經驗中），學生在成就測驗上的表現，被用來當成是這個學生所達到的認知層次之直接證據。也就是說，表現的行為越是複雜，所達到的目標認知層次就越高。因此，對修正小組來說，一個行動被看成是一種直接的證明。行動和意義，表現和認知層次之間，被畫上等號。然而，在敘事式的思考中，行動與意義之間，存在著一條有待敘事史來加以標示釐清的詮釋小徑。

四、確定性

第四個緊張關係集中在確定性上。在敘事式的思考中，事件的詮釋總有可能是另外一種樣貌。事件的意義是暫時的，這種暫時性通常以某種不確定性來表達。例如，在上述討論行動的段落中，我們談到測量學生的成就時曾指出，如何可能用三種不同的方式來詮釋一個表現，而其中任何一種詮釋都應該被看成是暫時的。因此，從敘事角度而來的態度是，一個人是在情境之中盡「最大的努力」；並且同時知道，其他的可能性、詮釋，或者解釋事情的方式，都是可能的。用 Geertz 的話來說就是，一個敘事研究者建立的是一個教與學的說明，但那是一個「搖搖晃晃，組織不佳」（1995, p. 20）的建構。

從我們在這個修正小組與鉅型敘事共事的經驗來看，對她

們來說，因果性，以及接續而來的確定性，是一個用來確保品質純正的印記。例如，上面所舉關於學生成就測驗表現的例子中，表現與認知層次之間的等號，是由因果性的假定而來：在一個既定的認知層次上思考，就會造成既定的測驗表現。這兩者之間的關係，讓教師、測驗者與其他人，對學生的表現具有特定的理解。同時，其中暗含的也是對課程及教學成敗的特定理解。

五、脈絡

第五個緊張關係與脈絡有關。在敘事式的思考中，脈絡始終如影隨形。其中所包含的概念是時間的脈絡、空間的脈絡，以及其他人的脈絡。當要為個人、事件或事物賦予意義時，脈絡是必要的。例如，我們把脈絡引進分類法修正中的一種方式是，指出在學校場景中，教室內與教室外兩個不同的場合所帶來的差異。這種脈絡化的方式讓我們可以指出，相較於那些在教室外其他場景中的人，目標對教學現場教室中的人來說，扮演的是一個不同的角色。

從我們在這個修正小組與鉅型敘事共事的經驗來看，脈絡被其他的成員假定為無處不在。他們假定我們都處身在某個脈絡中。然而，雖然脈絡的存在被承認，但分類法小組的成員卻以一種去脈絡化的方式在前進。對他們而言，重要的是去建立一個可以適用於所有脈絡的分類法。例如，在應用上，他們假定學生所展現出來的認知層次，而非脈絡狀況，是最為重要

的。更普遍地說，在鉅型敍事中，脈絡被分析為確定性的變數與標準，而與不同的脈絡因素相聯繫。例如，可以在表現與社經地位此一變數間建立聯聯。在鉅型敍事中，普同狀況是首要旨趣。而在敍事式的思考中，脈絡中的**此人**才是最所關心之處。

摘要 ✐

　　當我們探討那些存在於鉅型敍事和敍事式思考邊界上的緊張關係之要點時，我們用來確認邊界上緊張關係的一個理論架構，其實是來自於杜威所提出的關於經驗的兩個判準。也就是，來自於**連續**和**互動**。在與分類法修正小組的工作中，連續性的議題引發了時間性、人、行動和確定性等緊張關係。互動的議題則帶引出脈絡、人、行動和確定性的緊張關係。對杜威來說，這兩個判準是不可分離的。而且，當我們思索這些位在邊界上的緊張關係時，我們也並未把它們看成是獨立因素的清單，而是認為它們彼此之間具有關聯性。

　　在下個一章節裡，我們要開始探討存在於敍事式思考和其他探究形式間的另一個邊界。我們將在「敍事式思考與形式主義之間的邊界」此大標題下，來處理這些問題。

3

敘事式思考：
化約主義和形
式主義的邊界

在第二章裡，我們對自己在邊界上的工作經驗，提出了一個敘事的說明。這個邊界位處於敘事式地思考，以及根據鉅型敘事來思考之間。到目前為止，大部分的焦點集中在，敘說探究和鉅型敘事之間的緊張關係。不過，在第二章中，我們的討論主要是在這兩者之間──把敘事當成探究或一種專業實踐，以及根據鉅型敘事來做研究或從事專業實踐──往返移動。大體而言，我們的例子是發生在專業實踐的那一邊。因為，正如我們之前所提到的，用來合理化我們參與分類法修正小組的理

由是，Bloom 的分類法普遍地被應用在教育的專業實踐中。

35 **介紹** 🖋

　　在開始這章時，我們想要較直接地來進行專業實踐的討論。因為當我們從專業實踐，以及其與理論的關係等觀點來看待邊界的問題時，鉅型敘事就進入了更為清晰的焦點中。

　　這個章節要檢視，當敘事式的思考與探究生活，遇上化約主義及形式主義的邊界時，所造成的緊張關係。不過，強調的重點放在後者。以我們的研究當成一個參考點，我們將確認並且討論，我們在敘說探究及形式主義探究的邊界上，所經歷到的緊張關係：理論的位置、理論的平衡、人，以及研究者的位置。

Schön、Oakeshott 和 Johnson 的想法 🖋

　　我們以 Schön 的作品（1983, 1987, 1991）為起點，來進行這項探討。Schön 在說明專業實踐中的思考時，曾提出了另一種由鉅型敘事所帶來的邊界感。**科技理性主義**是 Schön 用來稱呼我們所謂的鉅型敘事的名稱。如果說，我們是在邊界上書寫，那麼 Schön 則是把這個邊界看成是座落在科技理性主義與在行動中反思之間。他寫道：「一旦我們將科技理性主義的模式置於一旁——這個模式引導我們把智識實踐（intelligent practice）看成是**應用**知識來決定手段——那麼，對於把認識

（knowing）看成是內在於智識行動（intelligent action）的這個觀念，就沒什麼好覺得奇怪的了。」（1983, p. 50）

　　對 Schön 來說，認識是**在行動中認識**。而且，這也引導他把「實踐知識論」建基於「在行動中反思」此一觀念上。他把「在行動中反思」描述成在實踐脈絡中的研究。在這個脈絡中，行動中的研究者「並不依賴既有理論和技術的範疇，而是為此獨一事件建構一個新理論。他的探究並不是侷限在審思手段，必須與目的先達成協議的手段；他並不把手段與目的分離。架構一個問題情境時，他讓兩者交互定義。他並不把思考從實作中抽離。……因此，即便在猶疑不定或獨一無二的狀況中，「在行動中反思」此一作為仍能繼續前進，因為它並不受科技理性的二分法所束縛。」（1983, pp. 68-69）

　　Schön 的著作很快就被教育研究及其他的專業領域所接受。 36
我們認為，在教育的範圍裡，Schön 之所以能夠快速地被接納，肇因於他所提出的反思實踐（reflective practice）此一觀念，與那些被鉅型敘事，或者用 Schön 的話來說，與被科技理性主義視為沒有價值的實踐之殘餘物，彼此之間相互連結的緣故。這些被認為沒有價值的實踐，在師資培育者的想像中，被當成是某種過時的教育，只有在過去師資培育較不理性的時代中才被接受。而 Schön 的書卻正為這些專業的記憶，賦予現代的價值。

　　Schön 並沒有使用時間性、歷史或記憶等詞彙來陳述他的觀點。他的邏輯由違反科技理性主義但卻合理的例子所組成，並且結合了專業中良好教育實踐的例證之呈現。不過，他的用詞對教育的影響，與他的論證之實質為何如此不成比例，這可

以透過敍事的方式來解釋。Schön 讓我們之中許多人，來敍說師資培育（以及其他專業教育）的故事，讓我們可以使用另一種方式而這種方式與我們過去被鼓勵去支持、去研究科技師資培育的方式是全然背道而馳的。而且，他也使我們可以使用故事，來正當化那些發生在實踐反思中的專業記憶。

包含在科技理性主義觀念中的化約主義感，使得這個故事能夠重被述說。那些在專業記憶中被保留，但卻在理性的鉅型敍事論述中被拒斥的專業實踐意象，正是那被化約消減掉的東西。專業記憶的豐富完整性，被科技理性主義化約成一組「之後也許可以寫在一本書中」（Oakeshott, 1962, p.12）的制式規則。

哲學家 Johnson（1987）使用了**客觀主義**（objectivism）這個詞彙——他隱喻式地將之定義為「關於世界真象為何的全知觀點」（p. x）——來解釋這個把整體縮減為一組制式規則的化約。這意味著，不管任何一個特定的人碰巧相信的是什麼，對於世界的樣貌為何，總存在著一個正確且真實的觀點。這是一種把真相與意義看成是與人無涉的想法。

根據 Oakeshott 和 Schön 的想法，在實踐的研究中，全知式的觀點已經變成了科技理性主義。Oakeshott 告訴我們，科技理性主義「宣稱，我所謂的『實用知識』根本就不是知識；這個宣稱恰當一點地說，就是沒有一種知識不是科技知識。理性主義者認為，包含在人類活動的**知識**中，唯一的要素就是科技知識。而且，我所稱之為『實用知識』的，就算不是斷然有害，也僅只是一種不足為取的無知。對理性主義者來說，『理性』

37

52

的統治權意指的就是科技的統治權。這個問題的核心在於，理性主義者太過全神貫注於確定性之上。」（1962, p. 11）

Johnson 明白，要把那些被全知觀點和科技理性主義所分離、化約之物重新結合的方法是，把「身體放回心靈中」（1987, p. xxxvi）。一個脫離了身體的心靈，許可了科技理性主義所需要的確定性。把身體放回心靈中，意味著要去與確定性爭戰。情感、價值、與世界相處時所感受到的經驗、記憶，以及對個人過往的敘事解釋等等，都無法以一種帶有確定性的方式靜立不動。

雖然到目前為止並未提及，但讀者應該會注意到，在 Schön 的論證和觀點中，經驗是很重要的。對 Schön 來說，經驗是他的反思實踐理論與專業建議的核心。當他談到對經驗的反思時，他把它看成是在行動中去認識，是「一種日常實踐知識的特有樣式」（1983, p. 54）。Oakeshott 認為，人因為帶有偏好、成見、看法和態度（這些都是和經驗相襯的東西），而成了確定性的敵人。對他而言，科技理性是建基在確定性的需求上。至於 Johnson，從他的書名《在心靈中的身體》（*The Body in the Mind*）中可以看出，他想要將他指稱為「身體」的經驗，放在他哲學的中心。

科技理性對經驗的存疑，並不是由一顆科學的心靈所生。就如同 Oakeshott 所指出的，科學與藝術一樣，都不能被化約成科技，或只透過書本來教授。那些針對實務研究——以及與之相伴，透過敘說或想像所產生的多樣性——而爭論的人，通常把實務定義為技術的執行。然而諷刺的是，她們竟爭辯道：去

發現或去命名這些技術，就是去**從事**（do）科學。用來標誌出科技理性主義者與非從事科學者之差別的是化約主義，以及杜威（1929）（在他的標題中）所說的「確定性的追求」。其實敘說，以及充滿了想像複雜度的實務之研究，這些與科學的實作，應是相容的。

　　Oakeshott 說：「理性主義者已經對教育產生一種令人覺得不祥的興趣。他們尊重『大腦』，對於訓練大腦，他們懷有很強的信念。並且決定，聰明這種特質應該被鼓勵，也應該獲得權力的榮耀。」（p. 32）Oakeshott 之所以說這是不祥的是因為，理性主義者「並未察覺經驗的累積性。他們只意識到經驗的立即性，意即把經驗被轉換成如下的公式──過往只在成為障礙時，對人才具重要性。」（p. 2）一個帶有經驗的人，會被科技理性主義者視為擁有「負面能力」（p. 2）。如果「白紙狀態已經被那些跨坐在傳統之上的先輩們，用非理性的潦草書寫所毀損」（p. 5）（或者，還可以再加上，迄今為止的生活經驗），那麼，理性主義者的首要教育任務，「應該是把這塊石板擦抹乾淨」（p. 5）。理性主義者對教育的興趣之所以是不祥的，並不是因為他們無視於經驗，而是把經驗看成是達到「真正」熟練的教育之阻礙物。把經驗重構當成是教育的基礎，這個觀念杜威（1938）或許已經寫過了。而同樣在這個路線上，Oakeshott 則寫道：「就如同其他的知識一般，學習一項技術並不在於擺脫純然的無知，而在於修正既已存在那兒的知識。」（p. 12）

　　在有關專業教育的著作中，Schön 藉由合理化我們的專業

記憶，以及使得回返經驗成為可能等方式，來進行關於這個議題的討論。對他來說，經驗不是心靈石板上的一道黑色污跡，而是專業教育的資源。

在形式主義邊界上的敘事式思考

　　Schön 和 Oakeshott 使我們能夠去想像，再次敘說 Johnson「在心靈中的身體」之可能性，並且隱喻式地讓我們從被科技理性主義者所化約的世界，「向上」回返到整體。不過，不管是 Schön、Oakeshott 或 Johnson，他們都將我們的注意力集中在敘事式思考與帶有化約性質的鉅型敘事之間的邊界上。

　　在與敘事式思考接鄰的另一個邊界上，還有另外一個故事在運轉。從社會政治的典範式分析來看，這是一個「沈降」至整體的故事。

　　就像化約主義可以把整體縮減一般，社會學和政治的分析也能透過抽象概念和形式主義的利用，把整體加以限縮。敘說研究者與那些宣揚形式主義探究路線者間的辯論，雖然相較於敘說研究者和那些在鉅型敘事中的探究者之間的爭執，沒有那麼廣布普及，不過卻同樣具有戲劇性。後者間的爭論，在研究文獻中較廣為人知，有部分的原因是因為敘說研究者把那些在鉅型敘事中從事研究的人，想像成是從事研究及科學中，唯一或至少是最主要的經驗批評者。然而，在我們的觀點裡，不論在形式主義或在鉅型敘事中，經驗和敘說都同樣不受信任。　　39

　　支持形式主義者的論證，來自兩個很不相同的根源：文學

研究和科學哲學。在討論一個時下的議題時，Bernstein 評論道：「把我們的時代說成『後某種年代』（postera）逐漸變成一種風尚──『後現代』、『後結構主義』、『後經驗主義者』、『後西方的』，甚至『後哲學的』──但是，似乎沒有人能夠適當地標示出『postera』的特徵。甚而，在命名的時候還產生一種無能與焦慮感。」（1987, pp. 516-517）Bernstein 說，這種理論心靈的紛亂，「反映了那些發生在我們日常生活中的事。在我們的生活裡，蔓延著一種幾乎是野性的多元主義。」（p. 517）**野性多元主義**（wild pluralism）是另一種用來稱呼相對主義的方式，在文學批評中，這種相對主義困擾著 Booth（1986）。而野性多元主義表達的也是 Popper 所謂的「架構的迷思」（Bernstein, 1987, p. 56）。杜威反對這種架構迷思所帶來的結論，因為這「暗示了『我們是被關在我們的理論架構、我們的期望、我們過去的經驗，以及我們的語言中的囚犯』。」（Bernstein, 1987, p. 51）

「架構」（framework）是一個形式主義式的觀點，在這個觀點中，事物從來不是她們自身的樣子，而是被我們的架構或觀點或視角或想法所塑造。更進一步說，因為沒有一件事物是它本身看起來的樣子，所以唯一值得注意的就是，事物是透過什麼樣的用語和形式架構被知覺：一個人並不是在教學，而是不留意地再生產了一個社會結構；一個人並不具備帶有情感的意圖，有的只是預先設定的期望；一個人並沒有屬於自己的經驗，只是在脈絡的設計中向前移動。形式主義者說，事件的真相、一個人宣稱她所擁有的經驗，或者經驗主義者所收集到的

資料等等，其自身幾乎不具意義。她們論辯說，人永遠不能以她們的樣子看見自己，因為她們實際上是另外一個樣子；或者更確切地說，在任何的探究中，個人是社會結構、意識型態、理論或架構作用於其上之物。因為敘說探究強調的是，在與他人或環境的關聯中，重新建構個人的經驗。因此，其所受到的質疑是，不能代表形式主義所謂的真正的脈絡或適當的「後某種年代」。

　　按此來看，情況正如同面對鉅型敘事中的探究者一般，我們所稱的經驗和敘說，也被形式主義者所猜疑。兩者間的差別僅在於，他們為經驗所安置的位子。對鉅型敘事中的探究者來說，經驗是留在石板上的一道污痕，有待被擦拭乾淨；對形式主義者而言，經驗是需要被忽視的東西。在形式主義者的想法裡，行動者最終並不在經驗中，而是在形式裡。個人只是在政治、文化、性別和架構等霸權中從事演出。

在形式主義邊界上探究生活

　　當我們思索著敘事式思考與形式主義式地思考兩者之邊界上的生活時，這個思慮帶引我們去強調幾種緊張關係。就像是發生在敘說探究與根據鉅型敘事探究兩者邊界上的生活一般，在這裡同樣的，不管是在邊界的哪一方，一個人都似乎要與另一邊那些失去焦點、不能清楚談論，以及那些未能切中要點、觀念、想法、提議等的人進行溝通。

敘說探究：質性研究中的經驗與故事

一、理論的位置

在這個邊界上，重要的緊張關係之一是理論在探究中的位置。形式主義者在理論中開始探究，敘說研究者則傾向於從經驗著手，而這些經驗是在活過的或說過的故事中被表達。在我們早期從事敘說探究的工作中，Jean 曾經與一個形式主義者共同參與在一個聯合書寫的冒險中。這個工作的內容是要針對一本論文寫出評論。在兩個人都讀過這本書之後，他們相約一起討論彼此的寫作路徑。Jean 心中帶著教室的故事來閱讀這本書和參加這個聚會，並且主張，這本書的評論應該從一個或許多個與主題相關的故事開始。這些主題一方面是作者試圖要去發展的，另一方面也是他們在評論中想要去討論的；Jean 的同事的態度則傾向獨立於此書之外，以一個知名哲學家的理論架構來展開這個評論工作。Jean 希望利用故事的呈現，來思索根據這個作者觀念而來的學校生活之可能性；她的同事則想透過這個哲學家的理論來建立一個詮釋架構，並據此分析這本書中的觀念。在整個書寫工作中，因著這個邊界而來的緊張關係無時不在。

在我們與敘說探究的新手一起工作時，當她們也轉向去說明理論架構的位置，而後才開始她們的探究時，我們也看到了類似的狀況。一些如同在 Skinner（1985）《鉅型理論回返人文科學》（*Return of Grand Theory in the Human Sciences*）一書中所討論過的作者——Althusser、the Annales Historians、Derri-

41

58

da、Foucault、Gadamer、Habermas、Kuhn、Levi-Strauss、Rawls，經常在那些來自形式主義傳統，之後走向敘說探究的研究中出現。敘說探究特有之處，經常是從研究者自傳式的敘說開始，而這些敘說則與**研究困惑**（有些人稱為研究問題或研究質疑，我們將在第八章討論）相關聯。對那些從形式主義處跨越邊界而轉向敘說探究的人來說，在此所產生的緊張關係，如果表現於研究所學生的研究中，通常就是一種學生和指導者間的緊張關係。這種緊張關係也表達於不同的口試委員所給出的不同建議：去圖書館！對於這你有什麼樣的經驗？讀讀 Gadamar！去找一個學派！

　　理論的位置所產生的緊張關係，並不只存在於探究的開始，而是貫穿在整個研究中。這個緊張關係出現在某些討論中，例如，如何寫作文獻回顧？或者一章獨立的文獻回顧，在一個已完成的探究中，該有什麼樣的顯著性？委員會的成員經常希望理論能夠擁有一獨立的篇章，用來組織此探究、確認文獻中的漏洞、描繪思想的主要理論路線，並且產生潛在的研究可能性；相反的，我們自己的敘說探究學生在寫作論文時，經常並沒有一章特別的文獻回顧。從頭到尾，她們將理論編織進整本論文中，試圖在理論和那些具現在探究中的實務之間，建立一條毫無接縫的連線。

　　把理論文獻當成探究架構的取徑，這種想法在形式主義的研究傳統中是如此的根深蒂固，以致敘說探究的新手在面對形式主義者質問理論在她們研究中的位置時，很容易就被驚嚇動搖。在研究生論文口試委員會議時，當帶著形式主義路徑的系

所成員探問學生的訪談方式，進而質問理論在敘說探究的應用時，我們經常看到由這種緊張關係所造成的不確定性。這種緊張關係呈現出來的樣貌是，要把文獻回顧當成組織架構，或者把它看成是一種理論與生活間的對話；或者也可以說，這是一種存在於理論與那些在探究中呈現的生活故事之間的緊張關係。

這種緊張關係在探究的結果中仍會再一次出現。一個形式主義者探究的成果之一，是對既有的理論架構與相關文獻的發展有所貢獻；另一個成果則是把理論複製或應用到手邊的問題上。例如，應用在一個市中心區小學教室中的讀寫能力問題上。雖然前者也可能是敘說探究所意圖的結果，但後者則很少是。敘說探究的貢獻通常在意圖為那些與研究主題相關的面向，建立一種新的意義與重要感，而不是去生產一套有可能大大地增進此領域中既有認識的知識宣稱。更進一步而言，許多敘說研究之所以被判斷是重要的，是因為當讀者在閱讀這些文獻文本時，並不是為了求得其中所含括的知識，而是為了替代性地測試生活的可能性。這種對敘說探究的利用，擴展了之前在 Coles《故事的呼喚》書中所提到的生活、文獻與教學彼此間的聯繫。

敘說探究的研究成果，在敘說和形式主義研究者間，創造了一種較具爭議的邊界緊張關係。正如我們的同事 Howard Russell 所說的，正因為讀者對敘事文本有不同的利用方式，使得敘說研究者得以對抗概化的化約。敘說研究者並未開出普遍應用或使用的處方，而是去建立一個文本。當這個文本寫得很好

的時候，它能提供讀者一個自由的空間，讓他們去想像獨屬於
自己的使用與應用。

二、理論的平衡

　　一個密切相關的緊張關係，可以從「敘說探究不夠理論」
這句格言中看出。幾年前，Michael 在教授休假期間，參與了一
個關於他的敘說探究課程的討論。這個課程和其他許多傾向形
式主義、理論豐富取向的課程同時一起開設。在這個討論中，
很明顯的，Michael 所教授的敘說探究課程被一些人看成是「不
夠理論」。有人提議，如果他的課程要被採納的話，有兩個方
面需要加以修改：內容和教學方法。他的課程以經驗為起點：
學生自身與其研究間自傳性的連結、現場記錄和回憶、敘事論
文的批評，以及其他的研究。課程內容除了強調在傳記、自
傳、回憶錄、敘事民族誌、個案研究等方法中所出現的多樣敘
事文獻外，還包括了對敘說探究十分重要之關鍵詞的文獻，這
些關鍵詞如：**記憶、事實和虛構、詮釋、故事、歷史、脈絡、**　43
意象和隱喻。Michael 的同事所建議的課程修改，其所含括的範
圍，約莫界定在如之前所述 Skinner 書中提到的那些作者身上；
至於方法學上，這個變更的課程提議，也以上述這些作者的文
章和分析為起點，並且把焦點集中於此。在回顧時，雖然已經
不清楚生活事件在這個課程修正中，是否成為其中的一部分，
但很清楚的是生活事件即便扮有某種角色，至多也不過是被當
成那些理論家所製造出來的理論詞彙之例證。值得注意的是，

在他們所建議的課程修正中，一些敘事理論家被形式主義式地利用了。例如，Propp（1968）如果出現在這張文獻清單上，很有可能會被看成是用來顯示行動、角色和敘說結構間的理論環節。而如果需要舉用例子的話，文學文本通常會比經驗文本更受青睞，而且還會根據行動、角色和結構等被分析。

當我們討論思考方式的時候，值得注意的是，敘事理論家的作品，如 Propp 或我們的研究，甚至任何故事，都有可能改以形式主義的方式被表達、評論和教授。形式主義指涉的是一種思考方式，而敘說探究也是。

三、人

一個始終存在並且最為激烈的緊張關係是，如何理解人在探究中的位置。最簡單的談論方式之一是說，在形式主義的探究中，個人即使被指認出來，也只是被當成一個形式——一個觀念、一個理論、一個社會範疇——的樣本來檢視。在敘說探究中，個人被看成是活過的故事之具體化身。甚至當敘說研究者在研究制度的敘事時，例如學校的故事，個人也被看成是在其中編織其生活。而這些生活一方面形塑了社會、文化的敘事；另一方面，也被社會、文化的敘事所塑造。JoAnn Phillion 從事敘說探究（1999）的一個故事，清楚闡明了，個人在形式主義探究和敘說探究間，因為所占位置不同而引起的緊張關係。

Phillion 之前在日本教書，後來則在加拿大教外國學生。她

過去讀碩士班時，主要的領域是語言學和多元文化主義。她這樣描述自己：「我總覺得我從其他文化的人身上學到的東西最多」。在博士研究期間，她在一個大學的研究計畫中工作。這個計畫的目的是為了幫助那些移民教師在加拿大度過轉換階段，以進入其專業。她所提出的博士論文研究計畫是研究移民教師的教室工作情形。當我們在敘寫這個故事時，她已經與一個有西部印地安背景的教師 Pam 完成了這項研究。

Phillion 覺得，她最珍視的一些關於文化，以及文化如何在教學中展現的信念，深受她在 Pam 教室中的工作所挑戰。對於西印地安文化、西印地安在加拿大的人口狀況，甚且對於一個西印地安的教師如何著手進行市中心區的教學等，她先前已懷有一些想法。在我們的詞彙中，文化是一種形式的範疇。Phillion 心中即帶著這個範疇而開始進行她的敘說探究，並且期望 Pam 會表現出一種角色模範，會對孩子的學習困難具有特別的同情心。因為執守著要把形式主義的文化範疇，當作是用來詮釋 Pam 之教室實務的引導方針，Phillion 期待 Pam 能夠比其他教師更去意識到，身為一個在加拿大生活的西印地安人，其意義為何。她期盼 Pam 能展現出一種敏銳的意識，能夠知道在一個主要以白種中產階級用語定義出來的教育制度中，來自其他文化的孩子所會經驗到的不足與不利。

但是，當她與 Pam 開始了敘事的教室研究後，Phillion 驚訝地發現，Pam 的教室實務與她所期待的完全是兩回事。例如，遲到的學生在被命令進入教室前，必須站在門邊，並且陳述遲到的理由。Pam 對 Phillion 解釋她的哲學：學生需要為她

44

們自己，以及她們的行為負責。當 Pam 堅持每個學生應該靠自己，而無須從她那裡得到強烈的指示來解決問題時，Phillion 的確觀察到許多例子，在這些例子中，Pam 的哲學清楚地表現在她與學生的關係，以及面對學生學習的態度上；而當她要求學生去發展教室方案計畫時，Pam 的哲學也呈現於教室活動中。

從 Phillion 的角度來看，Pam 容忍那些看起來不具生產性的活動，因為她認為學生需要靠他們自己來完成工作。Pam 的規則之一是，當學生下課離開教室前去體育教室、游泳或休息前，必須先安靜下來。即使學生已經錯過了下一個預定活動的大半部，Pam 還是會一直等到學生完全安靜下來。Phillion 覺得這個規則令人很不舒服，特別是在某次下午，有個家長要來參加一個放學後的會議時。這個家長必須在一個滿是學生鬧哄哄聲響的房間中與 Pam 說話，因為根據 Pam 的規則，這些學生是不准離開的。Phillion 說，如果她是老師的話，她一定會覺得非45　常困窘。而且家長在場時，她很難去容忍這樣的喧鬧。她很可能在衝動之下就讓學生先下課，不過，Pam 卻顯得很鎮定。

Phillion 對 Pam 實務的驚訝，以及意識到她自己對於西印地安教師實務的想法在研究中被推翻，這些都突顯了敘事式思考與形式主義式地思考之間的差異。特別具有爭議的即是個人在其中的位置。Phillion 雖然全然投注於敘說探究中，卻還是不免從一個受形式主義所驅動，認為文化在一個教學場景中將如何互動的想法開始著手。她原先所帶有的觀點是，Pam 是她所屬文化的一個範例；而且，文化應該會在教室實務中展現。不

過，在 Phillion 之後的敘說探究中，Pam 作為一個人，一個活過的故事的具體化身，取代了她作為文化範本的角色。對 Phillion 的探究來說，個人，而不是形式的範疇，才是重要的。

除了文化一詞之外，其他常用的形式主義探究詞彙是**種族、階級、性別**，和**權力**。當其他研究者讀完敘說研究者的研究，其目的是找到一些可以用上形式主義辭彙之處時——如，個人是某個種族、某個階級、某種性別的成員；或者說，個人是在任何情境中擁有不同程度的權力者——面對這樣的情形，敘說研究者發現，不管是在發展其研究，或對其他研究者解釋她們的工作，她們都幾乎不可避免地要站在形式主義探究的邊界上。對一個敘說研究者來說，緊張關係的一部分在於，去承認這些事實，但同時堅守一個不同的研究議程。

四、研究者的位置

Phillion 與 Pam 的研究故事還突顯了另一個密切相關的緊張關係：研究者在探究中的位置。我們看到，當 Phillion 瞭解到腦袋裡知道的東西的實質重要性時，是如此驚訝：Pam 不只是一個形式範疇的展現，她是一個人。但 Phillion 也因為發現了這個存在於她自身的緊張關係，而感到震懾。她看見自己在從事一個敘說探究，在這個探究中，她試著去瞭解一個移民教師經驗的、個人的、實務的知識。她希望能長時間地進行這個研究，花上很多小時去談論教學或一般的生活。她的驚訝來自於，她發現敘說過程引導她去到的地方，剛開始時讓她覺得不

自在；而且，她在自己身上看到了一條界線。這條界線介於以下兩者之間：她過去對於文化相關諸事的形式主義思考之敘事史，以及她從事敘說探究的目的。

46　　當我們深思我們的敘說探究，並且能夠自傳式的去意識到我們對自己工作的反應時，Phillion在邊界上經歷緊張關係的這個經驗，對我們來說就變得很重要。不管是新手或有經驗的研究者，都是帶著觀點、態度，以及對研究的思考方式來進行探究。這些歷史，這些個人從事探究的敘事史，很有可能以不同的程度與我們所進行的實際探究相符合，或者跨越了它的邊界。我們所有人幾乎——幾乎無法想像我們能夠不是——都帶著不同版本的形式主義或化約主義的探究歷史，來到了敘說探究。情況既已如此，那麼，當我們繼續進行敘說探究時，我們就永遠要與個人的緊張關係搏鬥。Michael的爭戰對象是那些存在於化約主義邊界上的緊張關係。當他發現自己在馬尼拉參與一個國際科學成就的研究，或再一次投入於Bloom分類法的修正任務中，這些都不是意外，而是他自己的探究史所導致的表現。我們從 Phillion 的故事中所學到最普通的一課是：敘說研究者需要去重新建構她們自己探究史的敘事；同時也要警覺於在她們的探究敘事史，和她們所正從事的敘說研究間，可能產生的緊張關係。

摘要 ✐

在第二和第三章裡，我們開始去探討，敘事式地思考所指

為何的問題。我們的討論環繞在那些敘說式探究思考進入其他思考方式的智識領地之處，以及一些較為棘手的地帶。我們把這些地方指陳為邊界，並且描述了由化約主義和形式主義思考方式所帶來的兩個主要邊界。利用 Lagemann 比較杜威與 Edward Thorndike 兩人角色的歷史研究，我們以鉅型敘事此一詞彙來發展化約主義的思考方式。在我們與 Bloom 分類法修正小組的工作中，我們探討了我們的思考與鉅型敘事的界線。我們描述了五種在這個邊界上所產生的緊張關係：時間性、人、行動、確定性和脈絡。在第三章裡，從我們這幾年工作中的不同面向，我們援舉了幾個例子來指出四個在敘說探究與形式主義探究邊界上的緊張關係：理論的位置、理論的平衡、人、以及研究者的位置。

　　我們並無意說，這些緊張關係唯獨發生在這個或另一個邊界上。它們反應的無寧是我們這些年來在邊界上如何體驗敘說探究。我們也知道，這些詞彙和區分，並沒有分明清楚到可以去提出一張固定不變的清單——五個在與化約主義邊界或四個在與形式主義邊界上的緊張關係。例如，對於「人」在兩個邊界上的緊張關係之討論，就是一個明證。當然，人在敘說探究中有一特別的位置，但人也位居所有社會科學探究的中心。更進一步說，我們並不希望這張緊張關係的清單被讀成是一張絕無遺漏的清單。這些緊張關係只是我們在自己的工作中，還有與那些從事敘說探究的研究生一起工作時，最常經驗到的。同時，它們也突顯了某些對敘事式思考來說重要的面向。不像 Czarniawska 和 Polkinghorne 從其他的領域借來理論詞彙以瞭解

47

敘事，我們的作法與 Coles 相似，我們在敘說探究的實作中，學到最多與敘事相關之事。在邊界上的敘說探究實作，經常是我們用來思索敘事式思考構成要件的重要來源。

　　在移向有關現場工作中較特定的問題前，最後的觀察是去注意到，沒有任何一種緊張關係或相關的思考方式，是彼此隔離且各自獨立的。這些問題在任何的敘說探究中都各有其位，因此需要因應狀況，而把相關的問題放入或移出焦點來思考。

4

敘說研究者所作為何？

48

在我們繼續解釋敘說研究者的工作之前，我們先提供一個類比。為目的建立一個脈絡是很有用的，亦即，為了要確實地澄清一個人**要**做的（is going to do），就需要去指明一個人**不要**做的（is not going to do）。我們將利用 Joseph Schwab 的作品來闡釋這個要點。

在一個關於科學方法的激烈爭辯中，Schwab 一篇標題為《科學家做什麼》（What Do Scientists Do?）（1960）的文章，是這個爭論中的一部分。Schwab 指出，大部分關於科學方法和科學本質的討論，常常與科學實作無關，而是傾向於建立在科學邏輯與科學概念連貫性的考慮上。分析哲學抽象地強調語言

的構造，在當代科學方法的文獻中，扮演了重要的角色。如標
題所示，Schwab藉由提出科學家的實際作為，來表明他進入這
個討論的意圖。在這篇文章裡，Schwab不去處理人們**認為**科學
家應該做什麼的議題；他並不希望去為科學家所做之事，提供
一個後設層次的邏輯、分析或語言學的詮釋；他也不想透過哲
學思索的方式，去擴展關於科學本身的觀念。他想要做的是，
研究那些呈現於科學家實際作為中的科學思考。

49

介紹

　　不管在這一章或貫穿這整本書，我們都同樣希望去展現敘
說研究者的所作所為。我們並不去處理那些談論敘事的龐大文
獻──有些現代，有些後現代。在一個關於敘事和社會學的篇
章中，Richardson 在標題為《什麼是敘事》（1995, p. 200）的
段落中，為敘事提出了定義。這是我們所**不做**的一件事。就像
Schwab明確地表示，他並不是要著手去定義科學或科學的方法
學。我們想要澄清的也是，我們的用意**不是**去定義敘事。

　　我們把自己的工作看成是類似 Schwab 所曾做的，我們試
圖去回答這個問題：**敘說研究者究竟在做什麼**？就如同Schwab
一樣，我們的興趣也在於這些探究詞彙，以及這些詞彙為探究
所打造出來的空間。我們的興趣是去探索這些詞彙如何定義及
限制了敘說探究：它們如何畫定現象的界線、決定證據的標
準，並且判定什麼樣才算是站得住腳的研究文本。

　　我們要討論那些被選擇用在我們探究中的詞彙，這些詞彙

是由杜威關於經驗的觀點所衍生而來（特別是**情境**、**連續**和**互動**）。這引領我們去檢視我們的研究架構——**三度敘說探究空間**；同時，這個架構的「方向」也允許我們的探究四處去漫遊——**向內、向外、向後、向前，並落腳於某處**。最後，我們要從我們的工作中舉出兩個例子來示範，如何使用我們的探究過程。

敘說探究詞彙與敘說探究空間

哪些是敘說探究的詞彙？熟悉敘事文獻的讀者也許可以從現代或後現代的書寫與文獻研究中，推衍想像出一系列詞彙。這些詞彙的數量是如此繁多，以致後來甚至有了一本敘說學的辭典（Prince, 1987）。然而，我們的詞彙並不是從這些文獻中浮現，而是來自於我們對經驗的關注，以及我們的目的——在敘說探究的實作中去思考。如同在之前的章節中所討論的，我們用來思考敘說探究的詞彙，與杜威的經驗理論有密切的關聯，特別是他關於情境、連續與互動的想法。不過，我們所使用的詞彙，並不是從杜威的理論中，透過精確而嚴格的推定所得。事實上，一個杜威派的學者還可能會對我們這樣的使用方式找到許多可批評之處。杜威關於經驗的作品是我們的想像基石，用來提醒我們，「經驗」是我們用來回答「為什麼敘說」的答案。杜威提供了一個讓我們可以「超越黑箱」而來思考經驗的架構，也就是說，不把經驗看成是一種無法回復，以致令人不能窺視其內之物。由於杜威的關係，當要回答一個人為何

50

為其所為時，從經驗上來看，我們可以說的比「因為她的經驗」這句話更多。

在思考敍說探究時，杜威的理論為我們奠定了基礎，我們使用的詞彙因而是**個人**與**社會**（互動）；**過去**、**現在**和**未來**（連續）；並且結合了**地點**的概念（情境）。透過這組詞彙，我們建立了一個隱喻上的**三度敍說探究空間**：以時間性為第一個向度，人和社會沿著第二個向度，地點則為第三個向度。利用這組詞彙可以看出，任何特定的探究都是由這個三度空間所定義：任何研究都具有時間的向度，並且處理時間的議題；在切合主題的情況下，研究可以平衡地將焦點放在個人或社會之上；而且，研究是發生在特定的或一連串的地點上。

我們在別處（Clandinin & Connelly, 1994）曾寫過其中的兩個向度。跟隨杜威對於互動的想法，我們把焦點放在研究中的四個方向：**向內**和**向外**，**向後**和**向前**。就向內而言，我們意指的是內在狀態，例如感情、希望、審美的反應，以及道德的傾向。就向外而言，我們指的是朝向存在的情況，也就是，環境。至於向後和向前，我們指涉的是時間性——過去，現在和未來。我們寫到，去**經歷**一種經驗——意即，去研究一個經驗——也就是同時用這四種方式去體驗它，並且針對每種方式加以提問。因此，當一個人在任何一個特定的研究中，置身於這個二度空間時，她提出問題、收集現場筆記、推衍詮釋，並且寫出一個研究文本。在研究文本裡，既處理個人，也處理社會的議題；並且，藉著檢視事件的過去、現在及未來，研究也將同時處理時間的議題。

在這個較早期的作品裡，我們把地點的向度包含在環境 51
中。但我們現在相信，更好的方式是把地點看成是第三個詞
彙，藉之用來留意探究廣景中具體的物理性與空間性的邊界。

在三度敘說探究空間中與 Ming Fang He 工作的故事

當 Ming Fang He 敲著 Michael 的門，詢問是否能成為他的
研究小組一員時，他們兩個還並不認識彼此。Ming Fang He 正
開始她的博士旅程，這趟旅程將帶著他們兩人返回過去的時
光。Ming Fang He 回到她在中國文化大革命前的源頭；而
Michael 則是生長在西部加拿大的一個鄉村牧牛場社區。在那
裡，Long Him 在鄰近的那個只有兩家商店的城裡，經營 Long
Him 雜貨店。雖然在 Michael 進入只有一個房間的鄉村學校後，
中歐人顯而易見。不過，在這個牧場區定居的，主要是來自英
倫列島的移民者。然而，她們不管是長相或說話的樣子，看起
來都跟 Michael 很像。身為第二代加拿大人，Michael 的成長之
地對現在的他來說，大抵算是一個具備文化同質性的社區。
1990 年，從 Michael 一個成年人的回憶來看，Long Him 是唯一
一個無法輕易被放進這個文化場景中的人。Long Him 會說的英
文剛好足夠用來做生意。小時候，Michael 每兩個月或有時每
週，便會陪伴著父母親去城裡進行一趟購物之旅。雖然他的父
母光顧的是另一家商店（店主是他們家的長年之交），但他們
仍經常設法去拜訪 Long Him 的店。

回頭去想，Michael 對 Long Him 幾乎完全不認識，而且，

他猜想他的父母也是如此。Michael 完全不覺得 Long Him 融入社區的生活中。那時，在一個巡迴的傳教士開始了一個每月一次的英國國教教堂禮拜，幾乎每個人都去參加了，可是 Long Him 沒有。Michael 記得的是，當 Long Him 某個週六誇耀地展示一個中國新娘時，對他來說，那就像是一個充滿了異國情調的故事。這個不會說英文的神秘新娘之到來，社區裡的人們用一個同樣神秘的「郵購」過程來加以解釋。只是，這個新娘在那兒並沒有待過第一個冬天。Michael 也記得當時他著迷於 Long Him 所抽的一個及胸高的水煙，特別是當 Michael 的父母要求他抽來討孩子歡心時。Michael 記得這個店總暗沈沈的，有許多秘密掩藏的地方，像是童年時最喜歡的捉迷藏遊戲裡，一個個令人感到不可思議的躲藏處。

52　　與 Ming Fang 相遇，陪伴她一起完成學位論文，這些牽引著 Michael 去思索 Long Him 的來處。除此之外，與 Ming Fang 的認識，也讓 Michael 開始對他自己、他的家庭和他的社區生活感到好奇；並且，也好奇於他自己與其他文化接觸時所發生的故事，如何受到家庭和這個鄉村景致中的社區故事所塑造。當鐵路每四哩一個車站地建造起來後，Long Him 無疑的是搭了火車在 Lundbreck 下了車。透過這條鐵路，加拿大被接合成一個國家。而這條鐵路的建造，卻是以從中國買來的勞動者為代價。

　　現在，Ming Fang 已經完成了她的畢業論文，而 Michael 則開始去思索，在與 Long Him 相關的面向上，Ming Fang 和他自己究竟是誰。就 Michael 記憶所及，Long Him 是他的第一個多元文化經驗。在他的記憶中，一直到他進入一所寄宿高中，在

那裡遇到 Peigan Indian reserve of the Blackfoot Nation 的成員之前，他未曾有過其他的多元文化經驗。Ming Fang 把 Michael 帶回這些經驗中，而且只有現在，Michael 才開始去深思他自己對那些來自其他背景的人的態度、同情和觀感。透過**她的**探究，Ming Fang 和 Michael 航行回到了他們的童年。她完成了一個關於她自己是誰的論文，同時也幫助 Michael 開始驚詫地去猜想，在一個多元文化中，他究竟是誰。不過，當 Michael 帶出 Long Him 的故事時，Ming Fang 也得面對一個新的難題，並且對中國人在加拿大的處境感到好奇。

　　Ming Fang He 是一個漢族的中國女人，青少女時期經歷了文化大革命。她在改革農場度過一段時間，在加拿大獲得學士學位，並且在加拿大兩個不同的大學裡，分別拿到英語和語言學的碩士學位。她取得境內加拿大移民的地位，當她開始論文工作時，她同時是兩個國家的人民。她和一些具有類似背景的女性朋友們，對於自己是誰的問題，深深感到不解與困惑。在她的論文計畫成形時，她把這種困惑表達成：經歷許多文化震撼。她發現，社區或大學的支援網路無法恰當地幫助她得到強烈的自我意識。藉由教授那些把英文當成第二外語的移民者（其中大部分是中國人）所賺來的錢，她維持了部分的生計。在與這個教學相關，以及支持這個教學的文獻中，她找不到任何東西可以澄清她的脫節感。這些文獻的基本想法是，文化適應是來自語言的習得。然而，與中國及加拿大文化的接觸經驗，以及兩者之間的來回往返，在在引領她去思考，除了語言和文化適應之外，應該還有更多其他切身相關的事情。

53

　　從這一成串的經驗與思慮中，Ming Fang 清楚地表達了她的論文計畫。而在她最後完成的論文中，她概念式地將這些抽象為《三個中國女性教師來回往返於中國和加拿大文化時的認同形成與文化轉型之研究》（A study of identity formation and cultural transformation of three Chinese women teachers as they moved back and forth between Chinese and Canadian cultures）（He, 1998）。在這本論文裡，她研究了 Shiao、Wei 和 Ming Fang 三個中國女子的生命故事。從 1950 年代在中國經歷一連串政治和文化的劇變，一直到搬到加拿大之後，在加拿大的生活與高等教育的研究中所經歷的進一步變動。如此，從中國到加拿大，一路追蹤她們生命的軌跡。由於在中國仍舊持續著一種政治敏感性，再加上受到傳記與自傳的限制，所以 Ming Fang 創建了一種她稱之為**混成式自傳**（composite autobiography）的方法，來敘述每個女人的認同形成與文化轉型。

　　Michael 讀了又讀 Ming Fang、Shiao 和 Wei 在中國的成長故事，對於那個時代和那個地方如何塑造了她們的生命，以及她們告訴他的故事，他開始有些懂了。當 Ming Fang 越是努力去瞭解，她自己的生活記憶與這三個中國女子生命演出的場景間所具有的關係時，Michael 也就越是理解到，他對 Long Him 的認識是多麼得有限；並且，他所知道的又是如何地受到他童年時期特定的文化性質所影響。在論文中，Ming Fang 向後游移，回到了她的故事剛開始發生的地方。雖然 Michael 也往後行進到了他自己故事初始的開展處，但他明白，在他關於 Long Him 的故事中，並沒有中國人的位置。在 Michael 的故事中，

Long Him 完全是在 Michael 與他的接觸經驗中被建構出來。而 Michael 所建構的，也不過是 Long Him 出現在加拿大郊區景致中的樣貌。對於中國，Michael 有一種遠距觀察者的刻板印象，在這個刻板印象中，嵌入了他童年時期與 Long Him 有關的故事。對於此，Michael 記得兩件事。第一個是，他母親會訓誡他們要把盤子清乾淨，她的理由是：「想想那些在中國餓得快死的孩子！」好像他們吃東西這件事與中國孩子們的飢餓有關。他記得的第二件事是一個令人著迷的想法。他曾想，如果他能 54 夠向下掘得夠遠的話，他就會從中國冒出來。在他心裡，這些故事如何與 Long Him 在中國成長的經驗連接起來，已完全追索不到任何記憶的痕跡了。

　　Ming Fang 的敘說探究將 Michael 帶回這些經驗所在之處。從 Lugones（1987）的說法來看，透過 Ming Fang 的學位論文，他變成一個「世界遊歷者」（world traveler）。對他來說，他花了一生的時間，才開始好奇地發現自己竟成了一個走進 Long Him 世界的世界遊歷者。Ming Fang 久遠之前發生在中國的故事，還有她當今現下在加拿大的故事，就如同 Blaise（1993）所說的，幫助我們「在她們的國家生活，說她們的語言，坐著她們的公車越過她們的街道，然後用我們的鑰匙放進她們的鎖中。」（p. 201）

三度敘說探究空間

　　我們之前為敘說探究創造了一個三度空間的比喻，在這個

77

空間中，敘說研究者使用一串詞彙，這些詞彙為她們指出向前、向後、向內和向外，並且將她們放置在一個地點上，藉此，探究者將會在其中發現自己。我們把這些向度看成是在敘說探究中，應該沿循的方向或道路。當我們去看待 Ming Fang 和 Michael 的探究時，我們可以用幾個不同的方式來思考這些詞彙。

　　如果從鉅型敘事的觀點來看，我們可以想像這組詞彙會變成一個分析架構，將故事約縮成一組組的理解。例如，Ming Fang 發生在文革時期的故事會被用來說明向後看；而當她進入加拿大進行論文的研究時所感受到的文化震撼，則會被當成向內看的一種表徵。如果我們堅持把這些詞彙發展成一個分析架構，那麼，我們可以繼續陳述那些可以用來發展每一組詞彙的發現。例如，在地點和時間的交叉上，我們可以宣稱，Ming Fang 早年所生活的中國，是一個現在僅存在於她記憶中的故事建構；在向內看和地點的交叉上，我們可以主張，當 Ming Fang 從中國搬到加拿大時，她經歷了文化震撼；在向外看和地點的交叉上，我們可以聲言，兩個地方間的差異造成了文化震撼。

　　為了讓這些詞彙的使用更貼近其經驗起源，我們在思索它們時，並不把它們的功能看成是用來生產一張瞭解的清單，這些瞭解是透過故事的分析所取得。我們認為，針對探究的不同面向，這組詞彙指出了不同種類的問題、難題、田野工作和現場文本。因此，我們可以看到 Ming Fang 透過與參與者間的對話、訪談來收集對文革時期的記憶；或者，也可能透過評論大幅廣告、標語口號，以及種種對那個時代的新解釋；或者，當

55

我們把焦點放在個人身上時，我們可以看到，在文革那段時期，Ming Fang 對自己及她的家庭的理解，如何經由她與雙親的信件，重新被賦予了意義。對這些詞彙的這種使用方法，正是我們用來發展這章剩餘部分的方式。

　　第三種使用這些詞彙的方式，我們還未說明（而且也不可能利用及至目前為止所呈現的故事來說）。其指的是與探究實作相關的曖昧性、複雜性、困難性與不確定性。這些實作，或者說這些敘說探究的「東西」，只能從閱讀一個完整的探究中去感受。雖然我們並不打算在這裡討論這個複雜性，但我們將會在上面提過的和其他的故事中，再回到這個主題上。

　　接著，為了回到第二個用法，也就是說，使用這些詞彙來展示探究者如何建構其探究——意即，去看看敘說研究者的實際作為——我們選擇時間的向度來作為討論的內容。就現在而言，Ming Fang 開始時感受到一種文化震撼。她描述這種感覺是一種屬於個人式的震憾，它發生在當下的時刻，並且座落於她所在的加拿大。在時間的向度上，她向後回顧她生活在中國時的感覺。她記得的是，一個平靜的、知性的童年被文化大革命的騷動所打斷。當她投入在這個過程時，她所記得的不只是個人的，也還包括個人與社會的交接點。我們之前簡短地描述了她的研究，在這個研究文本中，構築了個人與社會的兩重敘述。在整個敘說探究中，她雖仍置身於加拿大，但同時在時間、地點和記憶中，她漫遊回到了一個不再存在的中國。當她從某處的過往記憶，移居到另一地的當下時刻，並且始終在想像裡為未來建構認同時，她的研究所位居的三度空間，形成了

一種持續的錯置感。

回到記憶中童年的故事，Michael瞭解到，這些詞彙也同樣結構了他的（未曾預期的）敘說探究——在現下的時刻，從他與Ming Fang的工作開始。在把Ming Fang的故事告訴Jean時，Michael首先回到童年時代的記憶，繼而又來到了他對第一個華裔加拿大人 Long Him 的記憶，他在時間上也在地點上向後回溯。當這樣做的時候，他為當下的時刻與地點，重新編織了新的故事。因此，我們可以說，Michael仍在繼續撰述著關於拜訪 Long Him 雜貨店的那些未說出來的故事。不過，他也記起母親告訴過他的故事。這兩種故事都活在他童年的時代與地方，但都是在成年時的地點和時間中被訴說；而如果往前帶的話，兩種故事也都一起並放在他所知的關於 Ming Fang 的故事旁邊——當下的以及久遠之前的。

在敘寫 Michael 另一個地點和時間的故事時，他被召喚去思索自己如何感受。在這裡，他開始了一個想像的過程，這個過程是建立在他對一個環境的模糊記憶：一間黑暗的店、一袋水煙、一個匆匆一瞥的中國新娘。不過，當我們書寫這個研究文本時，他把自己放置在這個三度敘說探究空間中。Michael開始領悟到，Long Him 已經如何地歷經「世界漫遊」而來到他的地方；並且也覺察到這項事實——他從未「世界漫遊」到 Long Him 所在的中國與他的內在狀態——的重要性。Michael 從他位在西部鄉村的位置上，從他的童年時代裡，帶著他童稚時的感覺，來組織他與 Long Him 的關係。但所有這些，都受到他童年時期的景致所影響。當 Michael 在撰寫這個研究文本時，他

56

把他對 Long Him 與 Ming Fang 的認識，以及在與他們相關的面向上，他對自己的認識等等，重寫成故事。這樣做的時候，他看見新的可能性。身處於這個三度空間中，對敘說研究者來說是很複雜的，因為一直要去考慮到這所有的事情。

在這個故事裡，我們在這個三度敘說探究空間中演出。地點上，從 Ming Fang 久遠之前的中國，變換到當前的多倫多；從 Michael 與 Long Him 共享的遙遠西部加拿大，遷移至多倫多。不管是童年時的 Michael、童年時的 Ming Fang，或者已經成為成人的他們，其內心和存在狀態，都重新被敘述。Long Him 仍然是一個不完全的記憶，一個不完全的想像建構，一個留在 Michael 心中疑惑中的人物。Michael 的疑惑是：他和 Ming Fang 在這個種種文化和觀念呈現出一種大雜燴狀態的現代世界中，他們究竟是誰。他很想知道，當 Ming Fang 描述說，既不是無處可歸，也不是隨處可去，而是生活在中間地帶時，這種描述的內在意義究竟是什麼；他好奇於 Long Him 在只有兩家商店的牧場社區小城所過的生活；他想知道，當他的父母在一個世代之後，聽到他們的兒子質疑這個社區對來自其他文化的人的敏感時，心裡會怎麼想。他只知道他們一定很震驚，並且會覺得被冒犯，因為就他記憶所及，他的父母是非常正直的平等主義者。

在下一篇故事中，我們還要再次在一個三度敘說探究空間　57
中演出。這次，當我們在時間上前後移動時，我們把地點放在學校中。我們且再次透過描述記憶關聯的現場文本，以及研究轉譯稿這種現場文本，來探討這個議題。

與 Karen Whelan 在三度敘說探究空間工作的故事 ✍

　　在一個寒冷、清爽、陽光普照的冬日，有五個人圍坐在一個會議中心的桌旁。那是週六，陽光從窗戶流洩進來。天空有一種令人不可置信的藍，但五個人幾乎都沒有留意到。這是她們的一個研究週六，Chuck 和 Annie 從 Calgary 開車過來與 Janice、Karen 和 Jean 碰面，大家一起談論和分享彼此的研究。錄音機在桌子的中央輕緩地哼響著。雖然已經坐了好幾個小時了，她們仍然專心於彼此間的對話。

　　她們是一個正在進行的研究小組之部分成員──教師、校長和師資培育者，她們試著要去瞭解，在她們所生活其中的專業知識景致中，她們所在的位置。接下來，Jean 分享的是從那次談話中所轉譯下來的一個片段（由錄音機所錄到的），在這個片段裡，Karen Whelan 說：

　　　　我想，有時候當你對事情有強烈的感受時，那會把你邊緣化。我還記得與那個校長在一起的第一年。為了那些報告卡，我跟他爭得面紅耳赤，因為他希望用相同的方式來評量每個孩子。就像我們正要說的，你們知道，一個在你班上的孩子可以操作一級層次的工作，一個在三年級教室的孩子可以操作三級層次。我們要用同樣的方式來評量她們，我們要，我們要為那個在一級層次上操作的孩子，貼上永遠失敗的標記。失敗，失敗是因為她們並不在所屬的層級上工作，

所以她們總是處在最底層。我的意思是，我記得，當我想到
校長竟然這樣想的時候，那幾乎就夠讓我處在歇斯底里的狀
態了。你怎麼能夠一直把一個孩子標上失敗的記號？當我為
這些事情感到煩亂的時候，我就很容易情緒激動。我的眼睛
就會充滿淚水，而且幾乎要懷疑，這種事情怎麼會發生呢？
（團體對話，1997/1/18）

　　這場對話持續著。當每個人穿越童年的回憶、她們記得的
班級中學生和教師的故事、她們從進行中的研究計畫所得來的
轉譯分享等等，來編織彼此間的談話時，一個故事喚起了另一
個故事，這些故事可能來自任何一個人、她們的過往，或她們
所收集的資料。錄音機繼續錄下她們的談話，其中有些是記憶
的連結，有些則是分享研究的現場文本，例如學校會議記錄及
研究小組的轉譯稿等。

　　這天結束了，轉譯稿也做好了。幾個月之後，Jean 研讀著
它們。她在書桌前研讀它們，讀了又讀，她停在這個段落上。
因為一想到那天的情況，她就憶起了她所記得的。她在轉譯稿
上想要找尋那個段落，但她說過的話並沒有留下記錄。她停下
閱讀而開始書寫，下面就是她所寫的：

　　　在這個計畫會議中，當大家討論著與參與者的對話轉譯
　　稿，以及學校教室會議的現場筆記時，一個關於我自己的遙
　　遠故事浮上了我的心頭。我想起童年時的一間教室：地板蠟
　　油的氣味，油墨的味道，以及濕漉漉的毛織手套和頭巾。我

58

記得桌子在堅硬木頭上擦過的聲響，還有她被叫起來拼字的
聲音。當討論著以標準方式在報告卡上評分孩子時，喚起了
我的焦慮，這焦慮感緊緊糾結在我的胃中。這些氣味、聲
音、景象和感覺，創造了一幅圖畫，而故事瞬即就浮上了心
頭。

　　在這個教室裡，Jean 當時還是一個小孩。這是一間 1950 年
代早期座落於一所古老磚造學校中的教室，這所學校位在一個
小城裡，Jean 每天都要搭公車上學。Donnie 和 Daryl 兩個大男
孩，也搭乘學校巴士。在這輛學校巴士上，他們兩個受到其他
人的尊敬，而且他們總是坐在巴士的後面。但當他們進到學校
之後，他們去的是 Jean 的四年級教室。就從那個教室裡，Jean
想起了拼音測驗的那一天。

　　當 Jean 坐在她大學教授的書桌前讀著轉譯稿時，她想起了
在那個學校中還是孩子的自己，一個正要作測驗的孩子。她記
得老師直挺挺地站在教室的中間，或者有時也在桌子的走道間
來來回回走著。她在行軍嗎？她高高的鞋跟在地板上敲響嗎？
她有停在 Jean 的書桌旁看她寫一個字嗎？她有在 Daryl 的書桌
旁停留嗎？Daryl 真的是一個壞男孩嗎？Donnie 有沒有參加這
個測驗？Jean 記不記得，Donnie 和 Daryl 已經十五歲了，但剛
好只夠資格放在四年級的教室裡，等著十六歲時就能合法地從
學校中輟？當 Jean 寫著她記憶中的那一天時，這些猜疑一一浮
現。

　　當我們稍後在書寫這個研究文本時，我們思考著探究空

間。一月進行對話的那一天，當 Karen 說著她的故事時，她把 Jean 和研究小組中的其他人，在時間上往後帶。她從敘說者有利的位置，來述說她與校長之間的對話：她描述自己面紅耳赤，像是歇斯底里般；她記得在這個對抗裡，她的情緒激動；她描述了她與校長之間的談話，校長要求所有的學生都要根據年級層次來評分。現在，標準化測驗和評分已在學校中當道，而 Karen 則在其中被邊緣化。當她將過去的那個時刻與現在的處境連結在一起的時候，她把這個小組的成員往後帶回那個時刻，同時也將她們向前拉引到未來。她將她們放置在一個地點上──一所在市區中心的學校──在那裡，新的評分政策已經由上而下，從政策轉接到校長，再往下交接到身爲教師的 Karen 身上。

　　Jean 剛開始時是一個聽眾，但 Karen 的故事喚起了她的一段記憶。她知道她當時並沒有說話，因為如果她說了些什麼，在對話的轉譯稿中必然會留下記錄。種種她記起的片段，是她之後閱讀轉譯稿時，因為想起 Karen 的故事而喚起一些回憶，她才把它寫了下來。因此，一開始時是一種對 Karen 敘說的回應，之後則是因為閱讀轉譯稿所致，Jean 想起這個被牽引出來的久遠之前。

　　Jean 向後回到了她遙遠年代以前的教室，同時向前來到了她現今的研究，並且質問到，在一個專業知識的景致中，身為敘說研究者意指為何。所有這些都發生在某個地點：她現下在一所研究大學裡的位置，在那裡，她從事研究，並與教師一起書寫她的研究；以及另一個久遠之前的地點，在那裡，她是一

個在小城學校裡受教的鄉村孩子。

　　現在，在 Jean 的記憶中，這些故事的片段都縫織在一起了。在很久以前的那間教室裡，她只是一個孩子，而不是一個敘說研究者，沒有任何的意圖讓她去為那些經驗留下筆記。她現在透過記憶的連結，重新創造這個敘說。從一個時間、地點和身體都處於遙遠的距離之外，她在當下敘說一個故事：關於一個教師、兩個男孩、一個小女孩和一間教室的故事。在這個故事中，沒有現場文本，沒有詳細的筆記，沒有照片，也沒有任何發生在那個教室中的事件之對話轉譯稿。

　　我們舉出這個例子的目的是要說明，那些用來結構我們三度敘說探究空間的詞彙之使用方法。我們先從一個探究小組會議的轉譯片段開始，在這個片段中，Karen 描述一年前與校長之間的對抗。沿著時間的向度，Karen 的話把 Jean 遠遠地帶回她的童年。但當 Karen 在時間中前後移動時，很清楚的是，我們固留在一個稱為學校的地方，在那裡實行著評分制度，學生的經驗根據這些分數等級被加以分類；我們向內走進 Karen 強烈的情感中；向外去到了她與校長的對話，校長正在講述著指定的報告卡和評分系統。Jean 也向內來到了拼音測驗所引起的焦慮感，來到了同學的故事。從她孩子時期的眼光來看，這些同學本身就是一個明顯的證據，用來展示測驗失敗時的下場。當我們在這個三度空間中工作時，有一個想法開始變得清晰：身為敘說研究者，我們在這個空間中並不孤單。這個空間將我們及那些我們與之一起工作的人擁入其中。當我們在現場中工作、從現場移轉到現場筆記，或從現場筆記進展至研究筆記，

60

都可以看出，敘說探究是一個關聯的探究。

一個反思筆記

　　當我們作為敘說研究者在這個三度空間中工作時，對我們來說，變得明確的是，身為探究者，我們在過去、現在和未來中遇見我們自己。我們這樣說的意思是，我們從早期的時代，或較新近的故事中，訴說關於我們自己的記憶故事，而所有的這些故事都為我們的未來提供了可能的情節發展。

　　敘說我們過去的故事，導致了重新訴說的可能性。我們在 Michael 與 Ming Fang、Long Him 相關的故事中，看見這樣的可能性；我們在 Jean 與 Karen，還有 Jean 四年級教室的故事中，也再次看見這個可能性。被敘說研究者重新敘說的，不只是參與者的故事。在我們的例子中，研究者的故事（Michael 的和 Jean 的）同樣供予探究與重述。

　　作為敘說研究者，我們邊進行著研究工作，邊與回應社群分享我們的書寫。對此，我們指的是，我們邀請其他人閱讀我們的作品，並且給出回應，以幫助我們看見其他可以引至進一步重述的意義。我們分享了這個章節，並且在這些回應中，讀到一些讓我們感到驚訝的反應，特別是那些針對 Michael、Ming Fang 和 Long Him 的故事所提出的回應。其中有一個回應提到，在對 Long Him 的描繪中，顯示 Michael 是一個種族主義者。這個回應似乎意指，種族主義是顯現在刻板印象的語言之使用上，例如水煙、郵購新娘和異國情調。在這個回應裡，我們所

61

使用的語言被當成是敘說者的當下觀點。我們重新處理了這個文本，以加強過去與現在之間的敘事連結。

這個回應讓我們停下來並且感到詫異，因為我們其實是有意地選擇了保留在記憶中的語言，來呈現那些實際發生在 Michael 童年景致中的態度。作為故事的敘說者，我們刻意將我們覺察到的文化刻板印象和不敏感的態度，嵌置在他童年的景致中。因為認真地看待這個回應，我們的思考現在因而變得更清明些。為什麼我們用那樣的方式來描畫 Michael 的童年？一部分的原因是透過這些語言的使用，我們要來表明，這些是我們的故事，我們的確是在我們現今所謂的文化刻板印象中活過。訴說我們自己，或透過探究在過去遇見我們自己，都清楚地顯示，身為探究者，我們也是這個行進（parade）中的一部分。我們也一起合力建造了這個世界，並且在其中發現我們自己。我們不是只是客觀的探究者，站在高高的位置上，研究一個道德情操不如我們的世界，或者研究一個我們並未合力建造的世界。相反的，在我們所研究的世界中，我們是共謀者。處身存在於這個世界中，我們需要去改造自己，也需要去貢獻出我們的研究認識，以將這個世界引向一個更美好的未來。

我們大可省略 Michael 的故事，或者去掩飾那些從我們現在的世界觀看來似乎不太正當的部分。我們可以創造一個腳本說 Michael 第一次遭逢的華裔加拿大人是 Ming Fang，這樣的腳本，可以讓他保持住聰明探究者的面貌，而不帶有一個卑下的敘說過往。在這個非敘事的腳本中，他處身的的地點是當今的多倫多，一個聯合國稱為是世界上最具多元文化風貌的城市，

一個讓 Michael 對文化問題可以輕易地主張空前未有之洞見的地方。但這樣的腳本，會把 Michael 從世界中移除，好像他並不是這個現象中的一部分，好像他不像其他人一般也有敘事的盲點。

　　對我們來說，這個回應讓我們更去強調，身爲敘說研究者，我們在這個空間中不只與我們的參與者，也與我們自己共事。在這個空間中做研究，意味的是，因著我們自己所活過與所說出的故事，我們也變得明顯可見。有時，這指的是，我們那些未曾命名，或還可能是秘密的故事，將會曝光出來的，就像參與者的一樣多。在我們的敘事過往中面對我們自己，使得身爲研究者的我們易受傷害，因爲那些秘密的故事被公開了。在敘說探究中，作爲一個研究者，是不可能（如果不是不可能，那就是刻意的自我欺騙）永遠保持沈默，或表現出一個完美的、理想的、喜探查的、道德化的自我。

置身現場：走進故事的中心

當我們在這個三度敘說探究空間中工作時，我們永遠是置身其間（in the midst）——沿著時、地、人和社會的向度，置身於某處。但是，把我們自己看成置身其間還有另一層意思，亦即，我們總是看見自己置身於糾結交織的故事之中——那些我們和她們的故事。

介紹 ✍

在這個章節裡，我們要看看幾個研究者置身其間的經驗。我們要檢視她們所必須去磋商交涉的複雜性，特別是去討論研

究者在她們的現場工作中，一些必須學習去克服的重要問題領
域：協商關係、協商目的、協商轉變、協商讓自己變得有用的
方式。

置身其間

　　身為研究者，我們邊活著我們的故事，邊進到每一個新的
探究現場。而我們的參與者在進入這個探究現場時，也正在她
們的故事中生活。她們的生活並非開始於我們到達的那一天，
也不會在我們離去時結束。她們的生活一直繼續著。甚且，她
們生活和工作的地方，她們的教室，她們的學校和她們的團
體，在我們研究者到達時，也都已在故事中。她們的制度和她
們的社區，或者廣義上她們的生活廣景，也同樣處在進行的故
事中。

　　在 Sefrou 時，Geertz（1995）對他的人類學工作也有同樣
的感受。他寫道：「如此地進到一個中場休息時間，在那裡，
所有真正重要的事物，好像昨天才剛發生過，或明天才會發生
似的，這引起了一種不安感，怕自己到得太晚或去得太早。在
我的情況中，這是一種之後再未離開過的感覺……總好像不是
在恰當的時間，而是那些恰當時間之間的休息時段。」（p. 4）

　　雖然有一些其他的想法，不過 Kerby（1991）可能會說，
研究者進入研究現場時，總是隨身帶著先前的敘事——運行中
的生活，以敘說的方式被架構，並且在進入後遇見它們，透過
探究，這些敘事仍會重新被述說。

作為研究者，我們所帶來的故事，嵌置於我們所工作的制度、我們身屬其中一部分的社會敘事，以及我們生活的廣景中。

置身在 Bay Street 學校

在第一章裡，我們曾提到與 Stephanie 和 Aileen 兩位教師一起進行的研究工作。這個研究工作屬於一個關於教師知識二十年研究的一部分。這其中大部分的時間，我們是在 Bay Street 這所學校內工作。下面所描述的是我們開始認識 Bay Street 學校故事時的一個例子：

> 一所以種族問題聞名的學校。在這間學校中，幾年前曾經在校園裡發生了打鬥。每個人都認為它帶有某種種族歧視的基礎。有一些關於發生在走廊和運動場的爭鬥故事。這是一所問題學校。
>
> 一所水平不斷下降的學校。我們從社區一些人那裡聽到她們這樣說，我們也從鄰近一所學校的職員那裡聽到這樣的說法。而且，她們還告訴我們，家長選擇把孩子送到她們的學校，是因為她們有較高的水準。總之，Bay Street 因為成就太差，而被指定為一所計畫學校。很多老師都想要從那裡調職離開。
>
> 一所你可以把其他學校不收的孩子送去的學校。我們聽說，那是一個把太麻煩，或未達成就水準，或問題太多的學

65

93

生送過去的地方。

當我們第一天去到這個在多倫多市中心商業區的磚造學校，與學校的校長和一些老師碰面時，這些故事在我們心中閃現而過。在學校的教職員室與他們會面時，我們感覺到這所學校的老舊，並且感受到它長年累月被疏忽的氣氛。沙發的年代已經久遠，走廊昏沈黑暗，很少有學生活動的跡象。雖然如此，但當人們與我們談話時，我們察覺到可能性，以及一種希望改變既有狀態的期盼感。我們到時，已經是放學後了。我們心裡想著，學校裡應該沒有孩子了吧！然而，會面完後，當我們走下樓與特教老師之一喝茶時，卻在那兒遇見了一些學生。我們在現場筆記中記著，這些學生似乎覺得被她們的老師所關心。

我們離開這個學校時，心中帶著一種期盼，希望在這個研究計畫中能與這所學校合作；不過，也有些憂心：我們將會變成什麼樣的學校的一部分？我們能夠以研究所需要的密集度在這所學校工作嗎？兩個來自 Alberta 鄉村的人應該做些什麼，才能試著去瞭解市中心區孩子和老師們的問題呢？但是我們發覺，即便我們僅僅只是在提出問題，卻已能感受到校長和教師們對於未來的想像與願望。

我們有兩種置身其間的感覺：在一個三度敘說探究空間中，以及在時間和故事的洪流中。這兩種感覺同時出現，也一起合力形成了一個混合著焦慮和希望的感受。當我們與校長和教師第一次會面，準備在 Bay Street 學校進行研究時，我們的

焦慮不太是那種在錯誤的時間來到正確的地方的焦慮，而是一種對我們自己是否適合此地的質問。我們明白，這所學校裡孩子的生活，與我們成長在一個人口稀少的鄉村童年生活，必然有極大的差異。我們自己的旅程從那裡起始，之後穿越過在芝加哥和多倫多的學院高牆。如果計畫成行的話，帶著這樣的經驗背景，我們有可能與這些學生、教師和家長，以及這些我們之後將一起工作的人，有意義地相接繫嗎？ 66

此刻，當我們在書寫這本書的時候，我們要用什麼來製成這些不同的敘事軌道？一個人一定要變成「他們」中的一個才能進行研究嗎？我們能否跨越我們的敘事空間，而有意義地與參與者一起工作呢？針對彼此迥異的背景，敘說研究者能做什麼呢？如果在那次學校會面之後立刻被問到這些問題，我們很可能用那些出現在我們那次造訪所寫筆記中的疑惑來回答。

不過，就像第四章中我們在 Ming Fang He、Michael 和 Long Him 的故事所顯示的，在創建敘事的洞見時，伸展越過自傳故事的邊界是可能的，甚至是必要的。Bateson（1994）曾寫到，與研究者的願望相去甚遠，參與者有時候會把某個東西拉進來，有時候則維持在一定的距離之外。當我們討論到不同的敘事歷史一起進到探究現場的問題時，情況就像是這樣。在敘事的交互混合中，有時候會有些敏感的觀察跑出來，有時候則會有些密切的共同參與。這些年來，在 Bay Street 學校中，我們在不同的時間及與不同人的互動裡，各經歷了這兩者中的一些情況。

奇妙的是，我們對這所學校的建築和它的制度敘事，也許

竟懷有某種親密感。人們來來去去，我們觀察並且融入與她們一起建造的敘事歷史中。但這所學校的建築依舊，它的鄰近地區也是如此，即便兩者仍都繼續開展其歷史，也都各自有它們自己的故事。

　　在「是好是壞」（for better or for worse）這個卡通長片中，有個祖母出現時，已逝祖父的鬼魂外形有時會盤旋在她周圍。一個孫子問道：「奶奶，妳為什麼在跟自己說話啊？」也許，我們對這些建築物及它的社區所感受到的親密，有些像那祖母所經驗到的。我們在談論 Bay Street 學校時，總有一波波對人、對事如鬼魂般的記憶，湧流入我們的意識裡。這也可能是敘說研究者所做的事情之一，至少對那些在其中長居久留的人來說是如此。她們所在的位置──對我們而言是 Bay Street 學校、它的教室、禮堂、運動場、社區──變成了**記憶盒**（memory boxes），在這些盒子中，今日的人與事件被重新訴說，並被寫入明天的研究文本中。一旦敘說的過程啟動，敘說探究空間就會在時間軸中來回擺動，並且徘徊於個人或社會思慮的幅度間。這所學校和社區，還有那些進出其中的人們，彼此間存在著一種動態的互動關係：社區融入學校中而學校也融入社區裡。歷史也有這層含意。那些清楚地磚砌在學校塔樓上的學校開辦日期，不只是要被拍照存留下來的東西，而是像卡通裡那個盤旋不去的祖父，總是對著處在當下狀況的學校說話。

　　這個學校和社區，還有廣義之下的廣景，使我們領悟到，他們也有敘事的歷史。在一系列對教師知識的探究中，我們來到這所學校，並且在研究中轉向個人的敘事歷史。但把我們帶

進這個學校的，是一份來自美國國家教育機構對學校改革的補助經費。我們的主題是機構的，而我們的焦點是人。這個機構性焦點一直在幕後盤旋不去，而且當我們開始探掘學校和社區的歷史時，還站出來主張自己的權利。一方面，Bay Street 近來的歷史，或 Bay Street 的故事，大半在我們心中。在我們聽到的故事裡，它被描繪成一所有「種族問題」、「水平下降」的學校，一個「把有太多問題的孩子送去」的地方；我們也聽到有關新上任校長的故事，他在故事中被描述為革新派，在學校經營上帶有社區取向。這個有著新派任校長的學校，對研究補助經費的目的而言，是很理想的對象。歷史，至少是近來的歷史，讓我們知道這就是我們要找的案例。之後，我們找到了這些關於學校故事的敘事線索，這些故事向後延伸到先前的世紀，約末接近加拿大聯邦的時代。從 1877 年創校以來，對 Bay Street 學校的記錄中就說到它混雜了各種移民人口。當我們走進校長的辦公室開始我們的現場工作時，我們知道我們踏入了制度的敘事。不過，一直到後來我們才完全意識到這歷史的持續與綿亙。

也許，應該為這個歷史意識的發展狀況寫上一筆。假設我們純粹只是「局內人」或「局外人」，處在 Ray Rist（1980）稱為「閃電戰民族誌」（blitzkrieg ethnography）的田野之內或之外，那麼，這個歷史除非是被當成有趣的軼事資料來美化研究文本，否則是不會被顯現出來的。正是因為日復一日，年復一年地處身於現場中，才能對長程的現場廣景之敘事有全然的認識。這也是敘說研究者在現場中所做的事情之一：她們搬遷

進去，與參與者一起生活和工作，並且去體驗那些不只是直接
68　看得見和被談論的，還有那些未被敘說或未被表現出來的，這
些事都塑造了她們的觀察和談論的敘說結構。

處身其間對每個人來說是不一樣的

在第三章中介紹過的JoAnn Phillion，當她二十年之後進入
Bay Street 學校開始她的博士研究現場工作時寫道：

> 第一次的拜訪，對於這所學校和我的參與者，我感到如
> 此憂懼。我記得一個社工人員曾告訴我說，Alexandra 公園
> 是一個危險的地區。從地下道出來後，Mick 和我走在一條
> 滿是報紙和碎片的街道上。中國城裡這個部分的商店還沒開
> 始營業。有些人睡在下水道鐵蓋上成堆的衣服間，堆積如山
> 的塑膠袋就靠著她們。十一月末冰冷的空氣中，有幾個人咳
> 著嗽，喘著氣，伸出手來討零錢。當我們走過時，我看見有
> 人在掃街。紙張、果皮和煙蒂，通通被推進排水溝。背著背
> 包的孩子，牽著她們母親的手，走在往學校的路上。我們走
> 過托兒中心時，一個小小的黑人小孩和一個亞洲小孩，手牽
> 著手一起玩遊戲。
>
> Bay Street 學校位在一個我所經歷過的最具多元文化樣
> 貌的地區之一。我走在接近學校主要的街道之一，街的兩旁
> 有許多店舖、商店、藝廊和古董店，反映了多倫多的複雜和
> 多樣性。有許多用越南文、中文、韓文、葡萄牙文、英文等

等寫出來的招牌。餐廳的廣告應有盡有，幾乎從我聽過的文化到我沒聽過的。有一種生機勃勃、令人興奮的氣氛。

　　所有的這些，都讓我非常懷舊地想起了六〇年代的文化。這個文化中的一個小小部分，在這個地區似乎還被保留著。是什麼樣的嬉皮文化之殘餘，讓我直到今天還珍惜著？我認為自己是一個很開放的人，接受各種差異，願意多方傾聽，想去知悉各種觀點。我想，當我投入這個研究時，這些特質是會對我有幫助的。

　　Mick 追憶著他和 Jean 在這裡做研究的那幾年中，這個學校看起來的樣貌；他提到停車用地重新設立，我們正走著的寬廣步道接替了它的位子；他指出了學生上游泳課的社區中心。我意識到一種歷史和持續感：這就是 Mick 和 Jean 度過好幾年生命和寫出許多報告的 Bay Street 學校。我有一種歸屬感，不過歸屬的對象不只是我自己的計畫，還有一些其他的東西。

　　置身在一所對 Jean 和 Mick 來說意義如此重大的學校中，令我感到焦慮與不安。也許，我應該選擇一個對他們來說沒有特別情感的地方（1999, p. 55）。

69

　JoAnn 的關於她進入探究現場時刻的記述再次顯示出，當研究者到達現場時，其實已經置身其間了。她感覺到這種長程探究的壓力（也許**重量**是一個適合用來描繪這個航行特徵的詞彙），而她現在正位在加入的邊緣。對我們而言，Bay Street 的歷史有時是在我們不留意時，緩慢匍匐地潛進我們的意識中。

JoAnn 不能對此保持距離，或甚至不去注意到一個仍在繼續運行著的敘事。當我們之中的一個人走在她旁邊，評論著停車用地、人，還有已經改變的地方，一個敘事歷史的版本在她正式與校長會面之前，早已先進駐她的心中。此外，早在上面所描述的那個早晨之前，JoAnn 就已經讀過我們對 Bay Street 學校的研究，也與我們兩人針對此討論過。她也感到憂懼，但是是一種不同於 Geertz，也不同於我們的憂懼。無疑的，在某個複雜面上，她懷疑自己是否能承受這個現場工作，並且寫出一個最後會對 Bay Street 學校的敘事有所貢獻的研究文本。伴隨著強烈的敘事歷史感而來的是一種敘說的憂懼，這種憂懼源自於，日後需要在此敘事中為自己找到定位。

　　但是，JoAnn 的個人敘事，既不是 Jean 的，也不是 Michael 的。她出生在都市裡，選擇了另一種生活的形式；她在國外求學，對多元文化主義發生興趣；她個人和她的學術生活，是環繞著平等與公正等事物而建立起來的。當她沿著這條街道走的時候，她對於鄰近區域的觀察，是來自於這種敘事背景而有的觀察。她強烈地感受到這些，而且，那個早上讓她之所以去會見校長的理由，主要也是因為這種敘事興趣，而不太是對 Bay Street 學校故事的好奇。因為，從許多方面來看，很多學校都可能符合她的敘事旨趣。JoAnn 的憂懼有部分是因為認出了這個長程的敘事歷史。身屬其中之一，她猜疑著自己主要的興趣，70 是否多少會在那之中被淹沒；但這同時卻又帶來一種張力，因為她感受到，身為這個敘事歷史的一部分，並且對之有所貢獻，是可以深化她自己的探究的。Bay Street 的敘事所帶來的深

度和脈絡，能為她的研究增加一個向度，而這很可能要花上她一生的時間，才得以其他的方式去獲得。

　　我們對 JoAnn 敘事的反思，突顯了這件事的重要性——承認研究者自身經驗，即研究者自己的生活、訴說、重述，以及再體驗，乃處於中心位置。敘說探究的起點之一是研究者自身經驗的敘說和研究者的自傳。建構我們自己的經驗敘事，對敘說探究來說是一核心工作。當研究者開始她／他的探究時，我們把這個工作稱為建構敘事的開端。例如，在這本書的導論中，我們兩個都說了某些塑造我們早期教師知識研究的敘事開端。當我們建構著我們的敘事開端，我們同樣也在這個三度空間中工作：訴說那些形成我們現在立足點的過往、在個人與社會間來回移動，並且將一切安置在某個位置上。在 JoAnn 的現場文本裡，當她試著透過建構經驗的敘事來認識她的經驗時，我們看見了這些敘事開端所閃現出來的微光。以我們的生活、敘事、重述和再體驗等為元素所建構的敘事開端，能夠幫助我們去處理一些問題。例如：在現場中我們是誰？在根據我們的現場經驗所寫出來的文本中，我們是誰？

　　回想一下第四章所提出來的問題：敘說研究者在做什麼？我們的回答是：對那些在她們探究空間中運作的多樣且成層的敘事，盡可能地保持著覺察。她們想像著敘事間的交會，並且期待著敘說線路的萌現。在這個過程中會有憂懼，如 Geertz 進入 Sefrou，或如我們以及之後 JoAnn 進入 Bay Street 學校所顯示的那般，但對於敘事的未來仍帶有希望和期盼。

　　不管怎麼去描繪這種感覺——在錯誤的時間身處正確之

地；置身於未說出的故事之間；或處於一個前敘事中——當研究者和參與者在探究現場相遇時，對敘說研究者來說，就會產生一種時間洪流相互交匯的必然感。仔細閱讀我們的以及之後 JoAnn 去到 Bay Street 學校的心情，其所顯示出來的是，當研究者去到現場時，心中滿載的不只是對於即將到來之事的期待，還有一種歷史感。敘事線從過往中衍生而來，彼此相互結合，並在我們稱之為研究現場的這個三度空間中顯現。

71 生活、訴說、重述與再體驗故事 ✐

　　我們在其他的地方（Connelly & Clandinin, 1990）曾經提到，當我們開始研究計畫的工作時，我們也開始了一個新的故事。用敘事的詞彙來思考探究，讓我們可以在多個層次上，把經驗探究的概念化為故事化的探究。跟隨著杜威的想法，我們對經驗的首要旨趣在於，研究者和參與者在共同創作出來的生活故事中所經歷的成長與轉變。因此，說故事縱然困難，但更難而十分重要的任務是重述一個容許發展與改變的故事。我們因而想像，在建構經驗的敘事時，過一個生活的故事、說一個生活的故事、重述一個生活的故事，以及再體驗一個生活的故事，這些不同的動作間，彼此具有相互回省的關係。就像之前我們在 Bay Street 學校工作的例子中所強調的，身為研究者的我們早已在過著和說著我們的故事——我們自己的、參與者的，以及我們共享的研究的故事。當我們在 Bay Street 學校開始與參與者共事時，我們就已開始訴說和活著新故事。在探究

現場中，我們繼續活著故事，說著那些經驗的故事，並且透過故事的重述與再體驗來修正它們。在 Bay Street 學校的那些研究參與者也活著、說著、重述和再體驗他們的故事。

既然在現場，我們現在做什麼呢？

當研究者進入現場，她們會經歷到許多轉換與變動。研究者不斷地協商、不斷地再評估，並且對一再改變的廣景保持彈性與開放的態度。

一、協商關係

在會見校長和老師不久之後，我們每星期會有三天的時間到 Bay Street 學校作研究。Michael 在圖書館與教師兼任的圖書館管理員 Susan 共事，Jean 則與一年級的老師 Stephanie 在她的教室裡一起工作。我們持久地進駐其中，待在參與者的身邊工作，努力用任何一種我們能夠做到的方式讓自己變得有用，並且試著去維持那股將我們帶到一起的推進力。一開始，合作的動力微弱，狀況的安排也顯得含糊。有時候，做完整個研究，這種情況可能都不會改變。在整個現場工作中，研究者可能會覺得自己好像是一個未受邀請的客人，只能杵在旁邊。對我們來說，剛開始時的那些日子，感覺上有點像是在寒冷的早晨，當一個人試著要啟動車子時，只有足夠的能量來發動馬達。至於最後的結果，有可能點著，但也可能沒啟動。

72

　　也有這樣的時候，發現研究者與參與者經驗敘事間的鴻溝似乎太大了。在博士論文中，Siaka Kroma（Kroma, 1983）寫到與一個參與者一起進行敘說探究，但他們之間一直沒能連接上。用我們的隱喻來說就是，這個發動機沒有點著，所以這個參與者和 Siaka 決定放棄合作。

　　就我們而言，在 Bay Street 的研究中，這個發動機點著了。整個探究過程中，我們在現場所經驗到的情況是，研究者和參與者間的關係微妙，總是處在協商中。Jean 在 Stephanie 的教室中工作了三個月之後，那個學年在六月結束了。Jean 和 Stephanie 分開前，Stephanie 同意 Jean 在八月末開學時再回去幫助她一起建立班級。不過，當 Jean 到的時候，Stephanie 吞吞吐吐地告訴她，她幾乎要打電話叫 Jean 不要去了。她說，如果讓 Jean 九月開學初的那段日子待在那裡的話，會讓她覺得很難受。在幾個小時的談話之後，Jean 和 Stephanie 重新協商了她們的工作關係；並且，一種暫時的安適感又回來了。雖然 Jean 和 Stephanie 的情況並不是經常都如此富有戲劇性，但在整個研究中，研究關係的協商是持續不斷的。

　　此外，在一個現場中，研究者也許已經與現場中的人和地方，發展出親密關係，但一旦交雜的敘事線從現場廣景中失掉了線頭——因為我們是在不同的地方工作，有不同的目的，並且用不同的方式來解釋作為研究者或參與者的自己——就總需要再協商。

　　一個良好的敘事工作關係，總是與之相伴地帶著哀傷和憂思感，這種感受是源生於一種暫時性的可能性。當 Jean 搬到加

拿大西部，當幾年後 Michael 的一個研究補助金結束，他們都經歷了這種感覺。JoAnn 現在也正感受著這種哀傷，因為她正寫著論文，卻不知道寫後一年她人會在哪裡。也許是在離開 Bay Street 學校很遠很遠之外的另一個城市，甚或另一個國家。

二、協商目的

　　如同我們前面所提出的，敘說研究者所做的事情之一是，不斷地協商與參與者的關係。有些在研究界慣用的說法是，協商進入現場是在探究開始時需要完成的一個步驟。一旦研究者已經安身於現場時，就再無需為此勞煩。但如同 Jean 和 Stephanie 的例子所清楚顯示的，這並不是敘說研究者的行事方式。如果用當今流行的語言來說就是，關係是需要被「經營」出來的。

　　協商過程中的一部分工作是解釋我們自己。我們發現自己不斷地解釋我們要做的事，這對 Michael 來說尤其如此，因為 Susan 會一直問他是否得到他想要的，或「這樣可以嗎？」。研究者會很快地發覺（當他仔細地注意這些解釋時），對於她想要做的，絕不會有表達得過度清楚的情況發生。從這之中，敘說研究者可以學到的重要一課是，不只在現場中，她們還需要找到其他許多地方，去對別人澄清她們所做的。我們鼓勵敘說研究者去建立回應社群，或者一個可以持續進行討論的空間，在那裡，她們可以隨著時間的進展，為其研究工作提出說明。當解釋發生時，目的的澄清和塑造就會跟著出現。

　　在量化分析課程中所教授的方法論原則之一是，詳細描述在研究中所要檢測的假設。但在敘說探究中，運作方式並不是如此。研究的目的，以及研究者認為困擾或所要探討的問題，隨著研究的進展而有所改變。這種情況在研究過程中，日復一日、週復一週地發生。在長程的時間中，敘事會重被述說、問題將會轉移，甚或目標也可能改變。那個把我們帶到 Bay Street 學校的 NIE 補助經費，其設計的用意是為了要實行一個種族關係的政策。然而，當我們開始在 Bay Street 學校工作後，我們對教育局的種族關係政策與其市中心區和語言政策兩者之間的交叉點發生興趣，我們的問題因而就轉移了。另一個發生在這長程研究中的例證是，當我們現在重返 Bay Street 學校進行研究時，我們擁有了一對看過學校改革的新眼睛，並且思索著不同的敘說，相較於過去在書寫這所學校時的看法，我們現在的觀點已有所不同了。

　　從上面的例子中可以清楚看到，不只是向別人解釋時可以幫助我們變得清明，在現場環境中，與參與者間的共事也同樣會形塑研究的關注與可能性。Jean 與 Stephanie 開始進行研究時，她把意象看成是教師個人實務知識的表現。一開始，她並沒有想到會去察覺那些運行在 Stephanie 生活和教學中的節奏和循環；也沒想過在瞭解個人實務知識的面向上，這些會是重要的。當和 Stephanie 一起在她的教室工作時，Jean 感受到了在這間教室中所進行的的生活節奏。一方面，她與 Stephanie 相處的時間已經久到讓她能去察覺節奏；另一方面，當她們彼此相互解釋自己時，Jean 總是開放地投入在與 Stephanie 的對話中。這

74

些都是造成差異的部分原因。

在研究的過程中，Stephanie 發展出了一種新的自我意識；她也重新訴說了她的故事。這個情況的發生，部分是與具有改革傾向的校長 Phil，致力於學校故事的重述有關；部分則與那些出現在 Jean 的敘述中，關於 Stephanie 之教學的合作性重述。Stephanie 讀了 Jean 的敘述，並且對之作出評論。

三、協商轉移

也許，最戲劇化的轉變是發生在敘說探究的起點與終點。之前，我們描述了起點的協商。除此之外，在我們的敘說探究之中，當我們從現場過渡到現場筆記進而到研究文本時，仍需要去協商許多的轉移。最近，在 Bay Street 學校的研究中，當 JoAnn 從現場文本轉移到研究文本時，她掙扎著究竟要花幾天的時間留在學校裡，並且該如何與她的參與者就此加以協商。

雖然因人因地會有極大的差異，但敘說探究終究是會結束的。至少，從形式上的意義來看是如此。報告寫完，完成論文，人會離去，補助會結束。協商最後的轉移，也是敘說研究者在現場關係中所要做的事情之一。「當她們的時間已經到來」，研究者並非只是離開而已，最後的協商對研究的信任度和整體性來說是很重要的。當然，當親密關係既已建立，這樣的斷絕是很難想像的，研究者通常是不很情願地從現場中抽身離去。

而且，不是只有現場的參與者才會冒著這種被遺棄的危

險。Phil 待在 Bay Street 學校的最後那一年，Michael 和 Phil 及教職員們合力準備了一份關於學校整合學習中心的報告，並且也為職員出版三本有關學校哲學，以及關於電腦在學校中的應用等手冊。這些資料在夏天時被打好草稿，秋天時送到了學
75　校。那個秋天，Michael 與學校幾乎全然失了聯繫，但是他知道，這些冊子幾乎未引起任何的注意。這個情況讓 Michael 感到有些難過。不過回想起來，當新的校長上任時，也就表示著新的學校故事又已經開始。Michael 和新校長之間並沒有工作關係，因此也沒有理由認為這些冊子會被使用。而且，說不定它們還正違反了新的敘事線路呢！

四、協商讓自己變得有用的方式

　　剛起步時，馬達很可能只是緩慢地轉動著。這樣的時候，在現場中找到一個位置是很重要的。一個人可能身在「那裡」，但卻覺得自己並不怎麼屬於那裡。敘說探究批判者的嗜好之一是，聲稱敘說探究對聲音的竊奪。這個議論可能會說，聲音被聽見，被偷竊，被當成研究者自己的聲音而發表；或者說，研究者的聲音淹沒了參與者的聲音，所以，即使參與者真的出現說話時，所說的終究也不過是研究者的聲音符碼。當然，這些議論所提到的都是重要的事情，敘說研究者的確必須去留意。

　　但是，置身於現場的經驗，有時候恰恰是一種與此相反的感覺。有時——當探究比較傾向於敏感的觀察，而不是敘說的

交錯或共同參與——敘說研究者對那些她／他充滿熱情的事情，也許會覺得被迫保持沈默、無法作聲。幾年前，一個碩士生 Hedy Bach 和 Jean 一起與一些十一、十二歲的女孩進行一系列的每月對話。其中的兩個女孩，Jean 每個月與她們各會面一次，進行為時四十五到六十分鐘的對話。女孩中的一個有時會提到家裡或學校的故事，這些故事常常與 Jean 自己的故事產生共鳴。Jean 很想要打斷她而插入自己身為老師、媽媽或小女孩的經驗故事，但她還是克制住了。一部分的原因是因為，她覺得她的探究任務是要忠實地記錄參與者所說的。她雖然知道，在書寫研究文本時，她的聲音可以呈現出來，但在現場中，她感到自己被迫沈默、沒法出聲。

關於這個敘說研究者感覺被迫沈默的主題，還有其他的變奏版。Karen Whelan 和 Janice Huber 兩人是教師兼研究者，她們與一群行政人員一起進行敘說探究。她們經常解釋到，一開始，她們保持沈默，覺得自己無法完全投入在對話中，因為對於這些行政人員的經驗敘事，她們所知甚少。現在，當她們寫著研究文本時，她們看到自己和參與者的聲音逐漸匯流。那就像是一種邊界的跨越，在那裡，經驗的敘說相互交錯。

1997 年秋天，Vicki Fenton 因為博士論文的研究而進入 Bay Street 學校。Vicki 在早期的現場筆記裡提到她的一種感受，她覺得，關於這個學校、社區和教室廣景等等，她要學的東西還很多。在一篇筆記中她寫到：「這個學校對我來說，感覺還像是個迷宮，我的心負荷了過多的資訊。」（現場筆記，1997/9/18）對她來說，似乎每件事情都需要去理清頭緒。那

麼，在這個迷宮中，她究竟是誰？當 Vicki 的參與者將她介紹給另一個老師後，Vicki 在她的現場筆記邊緣寫著：「身為別人故事的一部分，但卻不能真正寫下任何自己的故事，這讓我有種難受的感覺。」（現場筆記，1997/9/23）之後，在一個計畫會議中，Vicki 對團體的成員報告說，她過去幾個星期去拜訪學校時，其中有一次感覺很好，因為她的參與者請她與一組孩子一起工作。Vicki 說，當她坐在椅子上，而她的參與者卻在進行班級教學時，她曾經覺得很難受，並且認為自己一無用處。Michael 回想起自己與 Susan 在一起的經驗，與 Vicki 很類似，他總覺得自己有點像是一個訪客。

五、產生一種感覺

　　這種沒有歸屬的感覺，與 Vicki 的迷宮及資訊超載等感想有關。在極端的假設─測驗探究裡，研究者設計研究計畫，建立他們的探究現場，並且根據所進行的假設來操作變項，研究者對於研究具有全然的主控權。在許多不同的探究形式中，不管是量化或質化，都各有不同程度的主控情形。在這個主控情形的光譜上，敘說探究的研究者所站的位置，正好在與控制─計畫的假設測驗者相反的另一端。在這裡，研究者進入某個現場，同時也參與在一個進行中的專業生活裡。敘說研究者在其中所做的一件事是，很快去學到，即使他們對於這類的現場很熟悉──甚至可能是那現場中的成員，如輪休而正進行論文的教師──但在時時刻刻的關係，及現場廣景中所發生的事情

裡，其實是有許多**理所當然**之事在運作著。想像一個人如果不熟悉學校時，鐘聲、休息時間的突然出現、大隊朝向圖書館或體育館前進的學生、環繞在校長辦公室四周的窗簾，以及插進來要大家停下來聽的宣布，這總總一切，對她來說必定是很奇特的。但對一個知悉學校特有生活的人來說，這之中沒有一件事情是值得訝異的，因為這些事件已經織入了每日學校生活的結構中。局外人總是不斷地問著：這是什麼？如果問題與名字相關，問的可能是一個社區中心、一個教師，或研究者所知的當局政策；當一個教師對另一個教師說話時引起了一陣輕笑，或提到了一年前的一個事件時，局外人還會問著：那是誰？的確會有一種 Geertz 所說的感覺，覺得來得太遲了，因為人們所注意或所談論的每件事情，都已經發生過了，而且就發生在她們的行動與對話中。在 Vicki 九月十八日的現場筆記中，她寫道：「感覺全然的迷失！我遺失了街道的名稱。稍晚我應該要再問她。我的心負荷了過多的資訊，有太多東西需要去看去聽去記得。」

　　為了要加入這個敘事，變成這個現場廣景的一部分，研究者必須在那裡待得夠久，而且還必須是一個對情境具備敏感度的讀者與提問者，以能努力去掌握數量龐大的事件與故事，以及許多敘事線的纏繞與翻轉。這些狀況無時無刻地發生著，對研究者新奇、無經驗的雙眼來說，他們就像是神秘的密碼。我們對 Bay Street 學校所感受到的親密感，有部分是因為，我們與日常生活中那些被視為理所當然的事情，已經獲得某種程度的關聯。也許甚至可以說，對敘說研究者來說，親密度意味的

是，至少能夠與參與者一起把某些事情視為理所當然。

在現場廣景中生活 ✒

　　敘事幾乎已經變得與故事等同，而故事具有如此個殊、獨特的意義──通常被當成是需要撩起、傾聽、訴說；而且就像一個人可以轉動彈珠般，它也會逐漸被轉開──以致敘說探究對某些人來說，已經與故事的記錄與訴說連結在一起。對敘說所作的批評之一，把這個想法更往前帶一步。這項批評認為，在敘說探究中，故事是分析的單位，因而論證說，敘說探究本質上是一種對語言形式的探究。根據這個批評，敘說研究者做的是故事的記錄。如果我是一個有研究傾向的保育教育者，那麼我應該去傾聽病房內實習醫師的生活故事。在這種版本的敘說探究中，錄音機很重要，因為故事是目標，我們需要正確地理解它們。而且，如果語言學的分析能夠告訴我們故事的結構，那麼，透過錄音機的使用來正確理解話語是很重要的。

　　但是，前面所描述的敘說探究故事顯示，敘說研究者不只是「尋找及傾聽故事」。在現場中的敘說探究是一種生活形式，一種生活方式。當然，也有一些知名、暢銷的敘說探究，其所使用的方法就是藉由錄音機，來記錄由研究者所驅動的訪談。對她們的目標來說，這也許是適宜的，但絕不該被誤認為是敘說探究的全部。更重要的是，當敘說研究者在現場長居久留，而且當她們努力建立親密關係時，這種方式更不應該被誤當成是敘說研究者的所有作為。從這個觀點來看，敘說探究是

對那被活出的生活加以創塑意義的探究。一開始，試著去理解那些理所當然之事；當這些理所當然之事也被研究者視為理所當然時，研究者就可以開始去參與並看看那些在，如醫院病房、教室和組織內行得通的事。

　　一個人可能在一間教室裡觀察一個教師，計算著學生和教師發言的次數，或者任何他感興趣的繁複發言種類。但是，敘說研究者如果不知道運轉中的敘事線，就不知道是什麼形成了這些現象。而敘事線其實是複雜且又難以解開的。

　　再一次去想想在 Jean 和 Stephanie 一起進行研究時的那些節奏與循環。如果不瞭解在 Stephanie 體驗一整年教室生活的方式，還有其中的假期和季節，那麼，一個人從這些生活事件中所能獲得的意義就非常少。當然，任何一個只看當下或只看當場的研究，也都有可能做得很好並且發表出來。例如，在九月和十月的研究中，Stephanie 使用科學－生物學的詞彙；在十二月及復活節前一個月使用宗教象徵的語言等等。但正是那一整年的週期節奏，才幫助了 Jean 和 Stephanie 創塑研究工作的意義，並且使 Jean 能夠把家庭和課程裡的意象，寫成是慶祝孩子間文化差異的一種管道。敘說研究者也知道，理所當然之事從來不會竭盡，而神秘總出現在才剛賦予意義的理所當然之後。因為還活在她的職業、宗教生活，以及私人生活中，所以作為教師只是 Stephanie 的一部分而已。在一個人自以為知曉一切時，許多對於賦予意義來說很重要的敘事線，總是接踵而來。

　　這對敘說研究者而言的意義是，故事，至少那些如塊狀般可以讓人抓握的特定故事，雖然並非不重要，但當敘說研究者

79

針對在廣闊場景的生活（就其最廣博的意義而言）書寫現場筆記時，很可能相對扮演的是一個次要的角色。敘說研究者也許記下故事，但更常做的是記錄行動、作為及事件，這些都是敘事的表達。對於那些長久處在現場中，並且關注親密度的研究者而言，這些正是敘說探究的素材。

6

從現場到現場文本：身處故事之境

經歷經驗[1] 這個詞提醒我們，敘說探究的目標在於瞭解經驗並創塑經驗之意義。這說明了社會科學研究的基本理由。為什麼使用敘說探究？因為敘說探究是一種思考經驗的方式，我們相信它是最好的一種方式。

介紹

這一章將呈現敘說研究者在現場常遭逢的一些挑戰。例

如，我們如何處理距離和靠近的議題。對我們而言，仔細建構現場文本有助於因應許多挑戰。現場文本幫助研究者往返穿梭於以下兩種情境：和參與研究者一起全然涉入，以及和他們保持距離。我們將探討現場文本如何幫助記憶，補足那些被經歷之故事（the lived stories）與廣闊場景（the landscape）的豐富、細瑣與複雜。我們也將討論現場文本如何處理相對主義的看法、如何同步關照個人與社會兩種層面。最後，本章將討論在三度空間的研究裡建構現場文本的複雜度（與深度）。

81　　　當敘說研究者身在現場時，她／他們絕非僅是他人經驗之無形記錄器。她／他們也在體驗一段經驗，靠著這段經驗，研究者才能體會他們所計畫探索的經驗。如果研究者探索的是醫院病房中的生活，她 [2] 會漸漸成為病房生活的一部分，也因而會成為所探索之經驗的一部分。敘說研究者的經驗總是雙重的，研究者體驗著某種經驗，同時也成為該經驗的一部分。在第四章時，我們已經在 Michael 與 Ming Fang He 和 Long Him 的故事中呈現了此種現象。當 Michael 投入因著 Ming Fang 而引發的探究時，他被帶回童年時代，並辨識出他自身經驗史中的某些東西。探討 Ming Fang 之認同形成歷程的研究，被 Michael 體驗成他自身生命的一部分。如同我們稍早指出的，我們乃是行走於我們所預定研究的遊行行列之中。

陷入戀愛，離身冷靜觀察 ✐

　　當我們研究自己也身處其中的遊行，這其間存在著張力與

兩難狀況。有些人認為，研究者如果不能全然涉入所研究的經驗，他們永遠也無法理解所探索的那種生活。有些人則覺得，全然涉入將使研究不客觀。全然涉入暗示著：研究者對某些事必須和參與者一樣覺得理所當然，和參與者採取同樣的觀點，並且具有同樣的實際意圖。這指的是，研究者將只是去演完那些運作中的敘事線——有些批評者因此會說，這是一種墨守成規的、保守的研究議程。

　　以上所談的，敘說研究者體驗經驗時出現的那些張力會一直存在著。有許多人提出解決之道，例如，Leon Edel（〔1959〕1984, p. 29）。他說，寫傳記的人絕不能和她／他的傳主談戀愛。他提出這種論調，用意是主張保持距離、維持客觀。

　　無可避免地，敘說研究者會體驗此種張力，因為敘說探究是一種在社會關係中進行的研究。他們必須全然涉入，必須「愛上」參與者；但他們也必須抽離一些，以便在研究中看見自身的故事，看見參與者的故事，以及他們自己和參與者生活的場景。

　　這種在全然涉入與保持距離之間來回往返所導致的張力，就像日常生活中的每種關係一樣，既不是研究者也不是參與者該獨自負責的事。在任何時間點上的任何一種距離，都是研究者與參與者共同建構出來的。這些不等的距離是具有彈性的，有時近，有時比較遠。Jean 所敘說的，有關 Stephanie 在六月時同意讓 Jean 進入教室，但到了九月又表示猶豫的事情，正好顯明了，關係是隨著時間而發展的，關係是雙方的協商，而距離

82

也是雙方共同建構出來的。

這些關係上的距離造成的張力，在敘說探究裡一直都是存在的。如何處理這些張力，遠比為這些張力命名來得重要。例如，如何面對害怕失去客觀這件事。在敘說探究裡，和參與者建立密切的關係是必要的。為何不能愛上參與者呢？我們認為此種親密關係，以及其可能導致的失去客觀狀態（如同某些人會說的），基本上不會太嚴重——理由在於，我們寫現場文本，而且把注意力投注在現場文本之上。如果敘說研究者停止書寫現場文本，如果研究者因為愛上參與者或是現場情境，而忘記建構現場文本，或是覺得各種現場文本對參與者而言都是不正的、監視的、不忠的，那麼，或許我們就可以說，敘說研究者已經跨越了界限、太投入、太陷入戀情了。在這些情況下，Edel 的忠告就顯得合理了。但只要研究者日復一日，勤奮地建構現場文本，他們就能夠「順暢進出」於所探索的經驗，順暢地進出某種親密關係[3]。現場生活容許親密關係。建構與閱讀現場文本，則使研究者得以暫時離開此種親密關係。也就是說，現場文本使得這種來回往返於陷入戀愛與冷靜觀察的動作成為可能。

談論反思性實務之重要性的學者，如 Donald Schön（1983），曾指出如何一面過日子，一面反思生活，藉以結合生活與自我批判和成長。這就像一面身在現場，一面書寫現場文本並反思這些文本。研究者把一波波描述取向的現場經驗寫在筆記本裡、錄進聽寫裝置裡，或是對著電腦螢幕擊鍵寫出。這些文本有你也有我，有參與者也有研究者——包括你做了什

麼、我和你一起做了什麼、我們周遭的事、我們在哪裡、感
覺、當下的事件，以及對過去時光的記憶。

在敘說探究的空間裡，這些以描述的方式對事件、發生的
事、態度和感覺所做的記錄，把這些時刻凍結起來。一年、三
年或十年後，帶著一種懷舊的暖光，或許我們會記起，我們和
參與的老師與學生一起到公園種樹的美好情誼。這些對於遠足
的感覺或許就產自那種，由於愛上現場而被驅動著去進行的敘
說式重構。我們當天建構的現場文本，未經消逝的歲月而更
動、未曾被其間各人的經驗與回憶所影響，或許能夠呈現一種
複雜、而且目前看來十分不同的當日圖像。這些文本或許呈現
哪些孩子調皮了，一個孩子受了傷使得老師陷入輕微慌亂等
事。現場筆記、照片、學生的書面作業、老師的計畫筆記等都
是現場文本。這些文本幫助我們，抽身離開那些在愛的暖光中
記起的事件，而能對事件進行冷靜的觀察。

記起大綱，進入細節

記憶，就像 Annie Dillard（1988）所說的，具有將細節漸
漸抹去的趨勢，只會留下基模式的場景綱要。現場文本幫助補
足場景的豐富、煩瑣與複雜，使得反思的研究者能夠建構出比
單靠記憶更為豐富、複雜與令人困惑的場景。

科幻電視影集**星際大戰：旅遊者號**有一場戲，戲劇性地說
明了現場文本在敘說探究中的地位。這場戲在一個外星人博物
館展開，時間是太空船旅遊者號通過星際系統之後的七百年，

對觀眾而言則是未來七百年。一位外星人科學家正在解說歷史。這位科學家的解釋是，七百年前旅遊者號入侵，導致他的族人受擄。旅遊者號的成員被描述為一團殘暴的太空戰士，統治族指點旅遊者號如何從一個像蟲穴般的地方返回地球，但旅遊者號的成員卻以屠殺該族作為回報，這位解說的科學家也就是那些受擄者的後裔。

對觀眾來說，所有的事看來都很熟悉。外貌幾近完美──太空船、它的內部、成員、他們的容貌以及技術都是如此。這個場景的地點，從地誌學的角度看來是對的，但事實上每個地方都不對。所有角色的行動都與他們的個性不符：觀眾所熟知，具有關懷心腸的船長，被描繪成一個殘暴的威權統治者；懂得關照別人又能合作的團員，被描繪成邪惡而彼此競爭的人；外星人民，原受到旅遊者號不干擾人民之規定的保護，卻被描繪成，為了旅遊者號的目標而飽受無情地操縱；太空船裡嚴格遵守行醫誓詞（Hippocratic oath），那位被全息圖化的醫生，卻像魔鬼般使用生化武器。

後來，在外星上找到了一個物品，這是旅遊者號那位被全息圖化的醫生的程式副本。這個全息圖程式（hologram）被啟動後，旅遊者號的醫生對於那位外星科學家所說的歷史教訓感到大為震驚。雖然在這位科學家和他那被擊敗的文化間有七百年的經驗介於其間，但這位醫生，就像一份現場文本一樣，並沒有改變，他的程式在七百年間都沒有被啟動。醫生和我們這些觀眾對於這項歷史的重構感到同樣的驚愕，它們是這樣的正確；然而，對那些對於七百年之經驗毫無記憶的醫生與觀眾來

說，它們又那樣的不對。當這位醫生重述那已有七百年之久的事件時（包括一些角色、一些物理環境、和一些事件），他把旅遊者號全體船員描繪得「和個性相稱」（in character），對於那些導致外星世界目前之種族社會分裂的事件，他提出了不同的詮釋。

除了全息圖程式外，這件物品還包含了一些具體資料——七百年前發生之事的現場文本——解碼之後，顯示醫生對事件的描述是正確的，這樣的結果使得劇中的醫生和觀眾都感到滿意。對這樣的解讀無法置信的外星科學家，漸漸也瞭解到，以那種對他的族人認同而言十分重要的族群意識形態來詮釋過去的事件，足以建構出說服力十足但卻錯誤百出的歷史觀點。

星際大戰：旅遊者號的故事正說明了，使用現場文本來補足由記憶建構之歷史綱要的重要性。但是，**星際大戰：旅遊者號**的故事似乎顯示出這種意味：有一個真理，有一種正確的版本。在敘說探究中，我們的現場文本總是具有詮釋的性質，總是由某個特定個人在某個時刻中所構成的。作為研究者，我們可以把照片視為現場文本，但照片只是一種敘說、一次的敘說、一個意象。

當我們不斷地重讀約十五年前在 Bay Street 學校進行之研究的現場文本時，這一點就越發明白了。Michael 建構了有關學校中事件的現場文本，Jean 也關注同樣的事件並做了筆記。我們察覺到兩者並不相同，因而把兩者都保存下來。我們注意到不同的細節，覺得重要的話語也有所不同。研究者的身分、我們和參與者的關係、以及我們在三度空間裡生活的方式，在在 85

121

都影響著我們建構出的現場文本。

現在，當我們重讀這些現場筆記時，再度受到提醒：和**星際大戰：旅遊者號**的故事之含意正好相反的是：十五年前發生的事並沒有一個正確的版本。我們告訴彼此過去發生的事，然後「悄悄回到」現場筆記來補上細節。在我們目前的研究裡，我們正在重讀這些已有十五年歷史的現場筆記。我們這樣做，並不是為了要找到真理、找到一個真實的版本，或是要指正彼此關於過去發生之事的敘述、關於我們如何建構出這些敘述的方式。我們這麼做的用意是，以一個新的研究議程為脈絡，來瞭解學校的故事。在這個新研究中，我們的意圖是：對於學校的改變與革新，建構出一種敘說式的瞭解或理論。

無論是研究者或其他人，我們或多或少也像故事裡的外星人，儘管我們沒有察覺。我們總是重說故事，重塑過去。這是無可避免地；而且，這樣其實是好的。這麼做正是成長的精髓所在，而且，就杜威而言，這也是衡量經驗的價值時，所使用之判準中一項重要的元素。杜威所說的經驗之再建構（我們所說的，故事的再敘說與再體驗）是好的，因為它意味著成長。促進個人與社會的成長也是敘說探究的目標之一。但是，在重說故事時，我們就像外星科學家一樣，有可能建構出不適當、甚至是不健康的故事，繼而發現自己涉入杜威所說的，**帶來負面教育後果的經驗**（miseducative experience）[4]。善用現場文本可以幫助我們不至陷入這種沒有教育價值的後果。

敍說的真實與敍說的相對性

　　敍說研究者面臨的張力是：他們採取的立場，暗示著一種相對性——每個人對事件都各有詮釋，而每種詮釋都同樣站得住腳。如果這樣看，那麼存在於經驗與我們由經驗所塑之義兩者之間的張力便喪失了，而敍說探究也喪失了它的敍說品質。如果這樣看，是把意義看成毫無聯繫，而不是植基於資料上的敍說意義。從敍說探究的觀點來說（就像**星際大戰：旅遊者號**事件所呈現的），根據證據，根據現場文本，對於那段經驗的詮釋，還是會有較好或較差的區別。

　　星際大戰：旅遊者號的事件，把相對性的議題戲劇化地呈現出來。當劇裡的醫生知道，群眾認為他所述說的歷史將會造成激烈的社會動盪時，便想凍結自己。他認為外星族群所相信的歷史對他們來說比較好，雖說他「知道」（knew）那個版本是錯的。他想凍結自己的意圖，隱含著對真實的相對性觀點。在那個和 1950 年代價值觀相稱的好萊塢式結局裡，外星科學家在認定醫生所說的歷史版本時，便說服醫生持續到底。兩個族群都再次去思考，他們之間不對等的關係是如何開始的。族群間的和諧於是漸漸地被建立起來，社會找到目標的新義，而醫生也決定跟隨旅遊者號回家。對於習慣於處理意義之複雜面的敍說研究者來說，這個腳本裡那種好萊塢式的、有疑點的敍說解釋，與不清楚的結局或許會令他們覺得很不悅。但是，對敍說探究來說，這件事提供的道德訊息卻是十分清楚與適切。那

86

就是，光是相對性是不夠的。現場文本必須被保存，並且由敘說研究者不斷持續地參考對照。

往內轉向，往外觀看 ✐

由現場到現場文本時，我們還須面對另一種張力，這張力內含於建構現場文本的工作中。現場文本是我們對於自身在所存在之世界中的體驗所做的詮釋性記錄，即便我們建構的是我們的內在經驗、感覺、疑惑、不確定、反應、記起的故事等等的現場文本。在第四章，我們曾經呈現過一個例子來說明上述看法——在一場研究團體聚會裡，Jean 要回應轉譯稿裡 Karen 的故事時，述說起自己四年級的經驗。

在以下的例子裡，Vicki Fenton（1997/9/18）的雙重現場文本（包含記錄存有的、外在事件的筆記，以及記錄她的內在反應的筆記）可以說明這個觀點：

我在想負荷過多資訊的事。有這麼多事情要看、要聽、要試著記下來。我想，會有這樣的狀況是因為，這種類型的社區和

我們繼續沿著史密斯街往西走。在街的另一邊有許多小店，掛著各種語言的招牌。店之後是一些住家，有些有花園，有些具有十分有趣、獨特的特徵。圍牆上畫著卡通人物的壁畫，然後在陽台或屋頂上有約三到四尺高的加拿大國家高塔模型。街北的住

我所居住的社區不同。我的感覺是，它是如此稠密，有許多東西需要去吸收。

家之後是多倫多醫院。在街的南邊，我們經過一個戶外游泳池和溜冰場，它們正好夾在東邊的學校和西邊的社區中心之間。

　　這些 1997 年 9 月 18 日的現場文本，是在走過緊臨 Bay Street 學校的社區時寫下的，陪著她的是一位學校－社區工作人員。Fenton 的現場筆記是對地方的描述。但是左邊那欄是一種個人筆記，是她對自身內在經驗的觀察。那是對自己如何體驗這經驗的直接評論（負荷過多資訊），同時她也對為何如此提供了一個暫時性的猜測——她看出 Bay Street 學校周邊地區和她最熟悉的地區之間的對比。這些關於她對該經驗之體驗所做的個人筆記式思考，幫助她維持一種進入／離開該經驗的狀態。如同我們之前所說的，任何場域的實務工作者，藉著思考經驗來維持一種具教育性的評論與成長的狀態。這就是 Fenton 在這些雙重現場文本裡所做的事——她的現場筆記轉向外在，而她的個人筆記思考轉向內在。

　　Jean 和 Fenton 的現場文本都顯示出，現場文本如何來回滑行於所研究之經驗的記錄，以及關於自身作為研究者體驗該經驗的記錄。接下來，我們要提出一個進一步的想法，來說明當研究者更密切地涉入所研究之經驗時會發生什麼樣的狀況。例如，Jean 和 Stephanie，以及 JoAnn Phillion 和 Pam 一起工作時的情形。我們所要說的就是，那些研究觀點與我們不同的某些

研究者所說的，「觀察者對所觀察現象之影響的問題。」在和某位參與者或在某個教室裡工作了一段長時間之後，我們可以很明顯地察覺：當我們研究著遊行時，我們也同時影響、形塑了遊行中的事件。作為研究者，我們看著自己形塑所研究的事件、教室事件、和孩子的關係等等。第七章裡，Annie Davies 寫於 1994 年 10 月 17 日的筆記說明了這種情形。在那份現場筆記裡，Davies 描述了一個教室場景，和其中的兩位老師 Tom 和 Liz。筆記裡有一部分描述了 Davies 在教室裡和孩子的相處，以及這些孩子對 Liz 之教學的反應。作為研究者，Davies 研究的除了 Liz 和那些孩子之外，還包括在教室裡和老師、孩子一起工作的她自己。

88　　　簡言之，我們想要強調的是：在我們創造的雙重現場文本裡——記錄當下存在之狀況的現場筆記和內在狀況的個人筆記——還有另一種雙重性的可能。當描述當下存在狀況的現場筆記被寫就時，在一種相當親密的狀況裡，就像 Davies 的研究所顯示的，我們或許會發現自己也是那個狀況裡的一部分。長期之後已經建立起某種親密關係的敘說研究者，不但研究某種狀況，也和自身面對面。

　　我們已經強調過研究者關於自身之筆記的雙重性——這些筆記是關於自身成為所研究之經驗的部分；也是關於他們自身如何體驗該經驗，即他們對該經驗之思考的記錄。同樣地，研究者也需要清楚知道參與研究者的某種雙重性。敘說研究者參與了現場的經驗；同樣地，參與者也參與了研究。書寫現場文本意味著：清楚知覺參與者日常做了什麼、說了什麼；同時也

意味著：記錄參與者如何體驗在某項研究中的這種經驗。關於研究，他們也有感覺和思考。

　　我們在 Davies 和一群老師所做的研究裡，看到一些類似上述的情形。Davies 記錄了參與的老師從參與研究的過程中，漸漸達致某種瞭解的感覺與思考。在一次和 Davies 的談話裡，教師團隊之一的 Tom 說：「我想，我在這個研究裡漸漸瞭解到的是，有許多故事。學校裡充滿了故事，而你所捕捉的將只會是其中的一部分。它只會是我和 Liz、Carol、Jane 今年一起做的事的一部分。它會被簡化成二百五十張紙，和其上的筆墨，但還是不能成就整個故事」（與 Davies 的私人談話，1995/7/7）（Daives, 1996, p. 246）。

　　在另一次和 Davies 的談話裡，另一位參與的老師 Carol 說：「對你說話確實幫助了我個人的成長，因為當我把話說出來時，我確實在思考著這些話題。我可以察覺在哪些地方我想轉移成較合作性的……還有我可以在哪些地方改進」（與 Annie Davies 的談話，1995/6/12）（Davies, 1996, p. 248）。

　　這兩個例子很清楚地顯示了，研究參與者被他們在研究中的參與影響，被他們在研究經驗中的體驗所影響。

　　這些思考——由參與者之經驗而來的體驗——出現在研究文本裡，就像是研究者對某種經驗的體驗出現在研究文本裡。我們將在第九章繼續談論這個話題，屆時我們將說明，參與者和研究者漸漸獲致新的瞭解也是敘說探究的一部分。89

在三度敘說空間工作產生的模糊狀態 ✐

　　在第四章，我們曾經介紹三度敘說空間的概念。在介紹這個概念時，我們就已經瞭解到，這樣的概念可能會使得研究顯得不自然又有侷限。對我們而言，進行敘說探究是一種生活的方式。而生活，就其最一般的意義而言，是沒有界限的。結構，無論是看得見或看不見，當我們注意覺察時，的確會發現它們能夠限制我們的生活；但我們也總是可以把這些結構想成另一種情況——比較開放、有著其他可能性。這樣的概念內含於重說故事、重新生活的概念中。我們的敘說意圖在於，盡可能捕捉經驗的此種開放性。

　　如果我們把研究空間看成像是盒子而不是無限的開放（就像晚近的空間概念所暗示的），這當中就有潛在的吊詭。我們希望的是，藉著三度空間的概念來平衡這兩極。而且這個概念將會為研究者打開一些想像的可能性，一些若是沒有這概念便不太容易察覺的可能性。

　　研究空間，及其所暗示的模糊狀態，提醒我們注意：我們和參與者在某個特定時刻究竟置身何處——就時間、空間和個人與社會三個向度而言。我們對此種情況的覺察也會影響我們的現場文本，任何一個文本總是被標示日期、地點，並且定置於個人－社會的連續向度中。例如，上述 Fenton 的筆記主要是關於她在某個當下看到的某個地方。她對於該經驗之體驗的個人筆記，混合了個人與社會的層面。她記錄了某些高度個人化

的事情，然後在接著的句子裡，用一個在個人－社會連續向度裡十分不同的觀點來思考這些記錄。她把所察覺到的個人心理狀態，和她所覺察的，存在於所觀察之地與所熟悉之地兩者間的對比，看成是相關聯的。

　　生活在三度敘說空間的模糊狀態中，若再加入時間向度，就越發顯得複雜。當我們的經驗沾上時間的色彩時，有時很難釐清究竟我們身處於時間的哪個地方。Bay Street 學校的歷史慢慢地滲入研究者的意識之中（之前我們描述過），帶著我們踏上整理妥善的教育檔案之旅。在那裡，我們發現 Bay Street 學 ⁹⁰校的信件、日記、剪報——一個形成中的歷史。

　　當我們感覺到時間流與歷史，並且用人名、地點和事件來建構一個地方時，我們便再也無法以未如此建構之前的方式進入那個地方了。就像有兩個朋友一起進入一個房子，其中一人在那裡出生、長大，而另一人則是第一次進入這個房子。他們會同樣地經歷上階梯、開門、走進廚房等事件，但經驗的方式卻不相同。他們對這個經驗的體驗是不一樣的。

　　一旦 Bay Street 學校的時間流被注入研究之中，它就變得不一樣了，研究者體驗它的方式也不同了。當然有部分是因為我們過去和 Bay Street 學校的關係，Phillion 在她的研究裡相當早就接觸了這所學校的時間流。以下是她開始寫博士論文時所寫下的一小段話。在這之前，Phillion 讀了於 1877 年被任命的 Bay Street 學校首任校長的日記。讀完日記後，她仔細地將各個時段編織在一起，從校長準備開設學校的 1877 年到她在該校擔任研究者的 1997 年。她寫道：

　　Bay Street 學校在每個方面都很現代。它有暖氣系統、
自來水、位於地下室的洗衣間、衣帽間、黑板和個人式的桌
子。校長想到暖氣系統時，心又飄到他處：從他為了學校開
設典禮預備好的講稿，到如何監督五十六捆木材的運送。別
人曾經告訴過他，這學校的暖氣系統是最好的，因此他覺得
很疑惑，過去這幾天學校裡怎麼會這麼冷。最後，他們只好
使用小型的燒木取暖器來維持教室的暖和。如果教室裡的溫
度低於華氏 40 或 45 度，學生就會被送回家。他不希望這樣
的事發生，特別是在開學這一天。此外，他也很擔心會聽到
位於二樓女生部的部長尖銳的言語。如果房間太冷，她肯定
會抱怨的。他並不知道日後他要常常面對她的憤怒。

　　過了一百二十年之後，冬天裡暖氣發出怪聲，發出很大
的嘶嘶聲。我和我的參與者都喜歡這聲音，因為那意味著暖
氣就要來了。去年，校方以極高的價格更換了暖氣系統。校
長在校務會議裡說，這樣的措施將可以解決室溫低的問題。
接著，一位說話大聲的女性說到夏天熱的問題。我想，第一
任校長看到這樣的場面可能會忍不住笑出來吧。

91　　　我同時也想著，不知道現在的盥洗室是否和許多年前女
學生用的一樣！它們的外表看來老舊到足以被當成是 1877
年的古董了（Phillion, 1999, pp. 81-82）。

　　在上述的評論裡，當 Phillion 的敍述在一百二十年的時間
流裡跳前跳後時，她仍然固守在同一個地點——Bay Street 學

校。當她讀著關於學校的檔案資料時，無疑地，她心中想到的是她在當下所經驗到的學校。而當她參加現在的 Bay Street 學校校務會議，並聆聽關於新的暖氣系統的討論時，她心中想到的是檔案裡首任校長的日記。

現場文本就像這樣。敘說研究者必須敏覺於，在各個時刻裡以各種方式發生的時間轉換情形。Phillion 就說了，她和那位在 Caribbean 出生的老師的對話裡，時空總是在瞬間就轉換了──討論關於一個教室裡的孩子的事；提到移民前的家；一段由 Caribbean 的教育觀點所提供的詮釋；或是提到幾年前在另一所市區學校的教學。

對敘說研究者而言，要把這所有的事記在心上似乎是一件不可能的工作。敘說研究者要做到的是：察覺某個地方的細節、時間之扭轉、個人與社會觀察間的複雜轉換與兩者間的關係。他們必須為自己和參與者都做到這些，並覺察互動的相互性質（mutuality）。或許，我們可以在這裡翻轉一個有名的格言，而說，做比說更容易。一位敏覺的研究者，想都不必想，便可以即時地沿著個人、社會的分際，生活在這些時、空的轉換裡。例如，生動活潑的談話就是那樣地即時發生著。但是，在現場文本裡捕捉這些生活的細微差異，不但複雜，而且也充滿了許多模糊與不確定。

對敘說研究者而言，記得三度空間是有幫助的。例如，如果有人忘了留意地點的細節（很容易如此），想到三度探究空間，將會幫助那人注意到「何處」的問題。在三度空間裡書寫現場文本所帶來的相關複雜議題，我們將在第七章藉著對 Davies 的現場文本的討論來呈現。

譯註

譯註 1： 原文"experiencing the experience" 作者選用同一字分別
作為動詞與名詞，中文將動詞 experience 譯為「經
歷」，名詞 experience 譯為「經驗」。

譯註 2： 對於原書中無特定指稱性別的第三人稱代名詞，如
one，譯者將譯為她。複數第三人稱則譯為他們。

譯註 3： 這個說法，譯者並不同意。

譯註 4： miseducative experience 指切斷教育之可能性、帶來不
良後果的經驗。

7 建構 現場文本

在第五和第六章，我們把焦點都放在「身處現場」這件事上。第五章提到我們對進入現場的顧慮，第六章則談論我們身處現場的經驗。在這一章，我們的目的是描述各種記錄，即一般所說的資料，對我們而言，把它們想成現場文本比較好。我們稱它們為現場文本，因為它們是為了表徵²（或再現）現場經驗，由參與者與研究者創造出來的，而不是被找到或發現的。

介紹

在這一章裡，我們將探索兩件事：一是研究者和參與者持續進行的故事（被經歷的與被敘說的）之間的關係如何形塑現場文本的性質，二是可被建構之現場文本的種類。探索上述面

向時，我們會注意在三度敘說探究空間內討論相關議題。

為了呈顯敘說研究者能夠使用的各類現場文本，我們將會檢視一位研究者運用與交織的各類現場文本。我們探索下類各種文本的使用情形：教師故事、自傳式書寫、現場日記的書寫、現場筆記、信件、對話、研究訪談、家族故事、文件、照片、記憶盒、其他的個人－家庭－社會性人工製品和生活經驗──這些都可以成為有價值的現場文本。最後，我們將討論仔細定位現場文本的重要性，及至研究工作之最後統整，來結束這一章。

93

書寫現場文本是一種詮釋的過程 ✎

因著以下兩個理由，我們必須強調現場文本如何充斥著詮釋：一、現場文本是我們用來說明敘說探究裡何謂資料的方式，二、資料通常隱含著它們是研究經驗之客觀再現的觀念。當我們進入研究現場時，我們已經同時告訴自己和其他人，那些關於研究目的的故事。對於某一情境中我們感到有興趣的層面（正如我們在第五章協商那節中所呈現的），我們一再地、持續地陳述並與參與者協商。因此，我們進入研究現場的方式會影響我們的關注層面。我們刻意選擇注意的層面，會出現在現場文本裡。其他的，較沒有意識到或刻意選擇的層面，也會出現在現場文本裡。如果要瞭解敘說研究者撰寫現場文本時到底做了什麼，那就必須清楚覺察以下的現象：除了會有選擇性的注意外，研究者特別強調這個或那個層面的情形，會導致其

他層面較不明顯或甚至完全沒被看見。現場文本，就某種程度而言，也顯示出許多未被敘說與未被注意的層面。

　　這樣的情形在記載現場筆記時最容易看得出來。例如，當敘說研究者進入一間嘈雜的教室、學校、醫院或其他機構時，有許多事同時進行著。有許多關於地方、人、事、事件和歷史的變化，無論大小，都可以被看見。而一位研究者，無論多努力地想把每件事都記下來，也無法做到。當研究者進行文件的收集，而卻選擇性地挑選某些文件時，也可以察覺到類似的情形。例如，有時候我們或許選擇性地只收集有關政策的文件，卻不選擇有關教學的文件。

　　雖然有時候我們清楚意識到我們是做了選擇，有時候卻沒能意識到。在 Bay Street 學校時，我們請學校的秘書為我們設置了一個信箱，請她把那些會放進一般教職員信箱的文件也放進那個信箱裡。我們清楚地做了這樣的選擇。後來，我們才知道有些文件是以其他的方式傳遞的。由此，我們才知道我們的文件收集過程是一個選擇性的過程。

　　這個一般性的概念可以運用到研究者創造出的各種現場文本上。就以結構性訪談為例好了。由於結構性訪談的非人際關係特質，它可能是敘說探究中最不常被運用的一種訪談方式。作為研究者，我們會選擇何時讓錄音帶轉動，會選擇要問的問題等等。我們要談的重點是，所有的現場文本無可避免的都是詮釋性的文本，對於這個論點而言更為重要的事情是：我們會用某種方式來回應某些參與者的反應，繼而接續他所開展的話題——例如，藉著微笑、問一個在當下似乎相關的問題，或是

94

請求澄清一些事。由於我們身體上的回應，參與訪談的研究者或許會提供更多的細節，或是改變他的回應。涉入訪談時，時間是同樣有限的。當研究者鼓勵某個點的回應或討論，其他的點就會較少被涉及，或是比較沒有發展。現場文本就是這樣由研究者或參與者（或雙方）選擇性的興趣所形塑。看來像是客觀的結構性訪談之錄音，其實已經是一種詮釋的、脈絡性的文本：它是詮釋性的，因為它是由研究者、參與者與兩者之關係構成的詮釋性過程所形塑；它是脈絡性的，因為訪談的起源與場景也構成了某種特殊的情境。

書寫現場文本表達了研究者對參與者的關係

　　對現場文本的創造來說十分關鍵的一件事是，研究者對參與者的關係。在前面我們已經說過，現場文本是對現場經驗選擇性的再建構，因而具體呈現出一個詮釋性的過程。現在，我們還要再加上一點：關係的重要性。研究者與萌發之參與者的故事，兩者間的關係，不但形塑了現場文本的性質，同時也建立起現場文本的認識論立場。我們的認定是：關係將意義嵌入現場文本中，現場文本的意義，同時也為最後發展出來的研究文本賦予形式。被敘說的事，以及被敘說之事的意義，都是由
95　關係所形塑。創造出的現場文本，其中的合作建構度、詮釋性，或受研究者的影響等，程度或許有所不同，這都是看情形而定。研究者必須要注意這個現象，而且必須要寫日記來描繪由現場文本所表徵之情境裡的關係狀況。

三度探究空間中的現場文本 ✎

在談論一個研究裡如何呈現充滿細節的現場文本之前，我們要先提醒讀者這項工作的複雜度，以及體驗經驗與建構現場文本時必須注意的事。在第六章，我們提到現場文本的必要性，說明它能使得研究者一方面與參與者維持親密的關係，一方面又能保持距離以便反思：我們必須定時、努力地書寫現場文本。我們也提到現場文本是必要的，它能填補我們的記憶所造成的縫隙，因此我們必須在現場文本裡寫出豐富的細節。我們也藉著呈現重述故事時現場文本的價值立場，以及重述可能導致的改變，來說明敘述的相對性：現場文本容許成長與改變，而不是固著於事實與概念之間的關係。我們也表示研究者建構現場文本時，除了專注於當下的情況，也必須注意個人的內在回應：現場筆記和其他的現場文本，必須由另外的現場文本來補足，例如，對於研究回應所做的日記式記錄。我們也提到，在開放和沒有界限的三度探究空間工作所帶來的不確定性：建構現場文本時，研究者必須留意他們自己和參與者在某個特定時刻裡定位於何處——包括時間上、空間上，以及就個人與社會而言。

當我們開始呈現現場文本時，我們瞭解到，呈現不同種類的現場文本時，似乎會造成這樣的印象：這些文本是在研究過程中所建構出來的一種彼此疏離，並且可以清楚界定出來的記錄。為了要用一種較能符應敘說研究者所做之事的方式來呈現

現場文本，我們要從一個完整的研究中，提供例子來說明現場
文本的範疇，以及其交互影響的狀況。我們使用的研究是 Annie
Davies 的博士論文研究：〈協同教學關係〉（Team Teaching
Relationships, 1996）。

96　交織的現場文本

　　首先，我們將簡短地介紹 Davies 的研究，然後藉著提供她
所建構的各種現場文本來呈現她的研究。同時，我們會顯示這
些文本如何地相互交織。

　　Davies 是加拿大西部一個相當有經驗的小學老師，她已經
任教多年。有時候她自己一人在教室裡面對孩子，有時候則是
和一位或一位以上的老師協同教學。當她開始進行博士研究
時，對於她深感著迷的協同教學關係，教師們究竟如何來協
商，對她來說是個謎。故事化的專業知識廣景（landscape）如
何與每位老師的經驗敘述發生聯繫，是她當時很想瞭解的議
題。她探詢了一群老師的經驗，這群老師發現，她們之所以在
一起工作是因為教育局的強制要求。這些教師如何分享空間？
如何分享那種根據教師專業知識廣景的研究，在教育局下達命
令之前，一直都是老師們可以分享教學生活之私密故事的安全
空間？當私密的教室教學故事公開於教室外的場合時，到底會
如何？

　　她以自傳取向的方式，從研究自身在英國的求學經驗作為
起點，開始了她的敘說探究。接著，她探索早期自己在加拿大

的教學經驗。最初，她是以擅長於某科目之教師的身分教授體育。幾年之後，她開始和其他老師協同教學。在她這項研究的第一階段，她採用敘說探究的方式，探索她自己對經驗的敘說。

　　Davies 把她對自身敘說式開端的研究，和她首次與人協同教學的經驗聯繫起來。當她完成這些敘述時，她發現自己很想聽聽她的協同教學夥伴十二年前的故事。他們會如何敘說那個協同教學的經驗呢？這就進入了這項敘說探究的第二階段。她找到過去的協同教學夥伴，請他們一個個透過記憶，敘說他們當時在一起的時光。當 Davies 把這些老師們的多重敘述編織成一個透過記憶中的關係所敘說出的、材質豐富的敘述時，她發現自己想要更進一步涉入一群正進行協同教學的老師的生活。

　　Davies 覺得專業知識的場景正在改變。而她一方面想要研究發生協同教學的那個改變中的場景，另一方面也想加入一個協同教學小組，以作為她的敘說探究中的另一個階段。在這項敘說探究的第三階段，她想要涉入四位協同教學的老師間發展中的關係，並研究他們的教室實務。再者，她想要個別接觸每位老師，以便建構出足以聯繫他們的過去、當前的教學實務，與可能之未來的敘說。當然，這些不同的階段並不像一張別人可以跟著走的地圖。每個研究都有自己的節奏與程序，而每位敘說研究者都必須創造出自己研究的節奏與程序。

　　Davies 在三度敘說空間之中工作。每一個向度裡都有不同的複雜度。就時間而言，她從過去，從她在英國長大的兒時經驗開始。她往前滑進早期在加拿大的協同教學經驗，然後移向

97

139

對一群協同教學的老師進行參與觀察。

在這項研究整體的三個階段之結構裡，有一個時間性的跨越——童年、首次的協同教學經驗，以及目前的參與觀察研究。再者，在每個研究階段裡，當每位老師回首幼年經驗，並往前回到目前的經驗時，她在時間上也是向後、向前移動。在第一個階段，她的自傳也有時間上的跨越。在第二階段裡，她對首度協同教學夥伴的探究，是一項跨越時間的記憶關係之研究。在第三階段，她的參與觀察研究是一個跨越三年的研究，而且，這項研究讓參與者涉入自傳性思考的討論，而這些討論帶領著每位參與者跨越了時間。

她也注意到地點。她從一個國家搬到另一個國家，在同一個學區裡，轉到不同的學校。在她關注時間與地點的同時，她也注意到個人－社會的向度。她研究每位老師的經驗敘說，並且把這些個人的經驗嵌入教育界變動中的專業知識廣景裡。接下來，我們將呈現不同種類的現場文本——教師的故事、自傳性的書寫、研究日記、口述歷史、家庭故事、現場筆記、對話、研究者寫給參與者的信件、參與者的信件、家庭故事和文件。這些是 Davies 使用的現場文本。呈現了她的現場文本後，我們將呈現取自其他研究的現場文本。

98 教師的故事作為現場文本 ✐

在加拿大艾德蒙頓市進行博士研究的第一個月，當 Davies 將自己定置於當下的時間與空間時，她很快在時間上向後滑

行，記起她在英國長大的故事。寫這些故事，某種程度上可以
幫助 Davies 將自己定置在探究開始時，所生活與述說的故事
中。Davies 用現場文本的形式寫了幾個關於她自己的童年經驗
故事。

　　她的第一個故事叫做**新學校**（1996, pp. 1-3）：

> 工作後回家…
> 背向火爐
> 我爸爸站著…看起來嚴肅
> 我沒有被要求背誦兒歌
> 今天他似乎沒有注意到我——
> 我媽媽拿茶進來
> 他們談著——
> 他的湯匙攪動著糖
>
> 「Bill 的兒子會閱讀了
> 他才六歲
> 他會做的事，Robert 都還不會做
> Robert 都快七歲了——
> 他比人家還差一大截——
> 我們必須要幫他找個更好的學校」
>
> 我爸爸已經知道一所新學校的事
> 我聽到一些新的辭彙

學費，修女…
那些是什麼？

接下來是一段搭火車的旅程
對我們兩人而言

「喔，太好了！」我自己想著
我喜歡火車

我坐了最後一次
校園裡的那個搖搖馬──
我不會懷念他的
他的尾巴已經掉了一半
我說再見…
吵著要買
新制服
雖然我不知道
新制服會是什麼樣子

穿著灰色的運動夾克
有著高貴的藍邊
Robert 和我驕傲地站著──
媽幫我們的鞋子
用撢子讓它再亮一次

她調整我的髮帶
檢查我們的臉乾不乾淨…
「照顧你的姊姊」
Robert 點點頭

我們越過了運河橋
到達車站…
雖然我只有五歲
Robert 緊握住我的手
輕輕拉一下
當我慢下來的時候
上學的日子裡，我可不想要魯莽的往前闖——
媽媽對他微笑表示同意
我們兩人都回以微笑
喜歡我們的探險

在車站
我們買了車票
Liverpool 到 Blundellsands——回程
收票員在票上打了洞…
在月台上我們看到了大女孩們
也穿著同樣的夾克
媽和她們閒聊
我看到她們點頭

她們會照顧我們

當我們搭火車回家的時候

那時媽媽會在那裡接我們

我們的火車停下來

在許多站

媽媽說出那些站名

我們跟著重述一次…

當大女孩站起來的時候

我們知道我們的站快到了

「不會很難的，」媽媽說

大女孩接著說，

「別擔心，我們會照顧他們」

又走了一些路

我們看到一個標誌

媽媽把它讀出來

「Ursuline 修院學校」

看起來好像是城堡

我的神話故事書裡的

很特別但很神祕

我知道我將會喜歡我的學校

　　以詩的形式寫就的這個故事，是 Davies 在研究初期所寫的三個故事之一。當 Davies 試著在研究空間裡尋找位置時，她把自己嵌置在她的第一次學校經驗裡。當她開始進入仔細設想研

究的掙扎時，唸博士、重做學生的經驗把她送回幼年時期在另一個地方的學習經驗。

　　敘說研究者所做的事情之一，就是我們看到 Davies 所做的事，那就是，定置她自己「於其中」（"in the midst"）。書寫關於自身經驗的故事，是做到這一點的一種方式。當她寫這首故事詩時，她聯想到其他的學校起始經驗，她的第二個故事就是關於她開始全職教學的經驗。這些起始經驗故事的意義，與 Davies 對教師之協同教學經驗的興趣有關，同時也對她最後在架構研究疑惑時，有所幫助。對 Davies 而言，這些事之間的聯繫點是：經過許多年的母職生活與兼差工作後，Davies 再回到教室的首次全職教學工作，就是在協同教學的情境裡。Davies 接下來所寫的其他大量的現場文本，便都是她自己與其他老師的協同教學經驗，以及關於這些經驗的事。

　　當然，故事不見得一定要用詩的形式來表達。事實上，故事比較可能以散文的形式出現。當我們往下讀到其他現場文本時，許多故事不是被嵌置在預先勾勒好的形式裡，就是自行發展出的故事。在 Davies 的研究裡，它們出現在自傳式的書寫、　101
口述歷史訪談，以及每天根據教室參與和對話寫出的現場筆記裡。

自傳性的書寫作為現場文本

　　這些故事有時是帶有自傳性質的，就像 Davies 故事化的詩一樣。那故事詩既是以故事作為現場文本的例子，也是一種以

自傳式的書寫作為現場文本的例子。對 Davies 而言，以故事詩的形式所做的自傳式書寫，使她置身於其中。

自傳式的書寫是書寫一個生命整體脈絡的一種方式。在 Davies 的故事詩裡，她的自傳式書寫呈現了她早期生活的一種版本，同時也為她接下來關於學校生活的敘說架設了脈絡。那故事只是時間上很小的一塊，只是一個特殊的事件——某天早上到學校的旅程。但那並不僅只是一種與其他事件隔離的、去脈絡的筆記，就像是一般的研究日記可能會有的樣子。我們知道了她的家庭生活、某些關於她的宗教生活的事、她父母對教育的態度、她的家庭當時所生活的社區、當時英國之學校系統的一些事等等。這詩充滿了自傳性的細節，而這些細節則顯明她的生活脈絡。

Molloy（1991）注意到，自傳永遠是一種「再現（re-pre-sentation），也就是一種再述說，因為自傳所要指涉的生活本身已經是一種敘述性的建構。生命總是，而且必須是，一個故事」（p. 5）。作為敘說研究者，我們已經認清以下這個事實：任何一段自傳性書寫都是「一個人之敘說的某次再建構，而且其他種再建構也可能存在」（Connelly & Clandinin, 1988, p. 39）。

當我們進行自傳性的書寫時，可能寫出各種形式的現場文本。當我們檢視可能出現之現場文本的範疇時，我們會發現其中有許多都具有自傳的性質。

作為現場文本的自傳性書寫，和作為研究文本的自傳性書寫之間，仍有細微的不同。自傳與回憶錄都是被認可的研究文

本形式。我們在談到研究文本時，即第九章，會說得更多一
些。現在，我們只想指出：自傳性的書寫可以有許多用途，研
究者必須在研究裡深思它們如何被使用。在這一章裡，我們討
論了 Davies 自傳性的現場文本，這現場文本被用來寫出一個主 102
要並非自傳性的研究文本。Davies 的博士論文——她的研究文
本——並不是一個自傳。而當然，同樣的自傳性現場文本，也
可以被 Davies 用來寫成自傳性的研究文本。

以書寫日記作為現場文本

　　通常，像 Davies 開始時的那種傳記書寫類型，與日記書寫
有密切的相關。Davies 寫了好幾年的日記，其中的內容大部分
與她作為一個教師研究者的工作有關。她寫了一本日記，用來
記錄那些規律地發生在她的教室中的活動。有一段時間，她是
一個教師研究小組的成員。在這個小組中，他們分享彼此的日
記，並且彼此知道各人會在其他的日記中對之作出回應。在
Davies 的例子中，我們想像，她為自己所書寫的日記，意圖是
用來反省她的實務工作，而不是把它當作一種研究的現場文
本。然而，我們猜想，當她加入這個教師研究小組後，她的日
記變成了一種現場文本的類型，她對日記的想法應有改變。我
們想像，這些日記的記錄，應該會用不一樣的語調；而且，她
可能會用不一樣的方式來記錄不同的事情。

　　這提醒了我們，現場文本總是詮釋的產品，同時這個現象
也帶出了現場文本為誰而寫的問題。Mallon（1984）曾經提出

一個很精彩的評論，在這個評論中，他反省了作為讀者的自己，對於書寫下來的日記所具有的影響。他的論點是，一本個人的日記，總是存在著觀眾。他寫道：「我還記得有些時候，在一天中我決定不去做某件事（通常是某件微小普通的事），因為我意識到，如果我去做了，那晚我就得在日記裡提到它。這也許是天主教教養的結果——在這種教養裡，告解被看成是罪惡的阻礙，而不是罪惡的矯正——或者是我為自己找到的藉口，用來表明我比自己原來的樣子好多了。」（p. xiv）

不同於那種把研究資料看成是與觀眾無關的想法，在敘說探究中，觀眾總是如影隨形，並且詮釋性地塑造了所寫就的現場文本。

對個人來說，日記是一種用來解釋經驗的有力方式。正如 May Sarton（1982）所寫的：「日記是一種發現我究竟身在何處的方式。……日記的內容與那些來到這裡與我相遇、說話的人有關，或者也與我見到的朋友或花園相關。日記多少讓我覺得，我的生活交織出來的樣貌，是有一些意義的。」（p. 25）

103 　　日記是創造現場文本的一種方法。因為，對 Davies 來說，日記是她身為教師研究者生活中的一個部分。在她的研究中，她將日記變成了創造文本的一種方式。在接下來的日記裡，Davies 寫到了在工作的第三階段時，她在研究現場的第一天：

　　…我需要一個地方，在那裡能讓我感到安適；我需要在我的研究中與老師們建立關係，並且與那些相信協同教學的老師們在一起。我說，我希望可以在 Riverview 學校進行研

究，而且我知道，Tom 和 Liz 是工作團隊。可是我懷疑他們
是否會對研究關係感興趣。

　　十月三號的早上，我拜訪了這所學校。我在休息時間去
到那裡，詢問職員是否願意參與我在大學課程中所需要的一
個調查。我受到熱烈的歡迎，覺得非常愉快。Tom 急切地想
知道我對事情的進展如何規畫。我想，我偶爾也在探問與他
和 Liz 一起工作的可能性。對於這個計畫，他顯得非常興
奮，而且立即要求我在十點四十五分時去到教室。這是他與
Liz 展開一天工作的開始。他告訴我，對他的教學以及他的
協同教學經驗，他有多麼的亢奮……

　　一進到教室……我立即有一種回到家的感覺。……Tom 和
Liz 看起來真的很高興我人在那裡。他們的教學讓我覺得就
像是一場朋友間的對話。當他們彼此或與孩子互動時，他們
常常開心地笑著。在一個輕鬆的教學環境裡，他們樂在其中
（日記記錄，1994/10/16）（1996, pp. 58-60）。

　　Davies 的日誌，把她拜訪學校時的現場筆記，與她對此經
驗的反省，有趣地結合在一起。她記錄了她所作所為的實際存
在狀況，將這些事情安置在某個空間與特定的時間點上，並且
記下了特定事件的細節。然後，她轉而向內，解釋自己的情
感、愉悅，或「置身家中」等感受。在這個研究的日記記錄
裡，我們看見她把 Vicki Fenton 在第六章中加以區分的雙重現
場文本——現場筆記記錄實際存在的外在事件，日記筆記記錄
內在的反應——交織在一起。

　　日記可能，甚至經常帶有一種貼身反思且令人疑惑的特質。這種反思比較不像 Sarton 所說的，是去解釋經驗；而是一種釐清經驗的方式。在整個現場工作中，習慣寫下日記的 JoAnn Phillion 將她的日記指稱為「掙扎的空間」。Davies 所寫下的許多日記裡，也有這種苦苦思索的特質。在 Davies 的例子裡，大部分的日記都沒有被寫進論文裡。然而，對於她其後持續進行的探究和研究文本的建構來說，它們都還是重要的現場文本資源。

　　敘說探究的新手也許會發現，書寫日記記錄是一種十分耗時的、令人分心的事兒，並且覺得它並沒有為研究帶來太大的助益。我們已經注意到 Emily Carr 的警告，她說她的日記好像是由無意義的片段所組成。她把她的日記記錄成看好像是一種名叫「成千成百」的小小英國糖果，這種糖果是「如此的微小，以致單一個別地去吃它們時，實在是不值得一吃」（p. v）。然而，她還寫道：「正是這些細瑣事情的聯合，教導我如何生活。個別地去考慮時，它們也一樣不重要。但是，就像那『成千成百』的小糖果被我們舔著，或沾黏在我們潮濕的舌頭上，這些小小的片段和生活中的沒什麼，也創造出了特定的樣式。」（p. v）像 Davies 這樣的研究者，當他們書寫著研究文本時，會發現這些樣式隱然浮現。那些原本像是無關的沒什麼，當被寫成現場文本，而與其他的現場文本交織成研究文本時，即會呈現出一種樣式。

以現場筆記作為現場文本 ✎

在我們大部分的敘說探究工作中，現場筆記是一種最重要的方式，用來記錄那些連續不斷地發生在我們生活中的細瑣事物。這些每日持續留下的筆記，記滿了發生在我們現場的探究生活中種種的細節與時刻。從這樣的文本中，我們可以述說許多我們經驗故事的故事。在第六章中，我們曾提及，現場筆記是最重要的一種現場文本，它讓我們愛上我們的現場，讓我們能夠冷靜的觀察，也提供細節，以填入記憶概略的輪廓中。現場筆記與書寫現場經驗的日記加以結合，提供了一種反思的平衡。

接下來是一個現場筆記作為一種現場文本的範例，我們從 Davies 的現場筆記中節錄一段，這是她在兩個參與研究的小組教師 Tom 和 Liz 的一年級教室中所做的研究：

> 利用一個孩子的筆記本，Tom 回顧他們到目前為止所做　　105
> 過的事。Tom 用 Jessica 的書，讓孩子們看到她一頁一頁地
> 翻著，「一直翻到下一頁。」
>
> 在輕鬆的對話中，Liz 和 Tom 的聲音交替出現，為學生
> 解釋科學的概念。Tom 在黑板上寫了一個標題：「秋過冬
> 至」。他把這個主題與週末的那場強烈風雪銜接起來。然後
> 由 Liz 接手。Liz 做了一張字彙的清單，讓全班唸著：「霜、
> 雪、爛泥、水，空氣是冰冷的，樹沒有了葉子。」當 Liz 進

行著字彙的教學時，Tom 走去和 Cameron 進行一對一的談話。他處理 Cameron 的事，並沒有打斷教學。他幫助 Ca-meron 去表現出較適當的行為。

回到團體的前面，Tom 向全班解釋如何在科學筆記本的複頁上記錄個人的觀察。

我四處閒逛著，與孩子們聊天，幫助他們開始進行工作，並且試著去記住他們的名字。Erik 正在畫一棵樹，他還畫出了流到根部的地下水。Erik 遵照 Liz 的建議，把他所知的畫下來「sic」。Danny 告訴我：「它們要長大就要這樣。」他站起來，又加了一句：「我要從外面來描摹我的樹。」他學到了 Liz 所說的「科學家的注視」，讓我印象深刻。帶著書和筆，Danny 走向了窗戶（現場筆記，1994/10/17）（1996, pp. 100-101）。

雖然現場筆記可以由研究者或參與者來書寫，不過，這些筆記是由作為研究者的 Davies 獨力寫成的。她記下了 Tom 和 Liz 的活動，以及與他們互動的孩子；她也記下自己的活動，還有那些與她互動的小孩。現場筆記可以或簡或繁地寫下，也可以有或多或少的詮釋在裡頭。在這些現場筆記裡，Davies 即便參與在教室的活動中，她還是試著盡可能地留下仔細的記錄。

研究者需要去留意這種現場筆記，尤其所記的內容是與研究者及參與者之間的關係有關的部分。在第六章中，我們強調的是，現場筆記對於研究者與參與者間已經建立起來的關係所具有的影響力；但是，有時候的狀況會是：已建立的關係影響

了現場筆記的類型。如之前所強調的，與事件保持距離，或如夥伴般積極地參與在事件中，這兩種方式所寫下的筆記會有很大的差異。同樣的，把自己看成是「在那邊」發生之事的記錄者，或把自己當成是事件中的角色而寫下的筆記，也會有所不同。在這個例子中，Davies 清楚地把自己當成是夥伴般參與在事件中，也把自己看成是事件中的人物之一。 106

就我們的判斷，研究者經常是不太情願去使用現場筆記，因為他們擔心現場筆記不足以適切地掌握現場中的經驗。當這種情況發生的時候，錄音機和錄影機很容易被過度使用，其所帶來的嚴厲懲罰是，之後要在轉譯稿的基礎上製作現場筆記。在任何的事件中，由於擔心會落失某種經驗，使得研究者試圖要去記下或錄下所有的經驗。我們能清楚認知的是：所有的現場文本都是對經驗建構之後的呈現。

參與者或研究者所拍攝的相片，在我們來看，也是一種現場筆記。在敘說探究中，研究者經常有賴於相機的使用。例如，在一個與年輕女孩所進行的研究中，Jean 把相機交給她們，要她們使用照片來記錄她們在校內、校外經驗的一些面向。這些相片沖洗出來後，即成了研究對話中的主題。在這些對話中，女孩們談論著她們在相片中試圖去捕捉的面向。不管是由她們自己或由參與者所拍攝的相片，DeCarion（1998）和Bach（1997）都把它們視為一種現場筆記，極力地運用。

以信件作為現場文本 ✎

　　書信是寫給他人的，並且期待對方有所回應。在信中，我們試著去解釋自己，為經驗賦予意義；並且嘗試在我們、我們的經驗，以及他人的經驗之間，建立並維持關係。在敘說探究中，作為現場文本的書信，可以用於參與者間、共同研究者間、或研究者與參與者之間。在每種狀況中，書信的優點在於對話的平等性。下面一封作為現場文本的信件，是 Davies（書信，1994/11/12）（1996, p. 112）寫給兩個參與教師 Tom 和 Liz 的每週一信之一：

親愛的 Tom 和 Liz：

　　當我看著 Aaron 的時候，我真希望他的媽媽可以看見她兒子與同儕相處時的行為表現。對一個年輕的孩子來說，學校是一個多麼不同的經驗。在我與老師們進行有關「邊緣行為」——少年在團體中尋找定位的方式——的對話時，我也這樣想。我注意到 Jenny，她看起來總是那麼得靠近邊緣，但絕不是在邊緣上。為什麼有些學生會為自己寫下處在邊緣的腳本呢？在成對的活動中，Aaron 並沒有一個同伴。這一點都不奇怪。挫折的時候，他會做出一些愚蠢無聊的事情，例如把垃圾倒出來找他的剪刀。但是，如果藉由協助獲得成功時，他是有能力可以完成工作的。如果一個成人能夠全力關注他，他就沒什麼問題。可是，如果是處在二十三或四十

107

八個人中，他就會遇上困難。也許，這是他媽媽所不知道的部分。當他媽媽陪著他坐在餐桌旁時，Aaron寫出來的作業就會變得很棒。以後我會當心他的。另外，Liz，我認為妳讓他帶回去給媽媽的簡短信函，給了他所需要的對話所有權。妳提供了對話的空間，Aaron不在場的時候，不管是老師或家長，都不能解決他的問題。

下週見

Annie

　　這封信最明顯的特徵是那種對話的、個人的語調，這與之前所舉例的 Davies 的現場筆記有顯著的不同。Davies 的筆記中，感覺不到觀眾的存在，也沒有明顯地期待回應。這份筆記有種：「現在這樣，然後那樣，然後…」的味道。在這封信裡，Davies 尋找著類型（pattern），這在她當時的研究階段中，是謎題的類型，是讓她感到迷惑的事。當她這樣做的時候，她正嘗試要去看穿日常生活中的「沒什麼」。她試著去瞭解 Aaron 和 Jenny 兩個孩子，在班上如何弄清楚自己是誰。透過比較 Aaron 在一對一的情況中，與在一個大的協同教學團體中的工作表現，她指出了其中的差別；她從他們所進行的研究之觀點，來對 Liz 寫給 Aaron 媽媽的信提供回饋。

　　作為現場文本的信件，也可以是由參與者所書寫。在接下來的現場文本信件中，作為參與者，Liz 寫了一封信給 Davies（書信，1994/11/5）（1996, p. 174），以便為小組計畫會議賦予意義。這個由參與者寫給研究者的現場文本，成了另一種現

場文本。

> 親愛的 Annie：
>
> 　　我發現這些會議真是讓我感到灰心，但是我很高興 Tom 可以在那裡，讓情況變得不是那麼緊張。這幾年來，我已經知道，重要的是去說出你所相信的，並且去聽聽別人提出他們的哲學。我努力去傾聽，也支持其他人的教學策略，而且，我還會繼續這樣做下去。這是我這幾年的目標之一。Carol 有她自己的路子，那對她來說是最好的。可是，由於我的方式與她不同，當事情很重要時，我決定繼續持守我的信念，而不為其他小事憂心。
>
> 愛妳的
Liz

　　在這封信裡，Liz 試著透過書寫來為她自己的經驗賦予意義。再一次的，信裡透露出對回應和對話的期待。

　　Davies（1996, p. 176）在評論她自己把信件當成現場文本時寫道：

> 　　事實上，信的用意在於讓你能夠在自己的時間和空間中，去瞭解自己的想法和感覺。我相信，它使作者對自己能有更深一層的反省（在這個例子中指的是 Liz）。Liz 覺得她有必要針對我寫給她的信作出回應。書寫信件，為思考和清晰度提供了一個隱密的處所。現在回想這事，我才瞭解

到，我每週寫給父母的信，或者我閱讀其他書信作者如Virginia Woolf及布魯斯伯里文化圈中的作者所寫的信，從這些經驗裡，我已經知道了很多關於書信的事。寫信對我來說，並不是從方法論所提供的各種可能性清單中所做的一個選擇，而是對情境脈絡的一種複雜回應。這個脈絡包括我自己被塑造的方式，以及我想與參與者維持關係的想望。對我來說，寫信必須要切合…必須要創塑意義。信件具有真誠性，寫信的方式也尊重了別人的時間和空間。時間對Liz來說是無價之物，寫信可以讓她用自己的方式去協調生活。她覺得信件將我們連結起來。

以對話作為現場文本

正如我們之前利用Davies和Liz的書信所指出的，信件作為一種現場文本，具有一種對話的性質，雖然那是一種透過文字的對話。不過，對話作為一種現場文本，通常是發生在兩人或團體面對面相遇的時候。下面是從Davies的研究文本中所選錄出來的對話，我們可以在其中看見，身為研究者的Davies（對話，1994/11/9）提出了一個問題，而Liz和Tom則參與在這個有關他們教室實務活動的對話中：

在一個午餐的時間，我第一次聽到Aaron的事， 109

Aaron是Liz所負責的小組中的一個孩子。Liz晚些才

加入我和 Tom 在教室裡所進行的午餐時間錄音對話。之前，她接到了一個家長的電話，這個家長心情煩亂地解釋她的孩子不喜歡上學。當 Liz 最後終於可以加入我們的對話時，我問她之後計畫要怎麼去處理這個狀況。

Liz：今天下午，我要跟 Aaron 一對一地談一談，去瞭解為什麼他在學校中這麼不快樂，甚至還很討厭學校。他不想再回到學校來。

Tom：也許回家的路上發生了某些我們不知道的事？

Liz：我記得昨天午餐教室的管理員拿走了他的大提包，我覺得那是他用來與人分享的一個柔軟玩具。他從兩歲開始就擁有它了。

Tom：他用那個提包打別人。他媽媽知道他的這種行為嗎？

Liz：我告訴她了，她知道。

Tom：那會讓孩子不喜歡學校。

Liz：我們要想出辦法，他是一個非常聰明的孩子。

Davies 說得很清楚，這是一個錄音下來的午餐時間對話，這個對話之後被轉譯出來。對話和訪談是研究者希望能使用錄音機錄下來的兩種互動方式。重構現場筆記，或重構日常的事件，想像起來是很有可能的。但是，要抓到人際交流的動態，卻是很困難的。此外，錄音機讓研究者可以盡情地參與在對話中。

就像上面的段落所清楚呈現出來的，對話的特徵是，參與

者間是平等的；而且對話所具有的彈性，讓參與者能夠去建立
適於他們團體研究的形式和主題。當 Liz 和 Tom 環繞在某個孩
子的行為上，探索著這個麻煩的問題時，我們就看見了這樣的
情況。傾聽者的反應，是對經驗的一種探查（probe）。這種探
查使得所呈現出來的經驗，遠遠超過在訪問中所可能聽到的。
事實上，在對話中具有一種深層的探查。不過，那是發生在一
種相互信任、傾聽，以及關心他人所描述的經驗的情況中。

以研究訪談作為現場文本

　　一個普遍地用來建立現場文本的方法是訪談（Mishler,
1986）。訪談的內容可以透過不同的方式轉化成書面的現場文
本：轉譯整捲錄音帶；聽或重聽錄音帶的時候，可以寫下現場
文本；或者，可以根據研究者的興趣，轉譯訪談的部分片段。
　　在訪談中，訪談者行動、提問，以及回應的方式，都會塑
造彼此間的關係。而且，也會影響參與者回答及解釋經驗的方
式。進行訪談的情境，也會影響訪談。例如，訪談的地點、一
天中的哪段時間，或者正式化的程度如何等。例如，想像與一
個高級主管在市中心區的總公司，與在她家所做出來的訪談，
會有多大的差異；或者，再進一步地去想像，這個高級主管受
訪時，是在某一特定政策所要適用的學校，以及受訪地點是在
這個政策所將適用的孩子的家裡，這兩者之間的差異。
　　關於訪談者行動、提問及回答的要點，Anderson 和 Jack
（1991）曾經在一個對訪談研究的評論中列表說明，他們在裡

頭寫道：「訪談者要不就忽視了女性生活中一些較主觀的面向，要不就是在停頓、一個字或一種表達讓敘說者繼續說下去時，接受了某種意見的表面意義。」（p. 12）

一般而言，研究訪談中有一種不平等性。訪談的方向和特定問題，是由訪談者所掌握。不過，那些與參與者建立了密切參與關係的研究者發現，就算不是不可能，也很難與參與者進行這樣的訪談。就算他們開始時計畫去進行一個訪談，訪談往往還是會變成一種對話。

研究中的訪談也很有可能是由受訪者所控制。他們可以要求進行特定主題的訪談，這樣他們就有機會環繞著這些主題來陳述自己。然而，不管主題是由研究者或受訪者所選擇，問題的種類，或問題的結構方式，都為訪談提供一個架構，受訪者在這個架構之內，形塑他們對經驗的解釋。Minister（1991）說：「訪談者的問題，決定了主題的選擇。一次只有一個人說 111 話，敘說者用相關的語言掌握發言權，這使得訪談維持在所選擇的主題範圍內」（p. 35）。這種情況會讓現場文本的內容有所不同。

在敘說探究中，口述歷史的訪談是最普遍的形式。得到口述歷史的策略有很多種，可以使用一組結構式的問題，把研究者的意圖當成優先目標（Thompson, 1978）；也可以相反的，以參與者的意圖為首要旨趣，讓他們能夠用自己的方式訴說他們的故事（Anderson & Jack, 1991）。Anderson 和 Jack 在評論他們自己的研究時曾寫到，「資訊的收集是把焦點放在正確的問題上，互動注意的則是過程」（p. 23），當注意力從前者轉

向後者時，顯明的是，經由合作建構出來的口述歷史現場文本，具有動態的潛能。在後面的狀況中，我們可以想像，研究者和參與者投入在口述歷史的對話中，在這個過程中，雙方都各自提出口述歷史的資料。

　　Davies 在她的研究過程中，分別與每個參與者進行口述歷史的訪談。下面選錄的是她與 Tom 某次進行口述歷史的轉譯片段。Davies 所做的這個口述歷史訪談，比較接近使用一組結構式的問題，而不是要求參與者用自己的方式，訴說他們的故事。

Tom：我在五個孩子中排行第四。我只記得當我唸小學的時候，我的大姊還住在家裡，因為她要去接受護士訓練。我的第二個姊姊也一樣上的是護士學校。所以，當我還很小的時候，我們會全家…去露營；聖誕節的時候，還會滿屋子裡都是人。我們住在 Calgary 西北方的一個小房子裡。

Annie：所以你出生在 Calgary？

Tom：對，1952 年出生…我媽媽總是說我們的房子太小了，而且，她很討厭那個房子，因為她是家庭主婦型的媽媽。…我的哥哥…比我大三歲。…身為家裡的第一個男孩，他必須讓父母習慣那些男孩的事情。和他比起來，他總覺得我很輕鬆，而我總覺得我的小弟是最輕鬆的一個。我和第二個姊姊很親近。我們兩個人經常在一起講的一個電話…可是我跟我大姊一點都不親，

> 我想是因為她幾乎沒有在家裡住過…就我所記得的。
> 我記得我們全家一起去的露營旅行。可是，有時候你
> 其實不曉得你是真的記得，或是，你只是從照片上知
> 道的（1996, pp. 68-69）。

口述歷史的訪談是自傳性的，而且包含了許多故事。從
Davies 和 Tom 這段口述歷史訪談的轉譯稿選錄中，可以清楚地
看見這種情形。

我們常常會和參與者一起建立我們所謂的**編年史**與**大事記**
來建立一個架構，讓參與者能夠據此來建造他們的口述歷史。
在這個製作編年史與大事記的過程中，參與者開始去回想他們
的經驗，並且去構築個人敘述的輪廓。編年史與大事記，可以
想成是個人史和社會史的基本塑造與敘說。我們把編年史和大
事記的想法，使用在正式的教學場景中。在這些地方，學生們
投入於個人敘事歷史的建構。我們把**編年史**想成是一張包含了
記憶、事件、故事……等等的資料清單。學生或參與者建構時
間線的起點，例如，從出生的時候開始；或是，在個人過去的
家庭歷史中的一些比較久遠的、重要的時期或日期；或者從最
近的某個日期，當作是一種開始的基準點。至於**大事記**，我們
則把它看成是在特定主題內，或環繞著這個主題的序列事件；
也可以把它當作所關心的主題的敘述線路，例如青少年時期，
或旅行時期。有時候，在建構口述歷史及書寫敘事上，時間
線，以及環繞著這條時間線所建立的編年史和大事記，就顯得
特別有用。其他時候，或對其他人而言，它們可能就沒有那麼

重要了。

　　某種現場文本對不同的人在不同的時間其重要性有所不同，這種看法同時適用於所有在這章中描述的現場文本。有時候，照片非常重要，有時候是現場筆記，有時候則是編年史或其他文本。不同現場文本的交織利用，以及有意義的研究文本之巧妙創造，才是最終用來判斷現場文本間相對重要性的仲裁者。在第九章中，會更詳細地討論這些問題。

以家族故事和家人的故事作為現場文本

　　我們所謂的家族故事，指的是有關家族成員或家族事件，經由代代而相傳下來的故事。當我們試著去描述自己，或當人們，通常是父母，要建立價值時，我們就經常會去訴說這些故事。從一個音樂教師如何建立一種 Tom 終生以為標竿的風範這樣的事情裡，我們看見了某些這樣的情況：113

> 　　我去到一個正規的高中學程，上第十級的音樂課[3]。授課的老師是我們教堂的音樂指導員，他和我爸媽私下都認識，我的兩個姊姊也都上他的音樂課。上課的第一天，他一個一個地點名。當叫到我的名字的時候，他抬起頭來，並且問說：「你不是？」我說：「我是。」「嗯，我想你將會成為這裡最好的演唱者之一。…」這就是我必須要讓自己不至辜負的風範。他認識我的家人。（1996, p. 71）

　　我們把這看成是一則流傳下來的家族故事，這個故事塑造了 Tom 的認同。

　　在口述歷史的訪談轉譯稿中，Tom 敘說的家族故事裡，他媽媽說自己是「家庭主婦型的媽媽」，住在一個「太小」的房子裡，這也是家族故事的一個例子。

　　家族故事的經驗中，有其實際存在的，以及內在的情況。正如 Stone（1988）所指出的：「家庭最首要的關心是它自身，而次要的關心範圍則是其與世界的關聯。與世界有關的家族故事，經常是一種教訓的故事。這些故事根據前人所曾有過的經驗，告訴那些仍留在家裡的成員有關世界的情形。…即便當人們把自己想成是獨立的，與他們家族的角色無關，家族故事仍然具有重要性。我們身為其中之一的特定人類鏈結，對我們個人的認同來說，是很重要的（p. 7）。

以文件作為現場文本 ✎

　　在任何的探究現場中都存在著大量的文件。身為研究者的我們必須去決定，哪一些文件與敘說探究有關。正如之前在這章所提到的，在關於 Bay Street 學校的探究中，我們選擇性地把政策文件而非教學文件，當成是與研究有關的文件。秉持著這樣的架構，我們也檢閱和收集那些放在學校董事會辦公室或其他地方的檔案資料。

　　Davies 收集學校中與協同教學有關的政策文件，以及最近的董事會文件；她還收集了有關那些與她一起工作的協同教學

教師的相關文件。她所收集及分析的，還包括家長對學校委員 114
會所提出的報告、媒體故事、學校董事會的評鑑報告、學校和
學校董事會政策的文件、學校董事會的備忘錄，以及其他的通
訊。我們之前也曾經指出，在開始進行 Bay Street 學校的研究
時，透過學校秘書替我們建立的信箱，我們也收集老師們所收
到的文件。只是事後我們才知道，老師們還會從其他管道收到
一些資料。

　　我們想說的最重要的一點或許是，在我們的經驗中，我們
是多麼容易地就忘記或忽視文件的存在及其相關性。建立了親
密參與關係的研究者，可能會因為太把焦點放在關係上，而未
去注意到那些有助於將研究予以脈絡化的眾多文件。

以照片、記憶盒，及個人－家庭－社會性質的人工製品作為現場文本

　　在生活裡，我們當中有很多人會收集各種各樣的材料。不
管是身為研究者或是我們的參與者，我們都在這樣做。我們可
能收集那些對我們的生命具有非凡意義的人，或者是特殊事
件、地點的照片。每張照片都標示出在我們的生命中一段特別
的記憶，圍繞著這段記憶，我們建構了故事。其他的事情則用
它們特有的方式，進到了被稱為**記憶盒**的地方。它們是許多東
西的集結，透過這些東西，觸動了對於重要時間和人事的記
憶。這些東西可以啟動我們的記憶，讓我們想起那些「沒有起
點沒有終點的小小片段」（O'Brien, 1991, p. 39）；而環繞著這

些東西，我們訴說並且重述故事。正是這些我們在生活中所收
集的物品，為記憶提供了豐富的泉源。在敘說探究的脈絡中來
看待這些文件，構成了一門也許可以稱為記憶和意義的考古
學。

　　在那些主要在探討社會敘事的敘說探究中，檔案和博物館
扮演著類似的角色。例如，在 1967 加拿大百週年時，全國上下
有許多社區創立了小小的博物館，陳列了不同社區成員所收集
到的物品。這些小博物館變成了一種記憶盒，展現出當地的社
會敘事之集結。正當這些博物館建造的時候，許多地方性的社
團也組織書寫團體，致力於家族歷史與家族故事的收集，之後
則彙編成冊，在當地散發。這些也是在建構社會敘事時，可以
當成現場文本的豐富資源。

以生活經驗作為現場文本來源之一 ✎

　　敘說探究中有一種無法避免的，有時甚至是令人感到混淆
的性質，它會把所有的生活經驗與特定的研究經驗相融合，那
些在研究中原本各自分立的經驗。畫定現象的範圍，並且與之
保持距離，這在許多的探究形式中，幾乎成了金科玉律。敘說
探究總有其目的，雖然目的會轉移；總有其焦點，雖然焦點可
能會模糊或移動。敘說探究的界線會擴張或收縮，而且，不管
這些界線是處在哪一個時間點上，它們是會滲透的。這種滲透
不是單向性的，而是一種互動性的滲透。研究者個人的、私下
的，以及專業的生活，溢過界線，進到了研究現場；同樣的，雖

然通常並不具有同等強度，但參與者的生活也會反過來回流。

　　對建構現場文本來說，此種流動性的後果是，產生了一張實際上永無止盡的生活經驗清單，這些經驗經常會轉變成對探究很有價值的現場文本。僅僅談論這張清單中的類別，就夠長的了，例如，舞蹈、戲劇、音樂、電影、藝術，和文學。來到敘說探究的學生通常會用一種帶著快樂的詫異報告說，他們看見到處都有故事，而且，他們所見到的，與他們的敘事——坐地下鐵、聽收音機、看電視、帶領一支球隊——可以相接合。在敘說探究的理論課程中，我們要求學生針對課程和其他讀物寫下閱讀筆記。這個筆記的要件之一是，將閱讀與他們發展中的研究相結合。Phillion 說，她會針對電影寫下筆記，這正巧是她的生活興趣之一。 116

　　也許，很重要的是要注意，就像之前提到的閱讀筆記一般，生活經驗的現場文本，並非直接與研究領域接合。對它們所做的探究，需要與進行中的研究加以連結。一個人需要去釐清，為什麼需要去製作某份現場文本（一個現場筆記、一張照片、一首詩、一個故事等等）。例如，看完一場電影後去書寫現場文本時，研究者需要去探索，這個經驗對於各個研究面向——也許是對研究者、參與者，對孩子，或對整個現場整體——所可能具有的意義。

對研究者而言，哪些現場文本很重要？

　　當我們用 Davies 在她的研究中使用的現場文本為例，來介

紹各種不同的現場文本時，有件事顯得愈來愈清楚：這些文本
之間並沒有很明顯的區隔。如，故事可能轉變成自傳性的書
寫，而自傳性的書寫漸漸轉成日記等等。再者，當我們逐一介
紹 Davies 研究的各部分時，我們想要說清楚的一點是：關於還
有哪些其他種類的現場文本，關於故事、日記和現場筆記之意
義的細微差異何在，其可能性是無止境的。

　　當我們辛苦地思索這些不同的現場文本時，我們發現這樣
似乎已經偏離這一章原本的計畫。開始的時候，我們想，提供
各類的現場文本加上例子說明是重要的。於是，說明日記，我
們給了一個例子；隱喻，一個例子；家族故事，一個例子等
等。後來我們瞭解到這樣做的限制，因為每項研究都是個整
體，也是各自獨立的，而任何研究使用的現場文本都是貫穿、
交織在整個研究裡。我們原本以為，藉由提供單一的複雜研
究，像是 Davies 的研究，可以讓讀者體會到一點現場文本交織
的情形，之後再藉著提供其他例子，使我們原本所設想的各種
現場文本類型，能夠具有實質的內容。

　　然而，當我們按著計畫走時，我們卻瞭解到：這樣的計畫
無法顯明那些在我們教導別人如何成為敘說研究者、在我們指
導碩博士學生如何書寫敘說探究，以及我們自身進行了許多年
的研究裡，所認為的最重要的事。我們並沒有以手邊現有的各
類現場文本來指導別人，我們自己進行研究時，也沒有帶著某
種現場文本會比較重要的預設概念。我們的作法是：我們鼓勵
其他的敘說研究者以及我們自己，對於建構現場文本的想像可
能性，抱持開放的態度。在我們的研究裡，我們的確總是由撰

寫現場文本開始。但我們也會把日常對話（加以）錄音，並製作許多其他類型的現場文本。而且，當我們的學生開始進行研究並問我們：「可以把事情一一記下來作為現場筆記嗎？」，這個時候，我們會說：「可以，不過你還必須找出某種方式來記錄你的內在反應。」當學生問到他們是否需要畫出研究中的教室圖，我們會告訴他們一些可用來描述地方的，具想像力的可能方式，例如運用照片或使用兒童的描述。當學生問到現場筆記是否可以寫得像故事，而不是像我們，Michael 和 Jean，在我們的研究裡所使用的形式，我們會說：「可以啊，只要你能掌握到所經驗的細節。」當一位學生告訴我們劇場演出的一個角色令他聯想到面對參與者的兩難處境時，我們會說：「寫一寫這個情況。」

　　當我們再度思考以下這個議題：對於敘說研究者而言，現場文本的哪些事是重要而必須知道的，我們又回到我們所說的，在三度敘說空間中工作的概念。在前幾章裡，我們討論了敘說研究者定置自己在那個空間裡時做些什麼。現在，當我們思考作為敘說研究者的我們所創造出來的現場文本時，在那個空間裡定置現場文本也是同樣的重要。定置現場文本不同於定置自己。例如，以 Davies 的故事詩，**新學校**為例。在時間向度裡定置這首詩時，我們知道，首先，這首詩指涉她幼年時的一段時光。但這首詩是什麼時候寫就的？它是 Davies 年幼時寫的嗎？是她開始做博士論文時寫的嗎？或者，是她在研究過程中的其他時間寫的？或甚至是其他的人，如 Daives 的母親寫的？如果是，她的母親是當時或之後寫的呢？嘗試將這首詩在地點

117

的向度上定置時，我們會問這樣的問題：它是在英國或是加拿大寫的呢？當我們設法將這首詩在個人－社會的向度上定置時，複雜的層次又增加了。這首詩是看完家族照片後，用來傳達情緒或感覺的虛擬建構嗎？它是以一段記憶、一個記起的意象為基礎嗎？是 Davies 自己一個人建構的嗎？或是 Davies 和他人合寫的？它是讓 Davies 能夠傳達幼年時期之社會情境的一種虛擬建構？它是在 Davies 逐漸瞭解英國的社會階級差異時寫就的嗎？或是它是被寫來表現她在加拿大與英國之經驗的某種社會文化差異？如同這些個問題所顯示的，沿著這三個向度在三度空間中定置現場文本，是非常複雜的。

118　　對敘說研究者而言，談論他們的現場文本如何定置的問題是非常重要的。因為現場文本的定位將影響到文本的認識論立場，而最終，也影響依賴這些立場而寫就的研究文本。例如，當敘說研究者建構關於童年的敘述時，經常賦予它們客觀事實的地位。然而，當我們注意到以三度空間來思考它們所引發的複雜度時，就會清楚地看出，在何種程度上，文本其實是對事件具脈絡性地再建構。如果不這樣仔細地定位現場文本，如果不明白承認文本是如何被定位的，那麼，最終靠著它們而建構出的研究文本，對於那些無法回答的問題、對於所宣稱的知識與所衍生的意義之批評，將只能保持一種無止境開放的狀態。

譯註

譯註 1：此處將 composing 譯為建構而不譯為較通俗的撰寫，

主要的理由是本書作者提到各種現場文本，並非單指可由撰寫而完成的文本。

譯註 2： 本書提及 represent 時，將依上下文與文氣，譯為表徵或再現。

譯註 3： music 10 是高中音樂課裡最基礎的一級。

8 從現場文本到研究文本：創塑經驗的意義

從現場文本行進到研究文本，這是另一項不同而複雜的轉移。剛開始進行敘說探究的人告訴我們：這是他們所做的最困難的轉移之一。在我們自己的研究裡，當我們做這種轉移，逐步進行各個層面與向度的工作時，也瞭解到這些困難。

介紹

當研究者面臨到這種困難的轉移時（在研究中的一種轉

移），那些在研究早期徹底思考過的事情，那些或許在研究者在現場工作、建構現場文本時已經潛伏著的事情，又重新浮現。關於說明研究為何值得進行 [1]（justification）、現象、方法、分析－詮釋、理論性文獻的位置、定位，以及意圖的與建構的文本等議題，再次出現在研究的前景，這些也就是本章要討論的主題。為了要把這些主題帶到我們自己和那些與我們一起工作的人面前，我們讓自己經常思考這組主題——那些在發展研究文本時必須思慮與編織的主題。研究進行時，這些主題有時在焦點範疇內，有時又遠離。在我們從現場移轉到現場文

120 本，再由現場文本轉移到研究文本時，每個主題都有它的位置，雖然有時候這些主題可能在現場工作時被蓋住了、看不見了，但是當我們想像著研究文本如何在世界上成形、定位時，每項主題都會強勁地跑到前景來。

　　本來我們可以在這本書裡早點討論這些主題，或許是在第四章，當我們首次問道，敘說研究者做些什麼的時候。然而我們卻選擇把這些討論放在這一章，我們的顧慮是：我們希望讀者不要把這些主題看成是一系列被提出的問題和議題，而且可以努力解決，一次就回答完。我們想要做的是：帶領讀者經歷一些我們做的研究，讓讀者稍微領略到，敘說探究是學習如何進行敘事性思考、關注那些被敘事性地活出的生活，以及在方法論上的三度空間定位的歷程。

　　這些主題引導著我們的探究，從開始到結束，甚至一直到探究之後，我們在公開的研究文本中呈現我們所做的事時。在這一章裡，我們將逐一走過這些主題，討論的方式是：思考研

究者從現場文本轉移到研究文本時，這些主題是如何被經歷的。讀者或許要想像當他們在擬定研究計畫的架構時、在現場協商研究工作時、在建構各種現場文本時、在準備公開的研究文本時（不論是演講、文章、書籍或博士論文），如何面對這些主題。

敘說研究者做些什麼？

在第四章，我們首次提出這個問題。在這一章，我們把問題再聚焦，問道：當我們由現場文本轉移到研究文本時，敘說研究者做些什麼？當我們開始想要把研究寫出來、在會議裡發表、寫成期刊論文、在課堂上發表，以及寫成書時，我們怎麼做？當我們做這樣的轉移時，我們探問關於意義、社會重要性以及目的的問題。

這些問題在研究開始時就很重要。例如，在我們發展研究計畫、協商如何進入研究現場，以及和參與者發展研究關係的時候。當我們的工作往前進行、當我們愛上我們的參與者、現場，以及接著的現場文本時，我們通常會漸漸看不見重要的、有意義的、具目的的問題。但是當我們從現場文本轉移到研究文本，那些問題（像是誰在乎？那又如何？）又再度浮現。我們如何知道我們的研究興趣不只是個人的、不只是細瑣的？我們如何知道有人會感興趣？我們的研究會造成什麼不同嗎？ 121

就某個廣泛的層次而言，意義、重要性和目的的問題，就是，誰、為什麼、是什麼、如何、脈絡和形式的問題。我們將

為誰而寫？研究中的那些人物是誰？我們為什麼寫？我們想傳達什麼？何種個人的、實際的、及理論的脈絡能夠對研究及其結果賦予意義？我們最後的研究文本可以採用什麼樣的形式？

　　有個點可以用來討論這些問題，即價值辨明（justification）的主題，這個主題總是呼之欲出，甚至在研究工作裡，我們都常被要求說明為什麼要進行這個研究。

價值辨明（為什麼？）

　　敘說探究總是具有強烈的自傳性格。我們的研究興趣來自我們自身對經驗的敘說，同時也形塑我們的敘說探究之情節線路（plotlines）。對我們而言，將我們導向教師知識研究的，是我們的教學背景，以及我們對教師、對兒童經驗的強烈興趣，也正是這樣的興趣使我們最終選用敘事性知識的概念與用語來進行教師知識的研究。

　　數年前，在我們開始這個領域的研究時，我們陷入了Schwab（1960）所稱的**流動性研究**（fluid inquiry），那是一種思考的方式，在這樣的思考方式裡，研究的進行並非清楚地由理論、方法論上的策略或方式所引導。研究裡會有許多無效的開端和死路。當我們為研究的必要性，找尋一種證明的方式時，我們會不斷地試著尋覓可與別人進行溝通的點。我們有一堆被拒絕的期刊投稿，多半是因為審查者和編輯看不見我們的研究的社會重要性，他們總是認為那只是個人性的東西。他們經常給這些文章下的標籤是：特異的、懷舊的。

有一次，我們有個研究案，它容許我們贊助一個為期兩年的小型系列研討會（seminar），這些研討會最終的結束高點是，它們發展成一項為期數天的個人知識研討會。Mark Johnson 也參加了這項研討會，第一章曾提及他在我們的思考中所占的位置。雖然在那個時候，我們所看見的，並不像現在我們在此處說明時這般清楚，然而當時我們試著在做的，是找出和他人溝通的方式，找出我們的興趣和他人之興趣的接觸點。簡單的說，我們受到衝擊，因而試著將我們個人認為能證明研究之必要性的說法，和公共的、社會重要性聯繫起來。光是有個人的興趣和思考方式是不夠的。我們必須讓我們的研究與範疇較大的社會重要性問題串連起來。

過去幾年，我們已經學會時時同步想到這兩類主題：具個人性質的價值辨明以及具社會性質的價值辨明。當我們在此處寫到這兩個主題時，我們其實瞭解，對任何研究而言，我們可能都無法把這些事情思考透徹到一種讓其他人滿意的地步；但是我們的確瞭解它們的重要性，因此我們會持續地談論這兩個主題。對敘說研究者而言，能夠說出以下兩者的關係是極端重要的事，即個人的興趣、對重要性的感知，以及那些表達在他人作品和生活中，範疇較大的社會關懷。

在寫這個部分的時候，我們悄悄迴避了一個事實，那就是——發展具個人意義的價值辨明並不是一件那麼容易的事。從文獻裡，我們或許會想像：表達個人興趣就像簡單的表達那些明顯的事情一般容易。事實上正好相反，大部分的人對自己的研究興趣是什麼、如何用個人用語來證明其研究是有意義的等

122

等問題，其不清楚的程度是令人驚訝的。當我們被問到為什麼對某個主題感興趣，以及為什麼我們會用某種方式賦予該研究某種結構時，我們通常無法清楚地回答。由於這樣的困難（通常沒被辨認出、隱藏著），我們在課堂上和剛開始進行敘說探究的學生接觸時，通常會要求他們針對感興趣的現象寫出一系列的故事。當 Hedy Bach（1997）開始進行以女孩為對象的敘說探究時，Jean 曾經鼓勵 Bach 書寫她自己小女孩時期的經驗。當 Bach 寫出自己的經驗並且得到來自他人的回應時，她自己對於小女孩的課程裡缺乏了什麼的體驗，就開始有了那種具個人意義的價值辨明。

雖然我們鼓勵研究者用個人的方式來證明研究興趣的意義與價值，研究一般的常模卻認為研究者只能用社會性的用詞與概念來說明研究的價值與意義。這樣的規定造成的後果是：研究文本必須用一種宛如沒有個別研究者，沒有「我」在過程裡的方式來書寫。然而，把「我」灌注到研究文本裡並不容易。

在我們自己關於教師之學校經驗的敘說探究裡，一開始我們倒是覺得把那些個「我」從寫就的文本裡挪除還比較容易些。最初，我們發現持續用第三人稱的方式來敘述教師，如Stephanie，是比較容易的，因為審查者、編輯和提供研究經費的單位認為，我們那些使用個人的「我」所做的敘述很有問題。事實上，書寫「我」，確實創造了一個被說成懷舊的機會；然而，後來我們終究是成功地克服了這個難處，並且也能夠寫出為什麼某些事情具有個人的重要性。

當我們從現場文本轉移到研究文本時，我們就需要準備書

寫「我」了。當我們寫「我」的時候，我們必須要傳達某種程度的社會重要性。我們必須要確認的是，當我們寫「我」的時候，那個「我」是和「他們」發生某種聯繫的。我們會在第九章談到聲音、署名和觀眾的議題時，再把這個議題談得更仔細一些。 123

　　從現場文本轉移到研究文本時，另一個再度浮現的價值辨明問題是：為什麼選擇敘說探究？為什麼不做民族誌？或是紮根理論的研究？為什麼做敘說探究？藉由涉入敘說探究來瞭解現象的特別或獨到之處到底是什麼？對於所感興趣的現象，敘說探究如何能夠符應、擴大或轉移社會性和理論性言論對該現象的說法？我們必須準備好能夠說明：我們從現象中所學到的那些特別事情，是無法透過其他的理論或方法學到的。

　　在我們早期的敘說探究裡，我們經常面對這樣的問題。例如，在 Jean 的博士論文口試裡，有位口試委員問她為什麼會和 Stephanie 一起在她的教室裡生活。為什麼 Jean 不就問一系列的訪談問題來瞭解 Stephanie 的意象。Jean 從她和 Stephnie 一起進行的敘說探究中，學到了哪些事是她無法透過訪談學到的？雖然現在比較少人問我們這個問題了，我們還是認為，對我們所進行的所有研究提出這個問題是很重要的。對於我們想瞭解的現象，敘說探究能幫助我們瞭解，而其他理論或方法所不能的，究竟是什麼？

　　Joy Ruth Mickelson（1995）曾做過一個關於四位母親之經驗的敘說探究，這些媽媽的兒子都被冠上行為異常的標籤。那時，Mickelson 已經在學校裡擔任心理師和社會工作者許多年

了。在她的研究裡，她被要求使用各種心理學和社會學的測量來評估這些孩子，並且要為這些孩子進行合適的教育安置。這個領域裡的社會論述是：評估這些孩子的能力，覺察缺陷，接著做合適的教育安置，以便對孩子進行補救或治療。當時的理論論述大多是取自心理學或教育學，並以學習和發展理論為基礎。關於診斷、評量，和治療那些被認為是具行為困擾之幼兒的研究相當的多。然而，媽媽們的經驗大多是沒有被聽見的，Mickelson 的敘說探究就是定位在這樣的沈寂裡。她的敘說探究之意圖是去聽這些媽媽的經驗故事。藉由傾聽她們的故事，對於那個形塑了教師、行政人員、父母和心理學家，與幼兒互動之回應的缺陷模式，她得以提出質疑。敘說探究使得她不但創造了一個足以顯明母親之經驗，並對母親之經驗有所幫助的研究文本，同時也顯明了社會與理論脈絡之論述，是如何形塑了這些母親和她們的孩子之間的關係。

　　Mickelson 藉由涉入這項和媽媽們一起進行之敘說探究所學到的事，是無法以其他的方式習得的。這層顧慮不只是在研究者開始草擬研究計畫時很重要，當研究者開始從現場文本轉移到研究文本時也十分重要。我們將研究定置在社會的和理論的脈絡中，而關於敘說探究究竟如何闡明這些脈絡，我們必須不斷地提出問題。

　　再回頭來談 Jean 在博士論文口試時遇到的問題。和 Stephanie 一起進行敘說探究的經驗使得 Jean 能夠瞭解教師知識是如何靠著敘說來建構，如何體現在一個人身上，以及如何表現在實務活動之中。如果 Jean 那時做的是訪談研究，就不太可

能建構出上述這種對於教師知識的概念了。

現象（什麼？）

　　敘說探究總是環繞著某種特定的好奇、某種研究的疑惑而被建構出來。通常，我們稱之為研究問題。然而，這樣的語言和用詞，常常錯誤地表徵我們認為真正發生在敘說探究者身上的事。問題（problems）全帶有一種可以清楚界定的特質，並且含有被解決的期望，但是敘說探究帶有的意味，比較是一種尋求，一種"re-search"，一種再度尋求。敘說探究帶有較多將研究持續重新塑形的意義，而比較沒有界定並解決問題的意味。當我們想到敘說探究裡的現象時，我們想到的是回應以下的問題：你的敘說探究是關於什麼？或說，對於你這位敘說研究者而言，你感興趣的經驗是什麼？

　　在我們的 Bay Street 學校研究裡，早期的工作重點是設法瞭解，在老師於學校裡體驗政策實施的場合裡，教師知識是如何被建構的。以上這句話或多或少地摘述了我們在 1980 年對 NIE 提出的研究計畫。就某個層次而言，在任何一個被資助的計畫裡，都會有一個機構所支持的、具公共目的的立論。但是我們在現場的經驗卻導致像萬花筒般的研究疑惑，每一個疑惑都對現象有不同的切入點：學校裡的時間組織如何影響教師的經驗性知識？轉變的政策脈絡如何形塑教師的經驗？教師在教育場景上的定位如何形塑他們界定自身是誰的經驗？如何形成他們的身分認同等等。

　　就某個層次而言，去辨認出感興趣的現象，似乎是清楚而直接的一件事。事實上，當研究生在博士課程裡修讀一門又一門的課時，對於研究問題究竟是什麼的問題，總會以笑容來迴避直接回應。Jean 記得，當好心的老師問她，她的研究是關於什麼時，她試著縮到電梯的角落。老師似乎以為 Jean 可以在電梯從一樓到第十樓時（Jean 終於可以逃離），說出她感興趣的現象是什麼。涉入敍說探究後，Jean 現在瞭解了，說出一個敍說探究關注的現象是什麼，並不是一個容易回答的問題。那並不是在研究開始或提出研究計畫時就能確切、完全回答的問題。當研究者在建構研究文本，一而再、再而三地閱讀現場文本時，現象，即研究中那個**什麼**的部分，就是研究者必須面對的主題之一。為研究現象的命名 2 所做的探索是必須的。Jean 記得，當她試著說出自己所研究的現象（焦點放在經驗與知識上）時，別人給的回應是，她應該研究教師的個人構念、運用這些構念的過程，並進行一教室民族誌研究。她記得自己當時感到疑惑、不確定。然而她很清楚，在建構研究文本時，她必須說出她的研究究竟是關於什麼。

　　比較近的一個例子是發生在 JoAnn Phillion 身上的事。她在研究計畫小型發表會 3 時，很合理地，對自己所研究的現象，她越發感到清楚。在最初為所研究的現象命名後，她半開玩笑地稱呼自己為多元文化女士。然而，當她在一個忙碌的學校、喧鬧的教室裡進行現場工作的過程中，那個現象卻遠離她了。現場經驗的複雜翻覆了原先精準界定的研究問題。作為研究者，我們在界定研究問題時，似乎假定生活是靜止不動，不會

妨礙到我們。但生活並不是靜止不動的；它總是妨礙我們，總是把那些看起來靜止不變的事情變成轉移的、互動的複雜現象。當 Phillion 建構研究文本時，她必須再次地思考，她所研究的究竟是什麼。由於曾被現場的複雜狀況翻覆過，她現在瞭解了，她所研究的不會就是在研究計畫裡清楚說明的那個現象。

　　體認到敘說探究中的現象是一種會移動的場景之後，我們為剛起步的敘說研究者創造了一些空間，讓他們在研究旅程中的不同時間點上，為所研究的現象命名。在修課時、在這些課導出的可能研究計畫發表會上、在研究計畫裡、在他們撰寫期中研究文本時所舉行的「工作進行中研討會」裡、在許多iteration 博士論文和碩士論文裡、在非正式的棕袋研討會⁴、乃至最後的論文口試時，他們都有機會說明他們到底研究些什麼。就某種程度而言，這些情境迫使研究者說出他們還沒完全預備好說出的事情。我們把這些情境看成是，在命名現象時所經歷的不確定高原（plateaus）。

　　在我們對 Ming Fang He 和 Annie Davies 進行研究時所說的事傾聽多年之後，我們看到了她們掌握一個又一個高原時所歷經的掙扎。雖然在她們最後的研究文本裡，Davies 說，她的研究現象是教師協同教學經驗、教師知識的表達，而 He 說，她的研究現象是女性教師從中國到加拿大的經驗，但是這些對研究現象命名的陳述，不到研究完成，是說不出來的。

　　我們要強調，Davies 和 He 的研究裡顯現的研究現象移轉狀況，並不是因為沒有經驗所導致的。我們在設法為研究現象

命名時，也經歷過同樣的，從一個高原到另一高原的不確定移動。

　　現象也會依我們框架它們的脈絡，和我們在脈絡中的研究立場而轉移。例如，當我們把教師知識的現象定置在教室實務的脈絡裡時，某些特質就會特別突顯出來。而當我們把教師知識的現象放在教室裡與教室外的實務脈絡時，其他的特質就會顯得明顯，而另外的一些特質就跑到背景裡去了。當我們定置自己為教室外實務的研究者時，我們對表現於教師實務之教師知識的瞭解，就會和我們定置自己為教室內之研究者的瞭解有所不同。我們的 Bay Street 學校現象，也是沿著個人－社會的面向而轉移。我們早期的研究，焦點在於教師對知識的個人建構，而我們近年的研究則聚焦於教師所工作的教育場域[5]。事實上，三度探究空間的複雜性正是此種轉移狀況的基礎。

　　當新手研究者開始為研究現象命名時，他們有時候會把現象的問題和方法的問題混在一起。在 Bay Street 學校的研究裡，我們原本很可能將研究現象命名為 Stephanie 和 Phil——兩位參與者的名字，或是命名為種族關係政策和語言政策——兩個當時在學校裡運作的教育當局關鍵政策。Davies 也很有可能把她的教師參與者和協同教學的經驗混在一起，而 He 也很有可能把她身分轉移的經驗和她的三位女性教師參與者混在一起。

方法（如何？）

　　敘說探究方法上的問題，有三組必須考慮之處——理論上

的顧慮（considerations），實務的、現場文本導向的顧慮，以及當我們從現場文本移向研究文本時，詮釋－分析的顧慮。在這個部分，我們嘗試分享我們對於這些顧慮的想法，特別著重在從現場文本到研究文本的移動。

一、理論上的顧慮

我們在整本書裡一直想釐清的一點就是，就理論而言，研究者要面對的主要議題就是理出看待經驗的敘說觀點。研讀過其他形式的質性研究而對敘說探究感到新奇的新手敘說研究者，當她們想要在其他研究方法中，針對敘說探究找尋空間時，這個議題就出現了。對於這種釐清、分類研究方法的慾望，我們知道一些，因為在我們把自己所進行的研究視為敘說探究之前，我們也曾整理其他的研究方法，並將這些方法視為研究經驗的許多可能性。有一些看來似乎是類似的理論取向：如，現象學、民族誌、民族方法論和紮根理論。

開始研究教師經驗時，首先，我們做的事是，看看那些在1970 年代晚期和 1980 年代初期，逐漸在校園裡獲得信賴的各種質性研究方法。例如，我們探索了如 Glaser 和 Strauss 所寫的紮根理論方法。我們對於他們提出的想法感到著迷，如以理論取憶[6]、主題、類別等作為閱讀訪談轉譯稿的一種方式。我們也花了時間，透過各種社群來研讀現象學、民族誌和其他的方法。我們探玩（play with）將事件意象化的想法，使用那些被現象學者推廣而普及的方法；我們也探玩用學校地圖來瞭解脈

絡的方法與想法，這是民族誌研究者使用的概念。當我們這樣
128 做時，我們必須對抗那種，迷失在各種方法的驚人之處與繁複
中的衝動。我們發現那種對方法著迷的誘惑，其力量十分強
大，幾乎難以抗拒，這種誘惑似乎威脅著要將我們全然包圍在
那些驅動某種方法的想法和概念裡。當這些方法本身似乎這
麼樣的有趣時，我們就很難時時去想到我們對經驗的研究疑
惑。

　　探詢各種研究方法的旅程使我們明白，這件事雖然很有
趣，但是，以整理、放置各類理論方法作為研究的開端，並不
會很有幫助。新手敘說研究者經常花時間擔憂各類方法論的定
義與程序；嘗試要去定義敘說探究，並且將它與其他的研究區
隔開來；試著在各種他們所接觸到的質性研究方法論架構的行
列裡，為敘說探究找到一個位置。但我們並不鼓勵研究者這樣
做。

　　雖然這樣做對於瞭解各種方法論而言是值得的，對敘說研
究者來說卻沒有多大的重要性。因為，就如我們在第三章裡討
論過的，理論在敘說探究中的位置和理論在形式主義式研究中
的位置並不相同。在第三章，我們曾指出，形式主義式研究者
的研究開始於理論，而敘說研究者則趨向從故事裡活出、說出
的經驗開始。此處我們要指出的是，對敘說探究而言，從對經
驗現象的探索開始，要比從對各類方法論視框之比較性分析開
始，來得有用的多。

　　當研究工作往前行進時，敘說研究者會發現：對於他們的
工作裡某些層面的一些特質，別人會說那是民族誌；對其他層

面另一些特質，別人會說那是現象學的等等。當研究者從現場文本移向研究文本，上述這些理論顧慮，在研究者要理論性地定置研究文本時又會再度浮現。在我們的研究裡，我們把書寫出一種看待經驗的敘說觀點，放在重要、明顯的位置上，而將參與者、研究者對那些脈絡化之經驗、對那些在故事化的場景上活出之經驗的敘說，視為我們的方法論架構。

當我們從現場文本移向研究文本時，我們試著將以下兩樣東西編織在一起：研究者對所研究之經驗的體驗，以及以敘說的方式對於該現象的探索。當我們在 Bay Street 學校做研究的時候，我們把焦點放在敘事性地瞭解教師的經驗，意思是，以三度探究空間的概念來思考他們的經驗，也就是，循著時間的向度、個人－社會的向度，並定置在某個場景中。在我們的著作 *Shaping a Professional Identity: Stories of Educational Practice*（Connelly & Clandinin, 1999）裡，以一系列的研究為基礎，我們呈現出，透過我們稱為**賴以為生的故事**（stories to live by），我們如何瞭解了教師的經驗。

二、現場文本導向的實務顧慮

創造現場文本的實際策略是第七章的主題。我們在第七章詳細地討論了建構現場文本的議題，這裡，我們要提出的是，從現場文本移向研究文本時，那些以某種特別的方式浮現的議題。

在第五章，我們討論了敘說研究者在研究現場請參與者涉

入的各種協商——協商關係、協商目的、協商讓自己變得有用
的方式，以及協商轉移。當我們開始由現場文本向研究文本移
動時，這些協商又再度浮現了。從現場文本到研究文本的轉移
也許會很困難，但卻很重要。作為研究者，我們必須離開緊密
的接觸、日常對話、頻繁的會議，以及彼此一起工作的情境，
開始直接聚焦在閱讀、再閱讀現場文本，聚焦於開始建構研究
文本。但這並不意味著我們和參與者的密切關係已經結束了；
而是，此種關係，從和參與者一起活出故事的緊密度，轉移成
透過研究文本來重述故事。

　　Jean 記得，當她要離開一星期固定三天和 Stephanie 一起待
在教室裡的情境，以便能夠開始書寫研究文本時，那實在是非
常困難。為了讓這種轉移平順一些，Jean 首先試著不再去得那
麼頻繁，或許是每個星期一天。然而，雖然這樣做對於作為研
究者的 Jean 來說是很有道理的，這樣的作法卻干擾了教室生活
的節奏。在她原來固定去的那些日子裡，孩子會問，她在哪
裡；孩子也問，為什麼她只有某些時候來。這樣的經驗幫助
Jean 瞭解：她必須仔細地協商如何從現場離開，就像當初她仔
細地協商如何進入一樣。她必須找出一種對教室生活而言有用
的方式，找出一種合適於仍持續進行之教室生活的方式。她必
須協商出一種和現場的參與者保持關係的新方式、一種能夠容
許她完成建構研究文本之目的的方式、一種維持那種關係的方
式，以及一種對現場而言仍然有用的方式。

130　　　在由 Janice Huber（1999）和 Karen Whelan（1999）進行的
對話群體敘說探究裡，我們也看到同樣的情形。在她們的研究

裡，她們和一群老師、一群行政人員在兩年的時間內定期舉行
會談。當她們開始撰寫研究文本時，這些與對話群體的會談就
變得愈來愈少了。她們遭遇到的困難之一是，如何協商出一種
能夠繼續維持關係，以便能夠和參與者協商研究文本、以便能
夠有集中的時間書寫研究文本的方式。這些都是我們由現場文
本移向研究文本時必須考慮的事情。

　　當我們瞭解到我們或許不只是和參與者墜入愛河，而是和
我們的現場文本也陷入戀愛狀況的時候，事情就變得更複雜
了。有些時候，我們的現場文本是這樣的令人嘆服，使得我們
想要停下來，讓它們自己說話。在仔細和讀者一起閱讀 Davies
的現場文本時，我們已經試著釐清，現場文本包括邀請、動人
的信件、日常對話、故事化的詩，以及其他撼動人心的資料。
但是，作為研究者，我們不能就停在那裡，我們的研究任務是
要從那些文本裡，發現並建構意義。現場文本需要被重新建構
成研究文本。

三、詮釋─分析的顧慮

　　這個議題帶引我們到第三組顧慮，也就是分析與詮釋的思
慮。當我們從現場文本移向研究文本時，現場文本就成了我們
用來詢問關於意義與社會重要性等問題的文本。Davies 的故事
詩、Tom 的口述歷史轉譯稿、每日的現場筆記，它們的意義是
什麼？理出一些可能的意義，為什麼會使得狀況有所不同？這
些問題，就是驅動我們由現場文本轉移到研究文本的一般性問

題，也就是在這個時候，分析與詮釋這些事便成為眼前十分重要的事。如果在我們嘗試與參與者協商出一種保持關係的新方式時，或是在對抗讓現場文本自己說話的慾望時，提出這些問題，就會讓這些問題變得更為複雜。

對於一個有合理範疇的敘說探究來說，建構出的現場文本或許會顯得令人應付不來。有許多組織工具可資運用，如電腦檔案、文件夾、檔案夾、照片收集本，以及其他的工具。如，當現場文本的量漸漸超越可處理的極限時，有時候我們會使用電腦程式來處理。在我們的研究裡，我們已經開始使用Non-numerical Unstructured Data Indexing Searching and Theorizing（NUDIST）。然而，這並不是一種不需要做任何調整就可以使用的程式，因為它似乎是針對比較微觀層次的研究而設計的，例如某些訪談轉譯稿、焦點團體會談的轉譯稿等等。對於那些進行的時間跨越數年、具有大量各類現場文本的研究而言，我們倒不認為這些電腦程式特別有幫助。

在談論該如何處理所有的現場文本之前，我們必須先知道到底有些什麼。就某個層次而言，這是一項檔案處理的工作。我們必須確實一讀再讀所有的現場文本，然後以某種方式整理這些文本，這樣我們才知道我們有的現場文本是什麼。這牽涉到仔細地將現場日記、現場筆記、文件和其他的文本編碼，包括寫明日期、建構這些現場文本的脈絡、涉及的人物，或許還包括所要面對的主題等等。

對我們而言，考慮有些什麼資料——也就是，檔案處理的顧慮——會將我們帶回在三度敘說探究空間裡定置現場文本的

議題，這是我們在第六章已經談過的事。當我們考慮到在研究空間裡定置現場文本的問題時，我們就開啟了分析的問題。然而，分析的問題不僅僅是這項困難的定置任務而已。雖然在某些人心中，敘說探究只是一種敘說並寫下一個故事的過程，再加上研究者和參與者的一些反思性評論；但是這個從現場文本轉移到研究文本的過程，實際上遠比這種說法要複雜的多。敘說研究者必須花費許多時間一讀再讀現場文本，以便對於不同類的現場文本到底包含些什麼，建構出一個按時間排序的、或摘要式的敘說。雖說初步的分析處理的是下列的事情：人物、地點、場景、情節、張力、結局、敘說者、脈絡、語調等；但是，在研究者堅持不懈地進行閱讀時，這些事情就會變得愈來愈複雜。心裡想著敘說分析的用詞，敘說研究者開始將現場文本做敘事式的編碼。例如，現場文本裡出現的人物名稱、行動與事件發生的地點、交織與相互連結的故事線、變得明顯的鴻溝或沈默、浮現的張力、出現的連續或不連續等等，這些都是可能的碼名。當敘說研究者投入這樣的工作，他們也開始找出現場文本與其他文本間的不同關係。

然而，對於意義與社會重要性等問題的回應，才是最終將現場文本形塑成研究文本的關鍵。這些問題同時也形塑了研究裡的分析與詮釋。一般而言，現場文本並不是帶著反思的意圖而建構出來的。它們貼近經驗，趨向描述性，而且是環繞著某些事件而成形。現場文本有一種記錄的性質，無論是聽覺的或是視覺的。研究文本卻與現場文本有段距離，而且是從不斷地詢問關於意義與重要性的問題中衍生的。就像 Carr（1966）舉

132

出的「成千成百」小糖果的例子所顯示的，研究者建構研究文本時所做的，是在某項個人經驗裡或是跨越幾項個人經驗，是在社會場景裡，尋找模式、敘說線索、張力、以及主題。例如，在 Davies 最後建構的研究文本裡，她找出某種方法來敘說每位參與者協同教學那一年的故事，其中也包括她對自己的故事的敘說。這些都是對於經驗帶有豐富細節的敘說，而這些敘說是從現場文本取材，來重述每位老師的故事。但她同時也建構了一個研究文本，呈顯出專業主義的社會性敘述，是如何形塑了專業知識的場景、如何形塑了教師的遮蓋性故事（cover stories）[7]。在她的研究文本裡，因著所建立的關係，她能夠寫出具有穿透力的故事，也就是在這樣的關係所創造出的空間裡，教師得以述說並活出她們的故事。

我們可能會很想把從現場文本移向研究文本時所做的分析與詮釋過程，看成一系列的步驟。但是，敘說探究並不是這樣的。協商是從開始到結束都會發生的事。當別人對我們寫出的東西提供意見，或是我們又建構出更多的現場文本以發展修改過的故事之重點時，情節也就持續地被修改。

從現場文本移向研究文本還有其他方面的複雜度。不會有平順的轉移，也不可能一次就把所有的現場文本聚集、整理過，然後完成分析。現場文本擁有廣博而豐富的潛力——一再被探究的潛力。帶著研究者自身重新故事化的生活，帶著新的研究疑點，並再度在文本中尋索，我們會一次又一次地回到現場文本來。例如，對於在 Bay Street 學校所建構的現場文本，我們原本的研究意圖是瞭解教師如何以意象的形式持有教師知

識。幾年後，當我們想要瞭解，表現於實務的教師知識，如何
由學校時間循環與教師具象化的實務節奏兩者交錯而形塑時，
我們又回到那些現場文本。目前，我們正在重新閱讀已經歸檔
的 Bay Street 學校現場文本，這一次所帶的意圖是，去瞭解學
校在經過一段時間後的轉變。而且這一次我們也不是自己閱讀
這些現場文本。其他的研究者和我們一起工作，一再地反覆閱
讀這些現場文本——這些似乎已經有了自己的生命的文本。這
些新加入的研究者，在不熟悉那些現場文本的主題、時間、與
所描繪的人物的狀況下，把他們自己的生活、自己的故事帶入
現場文本中。無論我們是自己，或是和新的讀者一起閱讀這些
現場文本，將現場文本形塑成研究文本的那些模式、敘說線
索、張力和主題，是如何被創造出來的呢？是由書寫者下列的
經驗創造出來的：一再閱讀現場文本、把文本以不同的方式組
織排列、帶出他們過去的經驗並將這些經驗與現場文本並置、
以其他的研究或理論為脈絡來閱讀現場文本。

　　漸漸學習成為敘說研究者時，我們便瞭解到：沒有一次就
能把現場文本放在一起形成研究文本這回事。我們發覺自己經
常會寫出各種不同類的**中期文本**（interim texts）——介於現場
文本與最後的、出版的研究文本之間的文本。在我們的研究工
作裡，我們曾經實驗過許多書寫中期文本的方式，大部分都是
用來與參與者分享與協商用的。

　　這些中期文本有許多不同的形式，而且也依著環繞著研究
生活的狀況，特別是研究者的研究與學術生活，而有所不同。
有時候，這些中期文本也形成研究過程的一部分——也就是

說，它們成為研究者得以到現場進行協商的東西。例如，在Jean 的博士論文研究裡，她刻意地將一系列她稱為「詮釋性敘述」（interpretive accounts）的文本帶入研究過程裡，這些敘述是她用來與 Stephanie 協商初步的詮釋用的。Davies 也把類似的過程帶進研究裡，但是她的文本是用一種較能聯繫關係的、書信形式寫的。這兩份文本還有另一個層面的不同：Jean 希望她的詮釋性敘述成為最後的研究文本的一部分；而 Daives 卻沒有這樣的意圖。Davies 的中期文本，是她還在寫現場文本時，幫助她與參與者在當時仍持續進行的對話用的。另一種看待這兩種中期文本的方式是：在 Davies 的研究裡，這些中期文本比較接近她的現場文本；而在 Jean 的研究裡，中期文本比較接近她的研究文本。

　　以上描述的，Jean 的、Davies 的中期文本，都是持續進行之研究的點點滴滴。常有的狀況是，研究者在某項研究之外的學術生活，也會導致中期文本被寫出來。這些啟動的因素可能來自實務，也可能來自理論。Phillion 寫出的第一組中期文本就是因為她在一項學術會議中發表談話而產生的。這些資料是以一種口頭報告的形式呈現，而且在發表前已經和參與者協商過。這項會議發生的時間點正好落在 Phillion 還在現場的時候。雖然那個時候她已經建構並收集了一些現場文本，但是她還想在現場待久一點。對她而言，那些中期文本只是取材於早期的現場文本而寫成的。無論如何，我們學到的是，中期研究文本的書寫，經常在一開始建構現場文本的時候就開始了。

　　中期文本會在研究過程的不同時間點，因著不同的目的被

134

寫出來，而且它們通常有不同的形式。除了信件、詮釋性敘述和發表的文章外，我們也實驗過書寫那種，針對某些事件，圍繞著一個概念或顧慮而發展出的故事性敘述。從我們的研究工作裡可以舉出三個這種故事性敘述的例子：一是紀律板凳的故事，後來被用成一本書裡的一章；一是 Bay Street 學校校長個人哲學的故事，其後出現在一篇文章裡；還有一個關於學校課程資源中心的故事性敘述，則從來沒有出版。我們當時使用最後提到的那個敘述，是要釐清那所學校在發展資源學程時，所展現出的理論－實務關係。當我們要把這份敘述帶給兩位資源老師看時，我們心裡覺得特別地緊張。無論如何，當我們和她們協商這些敘述時，她們頗同意我們在敘述裡描繪她們的方式。而且，透過對自身的焦慮和顧慮的反思，對於由現場文本轉移到研究文本的過程，我們學到了更多。在這個例子裡，我們在創造研究文本時並沒有進一步地使用這份文件。有時候，或許經常是如此，中期文本（在）達成從現場文本轉移到研究文本的功能後，並不會出現在研究文本裡。

　　和兩位資源老師分享中期文本（那是我們第一次做這種事）所引發的焦慮和顧慮，教導我們許多關於從現場文本轉移到研究文本的事。當研究者開始進行分析與詮釋時，這項轉移充滿了不確定。並沒有那種每項研究都能照著走的清楚路徑。環繞著每項研究的狀況、所建立的關係、研究者的研究生命，以及各類中期文本與最後之研究文本的不同適切度，凡此種種都意味著研究經常是充滿疑惑的。發動無數次的無效開端時，我們便經歷著這些疑惑與不確定。當我們開始書寫中期與最後

的研究文本時，我們或許會嘗試寫出某種研究文本，繼而又發
135 現它不能掌握我們心中的意義，發現它沒有生命而且缺乏我們
想刻畫的精神，發現研究參與者不覺得這些文本捕捉了她們的
經驗，或是發現研究文本對預期中的聽眾而言是不恰當的。於
是，我們再試著寫出其他類型的文本，然後持續地建構文本，
直到我們找到對我們而言，可行而且能夠達到我們的目的的文
本。這些對於敍說形式無可避免的實驗，會在第九章裡談得更
詳細。

　　我們兩人都記得開車到 Bay Street 學校去和資源老師分享
第一份中期文本時感受到的緊張與焦慮。除了疑惑外，還有驚
慌，或至少是，相當程度的緊張。敍說探究裡最刺激的時刻，
永遠是和參與者分享研究文本的那一刻。我們的顧慮是，寫出
的研究文本會不會改變研究者與參與者的工作關係。在這份顧
慮背後的害怕包括：害怕失去研究地點，害怕失去研究者與參
與者之間的友誼。和參與者有著密切關係的研究者，不會希望
任何的研究文件傷害了參與者。即便到了現在，對擔任敍說研
究者已有多年經驗的我們而言，每次我們和參與者分享研究文
本時，都會如第一次般地再度重新經歷這些顧慮。

　　作為敍說研究者，這些顧慮使我們回到與參與者協商關係
這件事上。這種在研究現場、現場文本和研究文本間持續來回
往返的感受，只要我們協商跟研究有關的事時，就會存在。

理論與文獻

　　以上，我們已經簡要地談論了從現場文本移向研究文本時，如何在三度探究空間裡定置現場文本。這是我們考慮的一種定置方式。另一種在由現場文本移向研究文本時顯得重要的定置方式是，將探究工作定置在社會脈絡與理論脈絡中。思考自己的研究時，我們會仔細地考慮定置的問題，因為我們知道不同的學術社群通常會以某些特定的言談為框架來閱讀著作。例如，有時教育學術社群會以學科來作為框架，如語言教育、科學教育。有時候這些框架是以學門來劃分，如教育行政、教育心理學。有時候，框架是依議題而定，如學校改革、融合教育（inclusive education）。不管我們對這些被框架的言談之感受為何，作為敘說研究者，我們需要留意如何為我們的研究成果定位。

　　在思考如何社會性與理論性地定置我們的研究時，我們使用對話作為隱喻。我們問自己想參與哪一種對話。例如，我們早期進行敘說探究時，我們將 Bay Street 學校的研究定置在以下的大問題裡：從使用知識的觀點來看，理論與實務如何在學校實務裡發生關聯。我們寫出研究文本，意圖加入關於教師知識的認識論與實體論之對話。後來，我們再次定位這項研究時，意圖則是加入關於學校改革的對話。

　　由現場文本移向研究文本時，另外還有個變得特別相關的顧慮，它也是一種關於定位的思考——那就是，把研究工作定

136

置在其他思潮、研究方案和意識形態的脈絡裡，看看它們之間的關係。雖說這個顧慮在我們構思研究計畫時是很重要的，但是當我們開始在現場工作、開始建構現場文本時，它就退到背景去了。當我們由現場文本向研究文本移動時，它就又浮現了。前面我們提到，在開始撰寫研究文本時，社會重要性的問題會再度出現。我們會問：我們想要涉入什麼樣的學術對話。這件事，必然會要求我們將自己的研究定置在其他研究之間。

例如，我們在 Bay Street 學校的早期工作裡，我們對於瞭解個人知識這件事有極高的興趣，因而我們從 Polanyi（1958）、Johnson（1987）和 Code（1991）的作品裡找到很豐富的、關於個人知識的哲學文獻。

閱讀了這些哲學文獻後，我們回到了當時正迅速增長的、以個人來界定教師知識的教育研究文獻。我們檢視了這些文獻，以瞭解「在研究個人的研究裡，到底什麼是個人的」，並使用這個想法，把我們自己對教師知識的瞭解，在其他思潮的行列裡，定位為個人的實務知識。如果敘說研究者想對社會重要性的問題有所貢獻的話，將研究做這樣的定位是必要的。

想寫的文本類型

從現場文本移向研究文本時，我們最後要關注的一項顧慮是：我們想寫出哪種類型的文本。雖然我們會用第九章來討論
137 研究文本，此處我們還是想先強調一些浮現出的議題。就像我們在這一章已經說過的，在建構公開的研究文本的過程中，我

們可能會寫出許多各類的中期文本。我們也注意到了，當我們
實驗著各種書寫形式時，可能會有數不清的無效開端。第九
章，我們會處理聲音、署名等內在狀況，以及研究目的、敘說
形式與聽眾等的外存狀況。

　　當我們從現場文本向研究文本轉移時，我們開始瞭解到，
有許多可能的形式可以表徵我們的研究文本。我們通常先探索
個人偏好的形式。我們也建議你做類似的事。例如，你喜歡讀
回憶錄嗎？或是辯論？照片集子？詩？報告？戲劇？問你自己
這些問題、看看你的書架上有些什麼、研究一下你在圖書館借
書的模式。要回應想要寫出哪種類型的研究文本這個問題時，
上述這些方式都是幫助你形塑答案的方法。這樣的探索會開啟
許多可能性，經常也會使你想出新奇而撼動人的方式。而這些
方式，如果不做前述的探索，可能是想不出來的。

　　當我們準備好，可以開始建構研究文本時，我們通常會閱
讀那些我們覺得特別具思考力的研究者與作家的作品。我們閱
讀關於寫作的書，如 Natalie Goldberg 的 *Writing Down the Bones*
（1986）和 *Wild Mind*（1990），Annie Dillard 的 *Writing Life*
（1987）。這些書使我們的心智向新的可能性開展，並幫助我
們面對關於虛擬、表徵多重聲音、編織各種文類（如現場日
記、轉譯的談話、照片）等問題的疑惑。我們將在接下來的第
九章談論這些以及其他與研究文本的顧慮有關的議題。

譯註

譯註 1： 本書出現的 justification 一詞，很難以通用的華文辭彙
表達。筆者因而採取比較累贅的譯法，有時以比較多
的字眼來說明它的意思，即「說明進行某事之理由、
重要性與價值」；有時則譯為「價值辨明」。

譯註 2： 即說出自己的研究主題是什麼。

譯註 3： 在 University of Alberta，論文計畫口試之前會先舉行
proposal hearing。在這個大家都可以參與的小型研討會
裡，首先由研究生發表自己的計畫，接著便開始由與
會者提問，進行討論。時間約為一個小時。正式口試
則不開放讓研究生與口試委員之外的人參與。

譯註 4： 指帶著輕便午餐（通常裝在棕色紙袋裡）的非正式聚
會。

譯註 5： 此處將 landscape 譯為場域。

譯註 6： theoretical memos 徐宗國譯為理論性摘記。

譯註 7： 此處的 cover story 並非一般所說的封面故事，而是那
些掩蓋住較複雜、較真實之生活層面的故事。

9

建構研究文本

　　這一章裡，我們將走過我們稱之為「來來回回」的過程，也就是對敘說研究者而言，書寫研究文本的歷程。

介紹

　　在這一章，我們將討論的是，書寫過程的開端如何將研究者帶回形式主義和化約主義的邊界。我們將檢視在這些界限裡生活所創造出的張力，這些張力在建構研究文本時是必須要面對的。我們也將探索記憶在建構研究文本時的位置，以及處理「不確定」這種情況時必要的工作。在大多數的情況下，進入現場前很清楚的那些研究目的，大都已經轉移或改變了，這使得研究者對於研究文本裡的目的該怎麼寫感到疑惑。在這種不

確定中，必須仔細考慮的議題有：聲音、作者署名（signature）、敍說形式和讀者。這一章的最後一部分，我們將探索，為研究文本選擇最好的敍說形式這件事的複雜度。我們將分享兩位敍說研究者走過這些抉擇的旅程。

139 書寫開始時體驗張力

　　開始書寫研究文本的時刻是充滿張力的時刻。一方面，有那種和離開現場、不知如何處理大量現場文本相關的張力。另一方面，當我們考慮到讀者，以及，考慮我們的文本是否能和讀者溝通，或是考慮用哪種方式能使我們的文本和讀者溝通時，也存在著張力。我們向內思考關於聲音的問題、關於究竟我們能否捕捉並再現自身和參與者所分享的故事時，張力也是存在的。我們向外思考關於讀者和形式的議題時，也有張力。當我們考慮如何表徵在某個地點裡進行的研究之脈絡性時，張力也會出現。

　　我們知道我們不能忽視環繞著敍說探究的張力，而選擇只把焦點放在某個向度上。我們不能太聚焦在過去，也就是現場和現場文本，卻不考慮未來——即讀者和這項研究成果對社會和個人的影響力。如果我們建構研究文本時，沒有對現場和現場文本投注足夠的注意力，我們就可能寫出一個和研究經驗失去聯繫的文本，一個只滿足了研究者的興趣與動機，卻和參與者的經驗沒有明顯聯繫的文本。我們也不能太聚焦在聲音的議題上，只想捕捉我們與參與者一同經歷的經驗，卻不顧慮我們

為誰而寫，不顧慮這研究對那些潛在讀者可能有什麼意義與重要性。這些研究者建構研究文本的張力，也就是我們試著將研究定置在三度敘說空間時所體驗的張力。

要開始這一章的時候，讓我們停下來，回頭看看我們寫過什麼。敘說探究之研究文本的作者所擁有的是，各類故事化的現場文本總匯。每一份現場文本，就某種程度而言，都是個別的、疏離的文本，帶有自身的敘說性質。有些可能比其他的更為故事化；而在某些現場文本裡，故事的性質是比較隱含，不是明白表出的。由於這些現場文本是在三度敘說探究裡被收集、被定置過的，這整套文本，就整體而言，具有把研究現場的敘說較完整地再現的潛力。敘說研究者此時面臨的任務是，找到一個方式來選擇，並將現場文本合適地放在一起，以形成一個整體的敘說文本。根據三度敘說空間的概念，作者嘗試建構出這樣的文本：同時往後、往前看，同時往內、往外看，並 140
將經驗定置在某個場景、某個位置裡。

在邊界書寫研究文本

繼續談論在三度敘說空間書寫研究文本的議題之前，我們將回到在某些邊界（於第二、第三章裡介紹過的）裡生活的張力議題。在化約主義與形式主義的思考邊界裡進行敘事式的思考所引發的張力（或緊張狀態）——在研究初期會顯得重要與明顯——到了現場則大部分都看不見了。研究以自己的概念與方式進行。一直到了要建構研究文本，到了要與讀者建構聯想

式的對話（無論是想像中的或意欲的）時，研究者的敘事概念
才又開始和第二、三章所介紹的化約、形式概念發生摩擦。我
們在那兩章裡曾經指出：這些其他類型的概念是每個人心智世
界的一部分，他們並不只是某些人在邊界上的辯論性概念；這
些概念是所有人的一部分。

一、在形式主義的邊界書寫研究文本

Mary Shuster，以兩年的研究工作為基礎撰寫博士論文（關
於宏都拉斯第二代移民女性教師）時，發現她自己曾在研究一
開始時，關心起這些教師的社會與經濟地位。雖然持續進行的
現場工作只牽涉到三位參與者高度個人化的故事，她察覺自己
必須抗拒一種衝動，那種想要選擇某些現場文本來建構一些個
案，並以這些個案來顯示參與者的社會所具有的種族、性別歧
視態度的衝動。她發現自己想要寫出關於那個不友善的、霸權
社會結構的揭露式敘說。

在以這項可能的書寫計畫為主題所進行的論文研討裡，我
們察覺的情況似乎是，如果要寫出以社會結構為主題的形式主
義式文本，那麼進行另一種研究應該會更有力。再說，如果她
真的要繼續寫出這樣的文本，她也會察覺到，她原來想要讚揚
的參與者，在某種程度上將會變成次要的角色，變成用來顯明
社會不平等的示範性角色。Shuster 也知道，她的現場文本顯
示：人生活中的細微差別常會粉碎那些種族與性別的類別範
141 疇。種族與性別的分類，一般而言是行得通的；但是對她的參

與者而言並非如此。例如，有位參與者將她的家庭描述為，對所有孩子都同樣看待的家庭。然而，性別類別隱含著的意思是，在信奉天主教的宏都拉斯移民家庭裡，女孩是被壓迫的。當我們透過密切接觸，認識參與者這個人，而不是只是某項類別的代表時，那個類別就粉碎無用了。但是Shuster的問題存在於，她希望她的參與者能夠生活在一個更好的世界裡。她想，如果她能夠顯示出那個社會是如何地使得那些種族與性別偏見恆常存在，那麼，對於她所感知的、那些參與者所處的某些不愉快處境，是會有所幫助的。因此，她會有那種衝動，想要寫出會把參與者蓋掉，僅把參與者視為代表人物的形式主義式文本。

　　這樣的情況必然會有相當程度的張力。因為一方面她想要讚揚參與者；另一方面她又想把參與者的經驗作為背景，將她們視為某種形式主義式類別的範例，以此來批判社會結構。她需要的是，找出一種方式，用故事化的方法來再現他們故事化的生活，而不是將她們故事化生活表徵為某些形式主義式類別的例子。

二、在化約主義的邊界書寫研究文本

　　對於其他，或許是許多人而言，建構研究文本時，敘說和化約主義式用語之間的相互作用，會以兩種或更多的方式製造出張力。第一種方式牽涉到記憶，以及記憶在敘說探究中的位置。例如，有時候現場文本超越了研究者合理處理它們的能力——可能是筆記太多，也可能是這些文本還沒有組織得很好—

一以致於在書寫時，研究者僅訴諸對現場經驗的記憶，不引用現場文本，而建構出一種對記得之事件的陳述，來支持研究文本裡的某些論點。或許也可能是（大多數都是這樣的情況）：研究者使用的是記憶性的記錄；例如，讓參與者回憶他們的敘說式歷史來進行訪談。另一種例子是不藉助於現場文本，只憑藉記憶來書寫自傳性的研究文本。在上述這三種情況裡，記憶大多具有一種事實性的、粗糙的性質。例如，參與者可能會說，他記得童年是某種樣子，但是他也曉得，和他的姊妹或與其他人討論時，不同的家庭成員對某些童年事件的理解與記得的方式，似乎有所不同。如果不回到現場文本，研究者可能會142 將參與者的童年再現成只有單一版本的樣子。原來在現場經驗裡那些具有細微差異的、詮釋性的表徵，卻在研究文本裡變成一種確認的事實，成了一個東西。這樣一來，原來具敘說性的現場文本，在研究文本裡卻被化約成實證的事實。這樣的化約形式在自傳性的文本裡是很常見的，於其中，作者描述一個早期事件或感覺的方式，就好像它們確實是如此似的。但是，記憶是選擇性的，記憶會在經驗的連續性中被形塑、被重述。

Ivan Schmidt 的故事呈現了建構研究文本時，在化約主義的邊界以上述第二種方式產生的張力。Schmidt寫的博士論文是關於一些人成為社會工作者的經驗，經過幾個月與五位社工的對談之後，他發現自己開始擔心起如何書寫研究文本的事情。他和這些社工一直持續進行的現場工作，是高度個人化的。他和他們談話，傾聽他們那些在家庭中長大、花費數年在學校裡、在各種非正式的場所服務一些家庭與兒童、換了一種工

作、覺得不滿意又換工作的故事。他們在一起說故事、一起看
參與者的生活相簿、一起分享參與者過去的信件和日記。

　　當他開始思考研究文本時，他一方面想要創造出一種富含
多種文本的研究文本，這樣的文本能夠表徵出，導致這些社工
人員以成為社工來謀生之故事的複雜經驗敘說。但是在另一方
面，他因為感受到必須說些通論的張力，所以他也想寫出一種
能夠創造出橫跨五個經驗敘說之主題的文本。然而，他也意識
到，如果要寫出通論式的主題，進行另一種研究可能更為適
切。如果他屈服於上述的張力，寫出概論式的主題，他將會失
去經驗敘說的豐富性，同時也無法獲得期望的通論性質，因為
他只有五位參與者。如果他屈服於寫出能夠彰顯參與者經驗之
獨特敘說的張力，他又擔心他的研究會被那些以比較化約主義
式的方式進行研究的人判定為不夠好。此處的確存在著張力，
因為他既想要彰顯參與者的經驗，又想創造出關於社工如何決
定成為社工的通論。

　　Schmidt面臨的張力，代表著化約主義式概念對書寫敘說探
究文本的入侵。當作者疑惑著，究竟要寫出以個別章節來描述　143
參與者之迷你傳記的研究文本，或是檢視參與者間之共同主題
與元素的研究文本時，這種侵略就變得明顯起來。對於那些和
三位參與者進行研究工作的博士班學生，當他們疑惑著：如果
採取一組共同的分析概念，是否能夠創造出一些主題來做參與
者的橫向分析，我們一點也不驚訝。這些作者想像他們自己寫
的是通論式的文件，其中，某些線索構成通論，而參與者則褪
成支持性的角色，就像 Schmidt 的例子顯示的。這種化約，一

種向下濃縮成某些主題的化約（而不是向上形成某些形式主義
式的、包容萬象的類別）會生產出一種不同的文本，於其中，
參與者的角色也會有所不同。

書寫、記憶與研究文本 ✍

　　以上，我們約略提到記憶、現場文本與研究文本之間的關
聯。看待現場文本的方式之一是，將它們看成記憶路標（me-
mory signposts）。閱讀現場文本使我們得以接通、汲取關於現
場經驗的種種記憶。就某個程度而言，真的是如此。但是現場
文本除了是記憶路標，也是記憶轉化器。首先，現場文本的書
寫形塑了經驗。再者，當我們一再地閱讀現場文本一段時間之
後，它們漸漸地不再是現場經驗的路標，而成為經驗所留下的
所有東西。現場文本，當然還有那些可能寫出的所有中期研究
文本，大部分都是現場經驗遺留下的東西。

　　現在，當我們回到已經有二十歲的 Bay Street 學校現場文
本時，我們試著記起並對彼此敘說 Bay Street 學校經驗的故事。
有時候，我們能成功地進行這種記憶工作。我們察覺自己使用
那些我們認為是被現場文本啟動的記憶，來潤飾現場文本。就
大部分的情況而言，如果沒有現場文本記錄，這些事件本身是
不可能被提起的，至於記起時會帶有的豐富經驗感，那就更不
用說了。無論如何，大部分的情形是，現場文本就是那些個殊
的情況與事件遺留下的所有。Dillard 寫道：「如果你珍惜記憶
的話……別寫回憶錄──書寫一個經驗的行動會花掉你（比經

驗本身）更長的時間，而且也比經驗本身密集得多，因而留給你的只剩下你所寫的，就像是你在假期裡拍攝的快照變得比你的假期更真實。這樣子做等於是拆解了記得的真實，並且以一個新的真實取而代之。」（Zinsser, 1987, p. 27）

144

　　如果有大量的現場文本（在敘說探究裡並不是不常見的），那麼考慮如何處理現場文本是很重要的。有時候，人們使用電腦檔案和編碼系統。無論在過程中有沒有使用電腦，記憶都會扮演一個角色。如果現場文本不是多到無法掌控的地步，對於使用電腦編碼和沒有使用電腦編碼的研究者而言，記憶在他們建構博士論文的研究文本時，所扮演的角色可能是類似的。但是，如果在幾年後的後續研究裡使用現場文本，就像我們回到 Bay Street 學校的現場文本一樣，情況就會有戲劇性的不同。之所以如此，大部分是因為記憶的角色所致。對於那些沒有進入電腦檔案、沒有在電腦裡編碼並分類的現場文本，會發生以下的情形：鉛筆所記錄的筆記褪了色，脈絡性與相關性的筆記遺失，而碼與碼之間的關聯消失了，怎麼樣也記不起來。但是電腦化的記錄會留下來。如果沒有電腦化的檔案，研究文本似乎就可能是記憶所留下的全部或說，幾乎是全部。如果沒有電腦檔案，很難想像將來還可能建構出另一種研究文本。但是如果有電腦化的記錄，記憶不但會居留在建構出的研究文本裡，也會存留在電腦化的現場文本裡。

　　就我們看來，用非電腦化的方式來組織現場文本並沒有什麼不對的地方。這樣的現場文本同樣也可以維持長久，足以將現場經驗聯繫到現場文本，再聯繫到書寫一個主要的研究文

本。然而，我們確實想力勸那些看著未來、穩固紮根於過去的研究者，要使用當時最好的科技來記錄並組織現場文本。雖然我們才剛開始使用 NUDIST，我們確實是在電子化文書處理方式一開始時，就使用了文字處理的軟體程式，像是 Microsoft Word。

在不確定中書寫研究文本

在第五章和本章開始時，我們將敘說研究者描述為處於三度敘說探究空間之中，研究者總是沿著時間、地點、個人和社會的向度置身於某處。再者，我們將自己看成置身於一組相互套疊的故事之中——我們的與他們的。我們和我們的參與者是一起置身於其中。同樣地，置身於其中也說明了敘說研究者書寫研究文本時所做的事的特徵。然而，在書寫研究文本時置身於其中，可能，幾乎總是會，和在現場時置身其中有不同的感覺。或許無可避免地，和進入現場時相較，研究者在書寫研究文本時，對於自己正在做什麼、想要說什麼，顯得較沒有信心。很肯定的是，和現場經驗（如果是成功的）開展的時候相比，研究者在此時對自己比較沒有安全感，也比較不安。

在第三和第八章，我們討論了理論在敘說探究中的角色。我們提到理論在實務的所在，也就是在研究地點，扮演了一個有些含糊不清、令人困惑的角色。那些從某個距離觀看時原來很清楚的事情，那些在現場工作開始前，以理論的概念看來可理解、可觸及、可詮釋的事情，在面臨每日的現場經驗時就不

再那麼精確了。Shuster，在前面提及的研究裡，原先不但想用種族和性別的概念來詮釋他的參與者，同時也在開始進行研究時，用那些概念來思考。宏都拉斯和加拿大這兩個國家裡性別關係運作的狀況，以及加拿大既有的文化態度，若從她對這兩者的理解來看，她的參與者是可以代表那些理論類別——這件事原先對她來說是很清楚的。但是現場經驗卻摧毀了此種簡易的瞭解。這樣的事情對敘說研究者而言似乎是一種反諷，因為敘說研究者在長時間密集投資心力在研究上之後，卻比進行研究之前對自己更沒把握、更不清楚他們必須說些什麼。照理說，研究經驗應該是會使得事情變得清晰；但大部分的研究者在開始書寫研究文本時卻沒有這樣的感覺。

作者的不確定，部分來自他們知道了一些事，以及他們對某些參與者的關切。抽象的理論類別在研究之前可能是至高無上的，但是在書寫研究文本時，研究者會發現：參與者，以及與他們的關係才是關鍵。研究者漸漸地會學到：人們永遠不會只是（也不會十分接近）任何一組特定的理論概念、類別範疇或名詞。他們是富含複雜性的人。他們是在故事化的場景裡活出故事化生活的人。

敘說研究者的疑惑有部分來自，他們瞭解到必須寫出的，是人、地點和事情**成為的過程**而不是**現存的狀況**。他們的功課比較不是說人、地點和事情是這樣或那樣，而是說他們有一段敘說歷史而且正在往前行進。敘說探究文本根本上是一種時間性的文本——關於過去曾經如何、現在如何，以及將成為如何。作者必須找出方法來寫出那種**定置於某處**的文本，不是抽 146

象的，而是定置的。而那個某處，同樣地，也需要被看成是處於一種成為的狀態。就像 JoAnn Phillion 寫到她和 Pam 在 Bay Street 學校的生活時所做的：她寫的 Bay Street 學校是有歷史的地方，一個現在存在的地方，一個正向未來學習的地方。而定位於某處的 Pam，其實也是處於時間的變遷中——這變遷是一個被過去所決定的複雜事件，並且正以極端不清楚的方式，決定著未來。

　　另一個導致作者之不確定感的、令人困惑的事情是人、地，與現在、過去、未來的脈絡，兩者之間的關係。光是把 Bay Street 學校做時間性的定置是不夠的。Phillion 必須把 Bay Street 學校定置在它的脈絡裡，這脈絡本身也有敘說性歷史——即社區及社區如何發展、加拿大及其歷史、移民和保護難民的政策。Pam 和 Phillion 兩人都在關係中，而她們也在彼此的脈絡裡。再者，她們倆人也都在各自的脈絡裡。所有這些有趣的脈絡，對於瞭解研究而言是具有影響力的。例如，Pam 的脈絡（Phillion 的也是如此）的一部分是 Bay Street 學校的脈絡。而 Pam 在 Bay Street 學校之外，也有她自己的生活，一個帶有與她的教學相關之歷史的生活。Phillion，一位發展中的學者，也還有另一個具有自己歷史與未來的脈絡。像 Phillion 這樣，在建構研究文本過程中的敘說研究者，如何從處於某種關係、處於某種脈絡而且仍在形成中的人、地、事所萌發出的張力中，創造出情節線路？

　　難怪研究文本的書寫是如此令人困惑。在三度探究空間裡，作者需要在腦裡想著、在紙上寫出這麼多看似分開但卻有

緊密相連的事情。作者們知道,光是將個別部分加以命名是不夠的。命名不能構成學術水準。當作者為意義與重要性的議題而掙扎時,所有的這些部分都必須要在腦海中。當研究者試著尋找方式來傳達他們與參與者一起經歷的故事(活出的與被說出的)時,這一切就變得更複雜了。必須要關注的是,聲音、署名、敘說形式,尤其是讀者等議題。現在我們就簡短地來處理這些議題。

一、聲音

就其最廣博的意義而言,聲音或許可以被視為屬於參與者、研究者、其他參與者和其他研究者,而文本就是在為這些人說話。關於聲音,文獻頗豐富而且仍在發展中。在敘說探究裡,由於研究者和參與者有某種關係,聲音的議題對雙方而言都會產生。研究者建構研究文本時面臨的兩難處境之一,可用活在邊緣這個類比來描繪。研究者嘗試在以下的情況下保持平衡:也就是,在一個用來敘說參與者之故事經驗的研究中,研究者同時必須掙扎著如何也表現自己的聲音;在表徵參與者的聲音時,研究者如何能夠創造出也能對讀者說話、對讀者的聲音反思的研究文本。聲音,以及由於顧及聲音而帶來的兩難處境,總是可以運用判斷來釐清。研究者總是以部分裸露的方式說話,並且真心開放地面對來自參與者與讀者的合理評論。不過,面對因著某種表達聲音的方式而引來的評論,有些研究者卻噤聲不語,全然不談。

147

　　環繞聲音議題的，還有其他的顧慮。有一項關鍵的顧慮是聲音的多重性，對參與者與研究者而言都是如此。我們不需要把參與者看成是只有單一聲音的人；她們也不是只受制於一種理論結構或行為模式，而看來只有單一面向的人。我們，以及我們的參與者，都會生活出並敘說許多的故事。我們都是具有多重情節線路的角色，從這些多重的情節線路中說話。當我們嘗試捕捉這種多重性時，我們需要顧慮那些聽到的，以及沒聽到的聲音。或者，如果用另一種方式來看待聲音，我們可能會用某種方式來容納某位參與者的聲音，而這方式卻導致研究文本的脈絡模糊，壓抑了那位參與者聲音的某些重要部分。作為研究者，我們也同樣掙扎著要以多重的聲音來說出我們的研究文本。我們的沈默，包括我們所選擇的與我們沒有察覺到的，也是研究文本中對聲音的顧慮之一。

二、署名

　　在轉化現場文本成研究文本的書寫過程裡，聲音和署名（signature）是緊密相關的議題。當沈默的簾幕被掀起，作者知道她或他想說些什麼，而且感受到聲音的力量時，作者還是需要找到方法來說她或他希望說的事情。如同 Geertz（1988）所說的，對作者來說，找出自己出現在文本中的方式，這件事是困難的。「讓自己進入所寫的文本（也就是說，表徵性地進入文本），」他說，「對民族誌研究者而言，可能就像讓自己進入某文化（也就是，想像性地進入文化）那麼困難。對某些

人來說，那或許還更困難些。」（p. 17）對 Geertz 來說，存在於田野有許多種方式，存在於文本中也是如此。以那種標明我們是作者的方式，存在於彼處[1]，這就建構了我們的研究署名。148 我們所面臨的兩難處境是，我們的署名要多清晰：署名過於清晰可能會使得現場與參與者變得模糊；署名太隱約可能會造成，研究文本是從參與者的角度來說話的假象。

　　過度清晰的署名所帶來的風險，文獻裡談過很多，這樣的作法被稱為主體性的濫用。過度輕微的署名帶來的風險還沒有被思考得同樣透徹，而這正是敘說研究者在寫作時必須特別注意的層面。署名太輕微的原因之一可能是，其他的文本、其他的理論，而不是作者自己，在文本上署了名。同樣地，作者署名輕微也可能是因為，作者認為參與者和他們的現場文本才是研究的作者。這兩種使得署名顯得太輕微的方式都必須被防範。在取得一個聲音，以及該聲音的署名時，研究者就在研究上蓋下他們自己的印章了。跟隨這個簽名而來的文本具有節奏、抑揚頓挫和表現，這些都標示出那個簽名，使得別人看到這個研究時就可以辨認出，這是某位作者或某組合作研究者的作品。此種署名的表達，Geertz 稱為言談（discourse）。署名與它在言談中的表現，創造出作者的身分。

　　署名通常被認為是附屬於研究者，但也可能被認為指的是參與者。當敘說研究者帶著文本回來頭找參與者，他們提出的問題比較不是以下這些：我掌握得對嗎？這是你說的嗎？這是你所做的嗎？而應該是，問一些比較整體、比較人性的問題，如：這是你嗎？你看到你自己了嗎？別人讀這個東西的時候，

你希望被看成這樣的角色嗎？這些問題比較是身分的問題，而不是研究者是否正確地報導參與者所言所行的問題。在 Phillion 的書寫裡，Pam 被呈現為具有人的特質的人嗎？我們和她，是否能夠辨識出她在多元文化教室裡的存在方式？這樣的書寫是否能呈現出她如何認識教學與學習多元性之世界的氣氛與感覺？目前，用來暫時存放我們的思考，捕捉我們腦海所想的用詞是**參與者署名**（participant signature）。但就我們所知，不同的、更豐富的名詞或許會更適切些。我們想，應該會有個名詞，能夠表達出，承認參與者對文本署名所發揮的影響，認清署名是研究者和參與者可以協商的事情。（上述關於聲音與署名的部分改寫自 Clandinin & Connelly, 1994）。

149

三、讀者

　　研究剛開始時，讀者（audience）在研究者的想像中曾經栩栩如生，而在現場工作時則大多被遺忘，當書寫研究文本時，讀者又變得很明顯了。這是需要由敘說文本來完成的一種狀況。感知研究者與參與者之間共享意義與重要性，這種良好關係所帶來的愉悅是很重要的，但對於書寫敘說探究文本而言卻是不夠的。讀者從作者的身後凝視，對此種狀況的意識必須充斥在書寫過程與書寫出的文本中。如果誤辨讀者，因而寫出一種別人讀來不怎麼有意義的文本，這是可以原諒的。但如果因為沒有感知到讀者的存在，沒有思考研究文本對於別人而言會有什麼樣的價值，這就不可原諒了。

　　然而，承認讀者的存在，確實會帶來另一種張力。因而當作者建構研究文本時，也必須採取另一種保持平衡的行動。作者們為某群讀者書寫現場經驗時，或許會稍微覺得對參與者不忠實。共享的時刻、親密關係、以及為參與者在研究文本中找個位置的事，都會在為某群讀者書寫時，變成很難處理的事情。作者掙扎著要敬重與參與者的工作關係、為參與者的聲音與署名找到位置，這些事和讀者的概念間，通常存在著張力。

四、聲音、署名與讀者之間的張力

　　建立聲音與署名這件事將我們朝內拉向研究、現場和參與者。就如同我們在第八章指出的，我們的第一位讀者通常總是我們的參與者。在那之後，讀者這個概念幾乎只會存留在我們的想像之中，以及研究之外。就像面對書寫敘說探究文本的其他張力一樣，採取極端的作法會產生不恰當的研究文本。在社會科學研究領域裡，冷漠、非個人化、沒有署名、沒有聲音、全然只對一種讀者說話的文件，有時候，甚至到現在，都還被視為是好的、理想的作法。建構此種研究文本所採取的形式裡，研究者是「研究者」而不是「我」，而參與者是「研究對象」而不是"Pam"。但另一種極端對敘說探究文本而言也是同樣地不恰當。一份滿是「我」、「我們」、"Pam"和其他人的文本，寫成的方式似乎是要建立一種兄弟姊妹般的親密感，這樣會使得讀者感到有些不好意思打擾，而且也不能構成好的敘說探究文本。不幸地是，這種對敘說探究文本的誇張描述，卻　150

總是被某些評論者大肆渲染。使得那些對唯我論的指控，一般都歸到敘說探究上。不過，有時候，當同理的感情力量大過書寫本身時，這樣的指控其實是公平的。

研究文本的作者持續地在署名、聲音和讀者之間保持平衡。有時候，或許在某些段落、某些章節，或甚至整份文本，讀者的存在是最明顯的。另外一些時候，或許最被突顯的是：署名、聲音和親密文本的建構。研究者在這兩方面所面臨的張力都必須被討論，並清楚地寫進研究文本裡。

另一種在研究者開始書寫研究文本時加入的張力是，與選擇何種敘說形式有關的張力。在第八章裡，我們曾經建議：敘說研究者應該考慮從他們喜歡的研究文本找到可能性。作者要回應的問題是：你喜歡讀什麼？這是我們開始建構研究文本時經常問自己的問題。我們也總是要求書寫碩士、博士論文的學生去探索這個問題。這樣的作法似乎會讓人覺得純粹是以個人品味為基礎來做選擇；其實不然。聲音、署名和讀者之間的張力總是存在的。再者，還有存在於個人與社會之間的張力：個人的——是指對研究者與參與者的經驗來說，什麼是適切的；社會的——指的是，對於環繞於研究所談論之事周圍的論述來說，什麼是適切的。

在 Janice Huber、Karen Whelan 和 Wendy Sweetland（仍在進行中）的研究裡，我們看到如何協商這些在建構研究文本時所面臨之複雜張力的例子。Huber 和 Whelan 是博士班學生，她們和一群教師參與者一起進行敘說探究。她們選擇了論文的形式來寫博士論文，這樣的形式讓她們可以各寫五篇以現場研究

為基礎的文章投稿出版。Sweetland 是這些教師參與者之一。由於她們請 Sweetland 擔任參與者與共同作者，她們便開始面對聲音、署名等議題所引發的複雜張力。Sweetland 的聲音會是研究文本的一部分，Huber 和 Whelan 不會代替她說話。文本將會由雙方共同寫就。她們後來同意的作法是：各寫各的部分、互相回應彼此所寫的，並把這些回應的一部分放進去。於是，取材於個人傳記式的經驗、現場工作時寫出的現場文本，以及對彼此的書寫所做的回應，她們各自寫出自己的故事。這種取材於共同的現場文本，有共同作者的文本，其協商的複雜度顯示 151 出關於聲音的某些張力。但這只是部分的張力。她們各自寫出的部分帶有她們各自簽名的印記，每一個部分都帶著寫出該部分之研究者的獨特戳記。但是，她們要如何將這些獨特的部分編織成一個具有整體署名的文本？一個能夠適當地代表集體作者說話的署名？

　　而同樣地，這也只是部分的張力。她們還需要考慮到讀者的議題。她們是要把稿件投到哪份期刊？對於那個期刊、那個學術設群的學術論述而言，什麼是可接受的？在協商這些張力時，敘說形式的議題隨之浮現。

敘說形式

　　「我想開始寫博士論文了，」在一項討論論文的情境裡，Bev Brewer 以這句話來開場。「我想，我已經寫了一些用博士論文的風格寫成的東西。我在想，不知道自己做得對不對。我

們能從那個觀點來討論我寫的東西嗎？」Bev 正在進行一項關於社區學院之成人教育的研究。她帶來參加這個討論情境的文本約有十五頁，內容是對於一系列她和參與者的聚會所做的描述。「那是，」她說，「對她的參與者的介紹。」她還說希望能把這段描述用在三個目的不同的事情上——會議裡的口頭發表、出版的論文，和博士論文裡的一部分。

　　Michael 讀了那份文本。接著，他和 Bev 發現，他們進入了談論敘說形式的對話情境裡。這樣的討論漫布在約定的一小時裡。如果把文本看成可能在會議上發表的東西，他們談到 Bev 所分配的談論時間：她要的是能發給聽眾的文章呢，還是想寫成能夠當場宣讀的文本；或是她想要寫成篇幅較長的文件以便在期刊上發表，在這樣的情況下，寫的文章和所做的發表就會是不同的文本。他們還談到某些期刊傾向於有某種格式；也談到在準備會議發表的東西時，心中先想到幾份（可能可以投稿）的期刊會如何有幫助。他們談到 Bev 有哪些、有多少想法、論點，而這些想法與論點可能可以在十分鐘的發表裡表達，或是在二十五頁長的文章裡表達。他們試著想像，用來口頭發表和用來投給期刊的文本之間的不同。

　　他們也談到書寫這些中期文本，可能適合放在最後的研究
152　文本，即論文裡。這些中期文本會適合放在論文的開頭、中間某處呢，或是最後？會議論文，如果是中期文本，可能同時可以作為博士論文的一部分，他們可以這樣想嗎？以後還需要做些什麼來把中期文本重塑成最後的研究文本——博士論文？哪些是會議論文需要有，而卻是論文的某部分不需要的？

　　他們倆人顯然都處於建構研究文本的張力之中。由於對於文本的立即目的與讀者並不清楚——究竟是口頭發表、口頭發表兼論文、博士論文、口頭發表兼文章兼博士論文——他們一點都不知道從哪裡開始著手。他們需要經歷、面對這些張力。

　　他們遭遇的困難其實還有更深的一層。假設後來決定了，眼前的書寫主要是要用在博士論文裡，那麼，放在哪裡才適合呢？既然這文本具有討論的性質，或許可以用它來介紹博士論文——介紹它的中心困惑點、研究現象的素質，以及所進行的研究是哪一種。它也可能適合放在方法論的某處，這樣，這文本可能可以一方面用來介紹參與者，一方面用來顯示現場工作使用的對話式方法論。它也可以被用來作為一個主要故事，批判成人教育文獻與實務。另一方面，如果他們想要把這份書寫用來作為 Bev 的中期文本、會議談話、出版之文章等文本的基礎，他們就必須知道 Bev 究竟想要在會議、在論文裡表達些什麼。這份文本，要看 Bev 如何看待它，才能決定它可能會適合放在博士論文的哪一個部分；同樣地，這份文本如果要用在即將來臨的會議發表或可能的論文中，它可能必須要根據要發表的論點被重新塑形。

　　他們應該如何看待這件事呢？他們應該如何繼續進行這件事呢？以最簡單的方式說，他們應該往前看，並在到達目標之前先想像它的樣子。

　　Bev 和 Michael 討論到亞里斯多德。Bev 從這場討論離開時，腦海裡想的事情是：形式與質料，目的與手段。亞里斯多德說，形式因與質料因，結合動力因，產生目的因：建築師和

建築工人把建築藍圖加上建材產生出建築；對一幅畫的想法加上畫家加上作畫的質料產生畫；研究者把博士論文的主要想法加上現場文本就產生出博士論文文本。當然，這是對上述那些正臨緊要關頭的事情來說，一種過度簡單的看法。

153　　Bev 和 Michael 也談到杜威所說的，在實質工作進行時，預想目標的概念。這個想法是說，人從來就不會盲目地做事或做出東西，而是在心中有個預想目標。這目標形塑了做事、做東西的過程，而這些東西也會倒過來影響預想目標。

　　敍說形式有點像亞里斯多德的形式因，或是杜威的預想目標。敍說探究的作者，在不過度只專注於某些事、不限制自己的情況下，需要想像博士論文最後文本的樣子。有時候，想像出某種特定、具體的樣子是可能的——如，一份具有好的虛擬文學文本之特質的文件，其中有發展得很好的角色、情節與場景。有時候，研究者可能只能在心裡模糊地想出文本可能是這一種或另一種。對某些人來說，想像可能章節的樣子是可能的；或許也可能是，只能用部分的方式來想——第一部分或多或少要做到這個、第二部分要做那個，而第三部分要做些其他的事。Bev 為了寫期刊裡的書評，讀了兩本關於成人教育的書。她認為這兩本書幫助她開創了關於成人教育的新思考方式，而且這樣的思考方式有些近似於她正在進行之研究的路線。她就想，或許可以把這樣的思路形成一種想法，一個敍說形式的初步概念。有了這樣的想法，她就可以接著想出博士論文的各部分，或甚至各個章節。

　　這些顧慮正是關於敍說形式之問題的核心。當然，這些顧

慮隨著研究文本的建構會變得更細緻些。不過，這些顧慮要到最後的研究文本完成時才會全然清晰。文本的書寫持續進行時，形式會變化並生長。書寫工作裡有一種有機的概念，一種形式的發展性發生學。書寫本身會影響最後文本的實際形式。從對形式的最初概念，就是 Bev 和 Michael 在對談時想努力解決的那些，到最終在書寫文本中實現的形式，這之間有某種生長與發展。

　　就像關於研究的談論經常會有的狀況——他們的討論是散漫、片斷的，而且充滿了停滯的時刻。對於形式的尋求，甚至包括理解到原來自己還處在尋找形式之前的，那些在困惑中的掙扎，其實都是敘說研究者所做的事情的一部分。

　　在第一章，我們寫到，我們正處於建構研究文本之可能方式的思想劇變之中，用 Geertz 的話來說，是那種「令人感到不滿意、笨重、搖動、拙劣地形成的：一種雄偉堂皇的怪玩意兒」（1995, p. 20）的文本。Marcus 和 Fischer（1986）把這個時刻稱為（在他們的標題裡）「實驗的時刻」在這個時刻裡，有那種願意實驗敘說形式的心態。文學的（Bakhtin, 1981）、視覺的（Chatman, 1990）、詩的（Rose, 1990）、戲劇的（Turner, 1980）和其他表達形式，在這方面是非常明顯的。這些，以及其他的形式，近來已由 Eisner（1991）提出並闡釋，同時，在 Denzin 和 Lincoln（1994）編輯的書裡也有討論。Denzin 和 Lincoln 把目前這個時刻描述為質性研究的「第五時期」，並刻畫出他們所預測的第六時期。

　　對這種書寫形式的流動性感到的興奮氣息，或許會讓讀者

154

以為怎麼寫都行——就某種程度而言，只要能夠行得通、能夠
讓讀者信服，確實是如此。強烈促進這種對於書寫形式之興奮
氣息的 Barone 和 Eisner（1997）寫道，「探索與開發表徵新形
式，這件事的含意對教育研究的行為與展現而言是十分深遠
的」（p. 92）。在研究所的課程和一些好玩的學術會議裡，有
很多這類的實驗，即，使用那種通常稱為以藝術為基礎的探究
形式，作為組織研究文本的方式。在我們的機構裡，布告欄上
有張海報，宣布的是：「一系列探索藝術研究之拼貼作品。」
然而，Edel 所說的，某種衣服適合某位傳主的概念，顯示並非
任何形式都能適用於每項研究。

　　在書寫敘說探究文本時，我們一定要留意平衡那些在三度
敘說探究空間中書寫所帶來的張力；留意用哪些方式能敘說式
地捕捉現場經驗；留意在這些張力與讀者之間保持平衡。雖然建
構研究文本的形式，想像中可以有許多可能性，但是，寫作者還
是會受到三度敘說探究空間中的那些具體、特殊事項所侷限。

　　在我們比較直接地談論敘說探究文本形式的議題之前，我
們想提醒讀者的是：敘說探究文本的確是「雄偉堂皇的新奇玩
意兒」，它被建立在多重、流動的基礎上，並形成含糊多義的
形狀。這些形狀，從某個角度看來，或多或少可能會被認為像
是某種東西，而且十分清楚俐落；但從另一個角度看來，又像
是另一種東西。

　　敘說探究文本的作者與讀者需要具有某種程度的包容心，
包容那種可能會因著模糊多義，因著棄絕那種杜威所稱的**確定
的追求**（1992）而帶來的不安。我們掙扎著要如何表達出，那

些因著對形式做了各種顧慮而瞭解到的複雜性。雖然我們在文獻裡讀到許多結構——例如，Bruner（1990）的典範式和敘事式認知；Chatman（1990）提出的三種文本類型（敘事、描述與辯論）；以及 Wolcott（1994）提出的，轉化質性資料的方式（描述、分析和詮釋）——但這些都沒能反映出我們在形塑敘說探究文本時，對於所牽涉到的事情的經驗。我們發現自己在尋找一個隱喻來表達我們的意思。我們把敘說形式比喻成**湯**。

155

　　這個隱喻是個有用的起點，幫助我們開始探索敘說形式。想像一碗豐盛、冒著熱氣的湯，裡面滿滿的是各種一塊塊、一片片的蔬菜、米、麵，加上香料、鹽和胡椒的調味。想像另一碗成份稍微不同的湯，裡面的材料數量不同、切成的塊，形狀不同、調味的方式也不同。當我們開始用湯的隱喻來探索時，我們瞭解到，就像湯一樣，我們的敘說鍋裡也可能會有不同的成份。我們的研究文本，有些部分可能是由對人、地、事的豐富描述所構成；另一些部分可能是由仔細建構的論點所構成，提出某些對於人、地、事之關係的某種瞭解；而另外的一些部分可能是由人嵌置於某地、時間、場景與情節中的豐富敘說所構成。對我們而言，這些都可以是敘說文本。如果用 Chatman 提出的三種文本類型來看——辯論、描述和敘事——都在那兒了。然而，依著現場經驗被表徵的方式與研究者的不同狀況，這三種文本會以不同的比例出現。而如果一份文本裡，例如，沒有描述與敘事，而只有辯論，我們就不能把這份文本稱為敘說探究。同樣地，如果一份文本只是純粹的敘事，而沒有描述與辯論，我們也不能稱之為敘說探究。

　　湯這個隱喻也為我們開啟了敘說文本另一項必要的麻煩特質。有時候，放湯的容器清楚地被展示出來。容器的形狀可能很清晰。例如，或許我們是在某個系或某個大學裡撰寫博士論文，而那個系或大學對形式有確切的要求；或許我們正在為某個期刊撰寫敘說文本，而那個期刊要求文本的篇幅大約要二十五頁。容器為我們規畫出形式，而我們就在那個形式裡書寫我們的敘說探究文本。這個部分一開始寫到的故事，關於 Bev 和 Michael 討論的那些事，處理的就是不確定的議題，以及辨認容器的重要性。

　　另一個思考容器的方式是，思考現場經驗，以及這些經驗如何形塑了形式。在 Carol Dietrich 的作品（1992），《一位護士－教育者的敘說：一個女兒、老師、朋友、與家庭間相互聯繫的開端——實用知識的個人源頭》（Narrative of a Nurse-Educator: The Interconnected Beginnings of a Daughter, a Teacher, a Friend, Family — A Personal Source of Practical Knowledge）裡，很清楚地，她處理的是回憶錄。有某些文學形式，會將回憶錄的書寫侷限或塑造成某種樣子。在其他的一些情況裡，如 Joy Ruth Mickelson 的作品（1995），《我們的兒子被放上行為異常的標籤：這是我們的故事》（Our Sons Are Labeled Behavior Disordered: Here Are Our Stories），容器就沒那麼清楚了。在她對那些兒子被標示成「行為異常」的母親所做的研究裡，她和母親一起做的事需要一種互動的、回應的表徵格式。因為顧慮到研究工作裡的此種必要性，她便使用寄給那些母親的信件作為她的敘說探究文本格式。

156

　　我們的隱喻湯，成了幫助我們想像敘說探究文本形式之複雜度的一種方式。雖然開始的時候，我們使用的是類似Chatman（1990）提出的，三種文本類型相互為彼此服務的想法，但後來我們瞭解到，像 Chatman 提出的那種分類系統，在建構敘說探究文本時並不是很行得通。建構敘說探究文本連帶而來的那些在各種邊界上的張力，每個人都得面臨。如果我們這樣想是對的話，那麼，就沒有所謂的原始文本——那種從頭到尾全然是敘述的文本。所有的寫作者，每次寫作時，都會經歷到那些張力，並建構出一個永遠可能有其他樣子、永遠有改進空間的文本；建構出一個無可避免地總只是一小步的文本，作為某種想法的暫時占位處（placeholder），從那裡，總是可以想像與追求其他的研究、更多的文本。我們在經歷了兩份博士論文後理出上述的想法，兩份都是做得很好的敘說探究文本。首先我們要看的是 Ming Fang He（1998）的《專業知識場景：三位中國女性教師的教育和在中國與加拿大的文化互滲過程》（Professional Knowledge Landscapes: Three Chinese Women Teachers' Enculturation and Acculturation Processes in China and Canada）。接著是 Chuck Rose（1997）的《教師實務的故事：探索專業知識的場景》（Stories of Teacher Practice: Exploring Professional Knowledge Landscapes）。

一、He 博士論文的敘說形式

　　He寫了一份敘說博士論文，取材於三位參與者：蕭、魏和

她自己。透過對話錄音，她的現場文本主要由這三位婦女所說出的故事，以及對於她們在加拿大與中國的生活敘述所構成。這份論文由一段序言開始。在序言裡，她用一個架設在三度敘說探究空間的故事來開頭。這個故事往後回溯她和兩位參與者的過去，往前提及在這個新土地上，她們是誰、她們成為誰的困惑。她向內探索進行這項研究的個人理由，向外論及這份研究的社會重要性。她描述了中國和加拿大的場景，以及她想像中自己正居留的中間之地。在這份五頁的序言裡，她寫到 Welty（1997）可能會稱為「時間鑄模」（ingots of time）和「情節鑄模」（ingots of plot）的東西（p. 164）。這些鑄模既是故事的容器，也是故事的傳達器，是一種「談及進行中之生活」（Welty, p. 164）的表達，有開頭，也有結尾。序言之後是第一章，「我們如何開始尋求我們的場景之故事。」即便只看標題，讀者也可以看出：結構如何藉由序言裡的那些鑄模被介紹到文本中。我們可以瞭解到的是，參與者正處於過渡期，有一種尋求，這尋求被放入故事的形式中，而我們則被放置在靠近 He 為了敘說的目的而稱為開始的某處。這一章以一個晚餐聚會的故事開始，對於中國生活的回憶，以三個女人間之談話的形式浮現。

　　這份論文被分割成各章節來敘說這三位女人的生活。比較前面的那章，敘說她們在文化大革命之前的童年生活，另一章敘述她們到加拿大的移民生活，另外一章則敘說她們博士後研究的學術生活。這份論文使用隱喻式的語言，在三條故事線之內有些停頓與缺口，使得讀者不禁懷疑這些敘說將如何結束。

這三位女性被描繪成生活在「介於之間」（in between）的文化場景裡；她們的故事在論文裡結束，而她們的生活則仍然充滿了尚未解決的張力與新身分帶來的困惑。這份論文以比較傳統的「從研究學到的事」這一章作為結束。

在第一章，He 使用談話裡說出的故事，來開始填補序言裡介紹的情節鑄模。她也描述了她的研究在文化互滲和涵化的相關文獻裡如何定位。她簡短地勾勒出論文的主要論點，寫道，「這項研究將會提供機會，使人對於不同文化與不同種族之界面所做的探索獲得更多洞見」（p. 20-21）。

第二章「尋找敘說場景的途徑：方法論與理論背景」，她依時間順序，精巧地描繪出一段個人旅程。在這段旅程中，她嘗試以她所瞭解的方式，來為那些與這項研究有關的文獻，尋找定位與創塑意義。在這一章的中途，He 將她遇見參與者的故事介紹給讀者，並將我們帶入她們合作性的研究現場之中。同時，她也在這裡開始敘說那些，嵌置在她和參與者述說的共享故事中的倫理議題。

第三章「將我們長大的場景轉化成敘說（narrativizing）：我、蕭和魏的故事」，說的是每位參與者在中國上學的故事。 158
這些傳記式的敘說，充滿了對中國學校、學校生活具細節的描述。許多的細節是用某個有特定時間點的具體故事來呈現。在第三章結尾處的一個簡短段落裡，她告訴我們，她的整體論點的哪個部分是透過這些敘說來探索與揭露的。她發現她原來的認定——這三位女性具有中國優先的文化——是有問題的。

第四章「在介於其中的文化場景中教學的衝突故事」，和

第三章的格式相同。也就是那種個別的、帶有豐富描述性細節的傳記式敍說，其中，個別的故事傳達出大部分的細節。這一章帶有一種序曲的味道，帶出的是用粗毛筆般的筆觸揮灑出的文化脈絡，而故事就在這個脈絡中發生。情境在整章都是用隱含的方式帶出，有時候，就像那個序曲，情境也會被明白地敍說出來。在結束第四章的間奏處，He 再度回頭解釋這些故事如何與那個環繞著認同問題、那個正在發展中的論點發生聯繫。

第五章「在異鄉場景的陌生人故事」，描述參與者在加拿大的生活。但這裡論文的格式改變了，又變成取材自現場文本的談話。He 把故事抽出來，然後用詮釋來編織這些故事。比前幾章更明顯的是，她建構出一個論點——保持詮釋性、辯論性的段落與敍說段落之間的平衡。

第六章「學習在國外場景進行教育研究的故事」，He 把學做研究的想法和她那開始於童年的轉化故事聯繫起來。在第六章和前面幾章之間，有種敍事連續性。再度地，這一章仍是以一段旅程的方式來建構的，而這旅程是以由談話片段聯繫起來的故事為基礎。在某些地方，她使用切割文本的格式來書寫：即，一方面持續建構她的主要論點，另一方面，那些故事與談話片段則與這些論點平行而進。

第七章「在國外場景學習成為流暢的敍說探究者與學者的故事」，He 繼續在前幾章裡就開始的旅程。再度地，她使用談話片段，交織著論述、個人回應和切割頁面的文本。這一章結束時，她用旅途這個隱喻來串連三位女性在各章和整本論文裡敍說的故事。她採用了邊界的概念來解釋，藉著章節所標示出

的旅途各部分。這個最後的部分，摘述了她對於經歷新的場景　159
時，認同如何形成的主要論點。

He 的最後一章，「精巧描繪歷經文化、教育與語言變化的
認同：身分大遊行」，她做了和論文任何一個部分都十分不同
的事。當她摘述她稱為發現的東西時，就好像這份論文的容器
形式接管了一切，並且形塑了她放進隱喻湯裡的東西。這兩種
形式間的張力顯示在語言上：她使用遊行的概念緊跟住旅程的
概念，但是卻用概論和洞見的辭彙來呈現主要的書寫，也就是
她稱為「發現」的東西。

在跋的最後幾頁，「持續流動於中國與加拿大間的終生探
究」，He 又回到比較故事敘說性的格式。接著她描述了這三個
女性的故事如何指向未來，同時也描述出加拿大與中國改變中
的場景。

二、Rose 博士論文的敘說形式

Rose 的敘說探究博士論文取材於 Sara、Clark 和他自己，
這三位參與者的現場文本。他的現場文本包括學校與教室參與
的現場筆記、參與日記、對談，和靠記憶寫出的個人故事。

第一章「介紹」，是自傳性的書寫，介紹了他的研究疑惑
和主要名詞。他仔細地將這項研究嵌置於三度敘說空間裡，回
溯到在學校的童年期，這些學校位於距離他活出那些教學、當
校長的故事不遠之處。他用一個故事作為開場，這故事發生於
時間點距現在沒有多久的時候，那是他在休假結束後，回到學

校擔任校長的事；然後，他在時間點上往後推移，回到他在學校裡還是一個孩子時、繼而在學校裡當老師、然後開始擔任校長的自傳性故事；接著，他在時間點上往前推移，結束點是那個開場故事——在他最近待的那個學校裡，老師對某位學生戴帽子如何產生不同反應的故事。他就以這個故事作為隱喻，用來設定以他的角度所看到的現場，並用來逐步建構他的主要論點。他把那些容許學生自行選擇戴不戴帽子的老師，和那些不容許的老師之間做了尖銳的對比，並刻畫出他身為校長，對於一直戴著帽子的男孩究竟要如何做，所感受到的兩難處境。當他試著瞭解他作為校長的場景究竟是什麼時，環繞著這個特殊事件的衝突故事一再地出現。在整本論文裡，他一再地回到這個關於帽子的故事。他向內觀看進行這項研究的個人理由，也向外衡量這項研究的社會重要性。

160

　　這份論文分成幾個章節，乍看之下，很像我們慣常在論文裡看到的那些章節——「介紹」、「文獻探討」和「方法論」。然而，接著的第四、五、六章，則帶領我們進入一系列的信件，這些信件告訴我們 Rose 和他的兩位參與者，Clark 和 Sara 相處的經驗。他們三個人都被描繪成在專業知識的場景上，既有塑造的力量，本身也受到形塑。論文結束時，Rose 重新述說了校長生活的故事。

　　在第二章「文獻探討」裡，Rose 對教師知識與師資培育這兩個領域做了描述性的分析。在這一章的結論處，Rose 將文獻探討連結到帽子故事，並藉著介紹他的參與者之一，Clark，將文獻探討與他的研究現場做了連結。他告訴我們，這些文獻給

了他一個概念化的歷程，「這歷程似乎很適合，也給了他一種關於實務的相關語言」（1990, p. 49）。在他撰寫這一章的時候，Rose把這項研究定置在師資培育的學術對話裡，這是一個以對教師知識的關注為框架的對話。

在第三章「方法論」裡，他仔細地架構出支持他選擇敘說探究為方法的論點。雖然這一章主要依據文獻探討那一章的格式（也就是描述並建立論點），其中卻有兩個敘說的部分，在這兩個部分裡，Rose介紹了他的參與者，並描述了他透過協商進入現場的過程。

在第四章「敘說一」裡，Rose呈現了對Clark之幼年經驗、學校經驗和教學經驗的敘說。這個敘說主要以按照時間順序的方式呈現。然而，這些時間順序又被區分成好幾個有標題的部分，這些標題指涉與他的論點相繫的理論性詮釋。例如，有一個部分，按著時間來說是Clark首次的教學經驗，它的標題是：「開始教學：又多了一個專業知識脈絡」。這一整章是用寫給Clark的一封信的形式來呈現。構成這封信的包括，故事、談話片段，和現場筆記，其中全都穿插著詮釋性的意見。這本論文裡的信件不太像我們一般想到的那種信。Rose將它們稱為「相互建構」（p. 208），意思是這些敘說是他和他的兩位參與者以合作的方式建構出的敘述。

第五章「敘說二」是寫給 Clark 的第二封信，使用了相同的格式和類似的現場文本。這封信的結尾那一段指出，這封信的用意是詮釋 Clark 的教學實務。Rose 寫最後這個部分時，是根據他所看到的一連串「問題與兩難處境」（p. 140）來寫的，

161

他並且邀請 Clark 回應。從這裡，我們感受到 Rose 和 Clark 之間的關係將會持續發展。

在第六章「敘說三」裡，Rose 寫了一封信給他的第二位參與者，Sara。第四、五、六三章都是以問候語來起頭，如，「親愛的 Sara」。Rose 按照時間順序的方式敘說他和 Sara 一起工作的經驗，以此作為信件的開頭，並且勾勒出一些思緒線路（threads），像是「將社區視為家庭：歡迎、接受和關懷」（p. 150）。每一個思緒線路都用敘說和描述來發展與呈現。他把一些名詞，像是專業知識場景、教室內場景、教室外場景等，編織到那些思緒線路裡。這封信和這一章，他以邀請 Sara 回應作為結束。

在第七章「在教學的脈絡裡形塑」裡，Rose 提出了他的論點的主要成份之一，也就是脈絡形塑了教師知識。這一章使用第四、五、六章所說的故事作為例子，來顯明他想提出的論點與次論點。這一章不斷地提及生動地呈現於前三章信件裡的故事，或是令人想到這些故事的東西。每頁都有人、事和他們的故事的摘要，而不是理論性的文獻。然而，Rose 想做的是，提出一個論點。讀者讀完這一章時，可以強烈地感受到，Clark 和 Sara 的確是被他們開始教學時的脈絡所形塑。

在第八章「使人卻步的可能性」裡，就某種程度而言，什麼都做了。這一章很仔細地把許多事放在一起，帶我們回到 Rose 身為校長所面臨的困惑與兩難。他對他和 Clark 與 Sara 一起進行的事提出質疑，也疑惑未來他當校長會是什麼樣子。他做上述的事時，並沒有提到任何文獻，而是提到一些抽象的敘

說類別，如封面故事和場景。他用這些類別來幫助讀者想像，
前幾章提及的生活究竟是什麼樣子。由於Rose敘述了一個關於
教師知識的整體論點，他把理論名詞編織進來，也連繫到論文
裡的角色與事件，使得這一章有一種反思的語調。在這一章的
結尾，他回到這項研究的個人和社會重要性，提醒讀者：敘說
探究兩者都要顧。

尋找敘說形式

　　作為敘說研究者，在建構研究文本時，我們所做的，以及
要求那些和我們一起工作的人所做的，這之中的一些關鍵事
件，已經包含在那個我們用來開始「敘說形式」這個部分的對
談故事中。以下，我們將勾勒出，在建構研究文本時，我們所
發現的，很有幫助的一些方式。

一、閱讀其他敘說論文和書籍

　　不論我們讀的是He（1998）或Rose（1997）的博士論文，
或是Vivian Paley（1989, 1990）的敘說探究文本，重點是我們
閱讀，我們也鼓勵敘說探究的新手閱讀別人的作品。我們這樣
鼓勵別人，主要有兩個理由：一是可以試著想像，帶著我們的
現場文本和困惑，然後把它們放進其他的研究者創造出的形式
裡。閱讀別人的敘說探究文本作為一種建構自己的文本的序
曲，這樣的想像過程是一種讓自己向可能性開啟的方式，一種

打破由形式主義和化約主義研究者的主張所創造出的邊界之間的空間（而我們也學會居於其中）的方式。當我們閱讀別人的研究文本時，在上述主義與敘事式思維方式兩造之間的界線上，我們看見了推進擴張的可能性。

另一個，而且或許更重要的理由是，閱讀別人的作品可以想像式地重新建構他人的研究歷程，以此作為活出我們自己的研究歷程的前奏。閱讀，並想像式地重新建構他人的研究經驗，使得我們可以看見許多可能性。在我們和新手敘說研究者共同學習的經驗裡，我們經常要求他們內在式地思考一份她已完成的論文，好像那是他們自己的研究般地思考。我們要求她們把自己放在那份博士論文作者的研究情境中，並嘗試思考那個過程、兩難處境、界限、對現場文本所做的選擇等等。

在我們兩人各自於服務的機構所教授的課程裡，有份主要作業是，學生要選擇一份他們感興趣的論文，並在課堂上呈現。我們要他們做的不是呈現研究問題和發現，而比較是重新建構研究歷程。我們要求他們閱讀研究計畫，然後找出研究計畫與完成之論文之間的聯繫。我們要求學生，只要能做得到，設法和那份博士論文的作者談一談，並請那位作者從作者的角度來敘說他的經驗，也談談完成博士論文之後的學術生活。以這樣的方式，我們一方面試著重構研究經驗，一方面也把這研究經驗放入作者整體學術生活之旅的脈絡裡。這樣做，雖然有些具體明確的事可能會在過程中萌生，而且也可能很有幫助，但是最主要的目標不是為了找尋研究策略，而是幫助新手研究者去想像自己如何走過一項敘說探究。

163

二、尋找隱喻

　　在過去幾年和敘說研究者工作的經驗裡，我們注意到人們總是使用一個隱喻或幾個隱喻來幫助她們思考她們的工作。好幾個不同的研究文本都是使用隱喻來寫成——例如，敘說肖像（Bowers, 1993），視覺敘說（Bach, 1997），河流三角洲（Hedges, 1994），旅程（He, 1998）。還有其他的人，他們用過的隱喻有拼貼作品、網、縫被、朝聖和編年史。Edel（[1959] 1984）寫過編年史、肖像和小說等，作為可能的文本形式。Mallon（1984）則提過編年史、朝聖者、旅遊者、創造者、道歉者、懺悔者和坐牢者。這些和其他的作者，建議了一些可能的隱喻，這些隱喻或許對敘說探究文本的寫作者有所幫助。

　　一開始就刻意要使用隱喻的作者，在這樣做的時候，也必須格外謹慎。我們確信，對於尋求形式的作者而言，隱喻可能有一種解放的效果，但是也有風險。Lakoff和Johnson（1980）指出，隱喻在運用中的某個環節時，可能會崩解。有時候，敘說研究者可能選擇了一個隱喻，然後靠得太緊了，結果使得研究文本給人一種感覺——好像研究文本被硬擠進一個藝術的形式裡。如果發生這種狀況，結果是意義減損，而不是增多。話雖如此，只要我們小心這個可能的危險，隱喻在創造敘說形式時還是可能有幫助的。

三、注意閱讀的偏好

　　密切注意我們所閱讀的文本種類，也是創造適合某項敘說探究之敘說形式這個過程的一部分。Michael 和 Jean 都讀得很廣。Jean 記得以下這樣的時刻：抬頭看著她的書櫃，她說，「我知道我有那本書。我不久前才讀完它。」就是在她細思著這樣的時刻時，她才瞭解到，許多「遺失」的書其實是在她家的書架上。體會了這件事後，她瞭解到，她實在無法把她的個人閱讀和專業閱讀劃清界限。當一個人投入敘說探究時，像 Ann Marie MacDonald 的 *Fall on Your Knees*（1996）（這本小說實驗了不同的文類，像是日記、對話、信件），就既是令人感到愉悅的讀物，又是能夠提供敘說形式議題資訊的材料。當 Jean 閱讀 May Sarton 的日記時，Jean 分不清這樣的閱讀是因著個人或專業的理由。Robert Coles 的 *Call of Stories*（1989）是因著敘說探究而顯得重要呢？還是因著他個人的洞見？

　　Jean 忘了她的書放在哪裡這件事，是個人與專業之界限模糊的外在徵象，這對她和其他的敘說研究者而言都是如此。這種個人與專業界限的模糊，在我們必須寫出閱讀清單給別人、建議可能的閱讀資料給一些人時，變得更難因應。當敘說研究者進入建構敘說探究文本的歷程時，我們鼓勵他們清楚察覺自己的閱讀偏好。我們鼓勵他們用跨界的方式來看那些長久以來被固定區分開的文本，像是個人與專業、事實與虛擬文類等等。

　　除了廣泛閱讀各類文本，也需要注意到所讀的文本種類一

一這樣可以幫助敘說研究者實驗新的敘說形式。Alvarez 提到每天早晨閱讀的重要性，這是她的寫作節奏：

> 我把清晨的閱讀時段看成以下兩種時段的結合：愉悅的閱讀時段，於其中我閱讀我最喜歡的作品和作家；手指練習閱讀時段，於其中我把聲音調向英語音樂──那些由這語言最好的作者演奏出的音樂。這就是為什麼我避免把清晨閱讀時段花在讀雜誌、很快能讀完的書、如何做的書和報紙上──這些我都喜歡讀，但是這些都是使用語言來提供資訊、興奮、協助或八卦，而且在我們的消費者文化裡，大部分都是在賣東西的。這不是我想聽到的合唱。（Alvarez, 1998, p. 286）

我們對 Alvarez 的感受心有戚戚焉──關於閱讀他人作品的重要性、注意我們所讀的文本類型，這些都可能作為建構我們自己的作品的前奏與伴奏。

四、進行形式的實驗

有時候，有些學生在研究中途想到了敘說探究，於是出現在 Jean 的辦公室門口。經常，有些研究者、學生，或是其他教授，會讓一個學生來請求 Jean 幫忙他用敘說的形式寫完論文。從許多理由來看，這樣的情況會帶來挑戰。不過，為了此處的目的，我們只提最主要的理由。那就是，對我們而言，敘說探

165

究不是一個附加物。我們並不是在研究的最後階段才開始做敘
說探究，就好像我們能把任何一項研究轉化成敘說探究似的。
這並不是說故事不能由非敘說性質的現場文本來寫成，但對我
們而言，此種在進行完「非敘說」研究之後才寫出的研究文
本，就不是敘說探究文本。

　　對敘說研究者而言，形式的問題是從研究一開始就在我們
心中的。我們在進入現場故事之前就說著研究者自身的故事，
在那樣的時候，對情節的暫時性的感知就已經存在了。當我們
和研究參與者一起生活、一起述說故事時，撰寫中的情節線路
就又被重新故事化。也就是說，這些情節線路再度被活化、敘
說。所有的這些敘說與經歷，已經預示出研究文本的敘說形式。

　　作為研究者，當我們開始漸漸離開和參與者一起的緊密現
場工作，開始閱讀、再閱讀，並將現場文本編碼，然後閱讀其
他敘說研究者的文本，以及其他的文本時，我們會看見重新敘
說的其他可能性。這些新的可能性，提供更多其他的方式來想
像敘說形式。我們鼓勵新手敘說研究者想像自己正投入一個持
續進行的、實驗各種敘說形式的探究裡。這一章較前面的部分
曾提及 Huber、Whelan 和 Sweetland 的作品，她們在選出最後
創造出的論文版本之前，也曾寫過許多版本的敘說文本。她們
的作法是，開始使用某一種版本來寫，先只寫出部分的文本，
然後彼此看看寫得如何、問問別的研究者這樣寫如何。然後當
心中充滿許多關於這樣寫對於研究目的、現場文本，和她們自
己是否可行的問題時，她們就再試另一種。當她們研究著哪種
形式能夠行得通時，讀者、聲音與署名的議題，和形式的議題

是交織在一起的。當她們來找 Jean 談談正在萌發的文本時，Jean 發現自己在回應時，比較不是針對既定的、被接受的形式給意見，而比較是，在回應時提出那些嵌置於三度敘說探究空間的問題。

在實驗形式的過程中，回應扮演極重要的角色。我們鼓勵新手敘說研究者形成「工作進行中」（works-in-progress）的小組，在這樣的小組裡，有人分享仍在進行中的工作，而許多人都會提供回應。我們談到這些回應小組時，把它們看成是一種支撐性的對談。在這樣的情境裡，敘說研究者在建構文本的幾個星期或幾個月內，都有機會來分享他們的研究文本。雖然Al-varez沒有談到支撐性的回應者（本身也寫作）社群的重要性，但她確實強調了那些我們把自己的作品大聲讀出來時學到的事。「事實上，我已經發現，即便傾聽者沒有提出負面的回應，把我的作品讀給別人聽的這個過程，確實能夠把包裹著我的創作的，自戀式的美麗外衣拆解掉。我開始聽見，我所寫的東西別人聽起來會像是什麼樣子。這不是件壞事，如果我們想要成為那種不只是為自己和那些寬容的朋友寫作的作家的話。」（Alvarez, 1998, p. 289）

在我們的經驗裡，把寫的東西讀出來，有人給了回應，然後開始修改，然後就再把文本分享一次。在每個參與成員都投入一項研究時，這種支持性的工作會進展得最為成功。如果每個人都在辛苦地面對建構研究文本的議題，他們就會對建構這些文本的困難度瞭解到相當複雜的層次。這些小組將會支持那些持續進行的形式實驗。

例如，在研究文本中，敘說探究最難表達的特質之一就是，敘說有可能再故事化的特質。寫好的文件看起來靜止不動；敘說似乎完成了。事情看來似乎是，全都寫好了：角色的生活建構了、社會歷史記錄了，意義也表達出給所有的讀者了。然而，投入過敘說探究的人就知道，寫好的文件、研究文本，就像生活一樣，是一種持續的開展歷程。在這個開展的歷程中，今天的敘說洞見從明天看來，可能已經是歷史事件。敘說研究者「在建構研究文本」之前就曉得，要傳達出敘說尚未完成、故事會用新的方式被敘說、生活會用新的方式被活出來等等的感覺，這件事通常都無法做到令人滿意。這永遠都會是一種對敘說形式的實驗。即便研究者本身對結果很滿意，他們仍然需要一直記得：讀者可能會凍結敘說，結果導致，寫作者原來企圖表現的那種再故事化的生活特質，被讀者固定成像是印出來的肖像。在工作進行中的小組裡，來自其他參與者的回應是很有用的，它們能幫助支持這種形式的實驗，直到最好的文本被建構出來。

五、維持「工作進行中」的感覺

敘說研究者在建構研究文本時，我們發現還會遇到另一種
167　邊界。進行化約主義式研究的學生在撰寫博士論文時，通常是一章一章來的。他們寫完介紹那一章，然後是文獻探討，然後是方法論等等，一章一章地寫完博士論文。每一章都需要被指導老師認可並檢閱。當所需的章節數量寫完並被認可後，這份

博士論文就等著最後的口試了。對面臨著書寫研究文本之工作
的敘說研究者而言，情況則通常不是這樣。這是在邊界上工作
時，所必須面臨的另一種張力。通常，進行敘說探究的學生會
期望在書寫時，所經歷的也就是類似上述的過程。然而，書寫
敘說探究文本卻有十分不同的歷程。當我們試著要描述這個歷
程時，我們說它有一種「來來回回」（back and forthing）的性
質。我們寫了一章，和我們的回應小組分享，接受回應，進行
修改，然後持續這樣的過程，一直到我們覺得我們已經竭盡可
能地讓文本走過該經過的歷程。然後我們把寫好的這一章放在
旁邊，開始寫另一章。我們走過類似的過程，直到我們把它放
在一邊。然後，我們把這兩章一起閱讀，找尋一種整體美感。
把兩章一起閱讀之後，我們開始修改這兩章，把其中一章當成
背景來看另一章，設法思索如何使它們似乎成為一個敘說整
體，帶著一種美的整體感。這樣的過程比較是我們所投入的——
一種來來回回的書寫，接受回應、修改、放在一旁、用同樣
的過程來寫另一章或另一個部分，然後將它對照其他的章節，
一直到最後出現一種整體感，成為一份感覺上可以獨自站得住
腳（至少在當下）的作品。

讀者與研究文本的建構

在第八章，我們寫到以下這件事的重要性：把每一項敘說
探究定置在仍在持續發展的學術對話裡。這種對話的實質，及
其對可接受度所立的規則，對於形式而言是重要的。我們對於

形式主義式、化約主義式思考方式的討論已經清楚地指出：研究文本的種類乃是受到閱讀這份文本的人的思考方式所形塑。在這些邊界上的議題通常指的是：在某個具體的次領域裡，或者甚至是在大學裡，或者是我們發現自己所在之處，對於另類研究形式的覺察和接受度。當寫作者思考讀者是誰，以作為決定敘說形式的來源之一時，他們必須想到，對某個領域或某群人來說，哪種類別的論文會在會議裡發表；他們必須覺察某些期刊，以及被接受出版的論文形式上的範疇；他們也需要考慮在某領域裡出版哪些書，以及這些書裡表達的研究形式。當然，我們並不是建議大家在建構研究文本時不要發揮創造力。如果我們希望自己的作品被接受並發揮影響力的話，我們必須形塑我們的文本，以便有機會去推展那些邊界；而不是把我們的文本伸展到超越讀者信念的地步。

譯註

譯註 1：「存在於彼處」的原文是 "being there"，這是人類學家 Geertz 提出的概念。上文 "being there in the field"，譯為存在於田野，而 "being there in the text" 譯為「存在於文本中」。

10 敘說探究的恆常關注

　　這一章裡，我們將討論研究者準備進入研究現場時首先面臨到的一些顧慮。這些顧慮在建構和分享研究文本的整個過程中，也會一直跟著研究者。也就是說，這些顧慮跨越了整個敘說探究的歷程。我們把他們抽出來放在這一章，以便就研究的每個階段來加以討論。我們的討論希望讓讀者有這樣的感知：當我們從現場轉移到現場文本再到研究文本，往前、往後，向內、向外地編織著我們的路途，而且總是定置於某地時，在整個研究歷程中，我們都會經歷這些顧慮。

介紹 ⬎

　　這一章的重點是提出並討論問題。這些問題都沒有確切的答案。我們提出問題，把它們看成敘說研究者必須在整個研究歷程中察覺、思考的顧慮。這些顧慮，固然是恆常存在的；但在某個特定的時間點上，通常會在進行一連串適合於某項研究的當下考量時，得到暫時的解決。

170　　在以下各個段落所討論的顧慮包括：倫理、匿名（參與者與研究者皆然）、所有權、關係中的責任、我們如何被故事化為研究者、事實與虛構文類的區分，以及可能的風險、危險和濫用情形。最後，我們會談談就我們來說對敘說研究者最重要的事情——保持清醒。

倫理 ⬎

　　倫理議題在整個敘說探究裡都必須被討論。這些議題不是處理一次之後就完事了；雖然當填好了倫理檢核表、進而向大學申請研究許可時，看來似乎是如此。研究進行時，關於倫理的事情會轉移也會改變。但不論我們處在研究的哪個階段裡，倫理議題永遠不會遠離研究的核心。

　　在大多數的大學裡，我們任教的大學當然也是，在開始進行研究之前，需要取得研究的倫理認可（ethical approval）。在開始協商研究工作之前，使用研究計畫來取得倫理認可的過

程，就許多方面而言，實在是違背了在關係中協商（敘說探究的一部分）的精神。然而，因為這是機構的要求，取得倫理認可還是必須的。這樣的作法使得敘說研究者陷入令人左右為難的處境。在機構給與倫理認可之前，研究者照理說是不應該接觸參與者的。如果他們先接觸了參與者，就是違反了機構的規定。但是，如果他們在取得倫理認可後，才開始接觸參與者，那麼，研究的某些層面就再也無法協商了。此外，千萬不要在一開始和參與者協商時，就使用那些已經被認可的表格，要求對方簽名。

Schroeder 和 Webb（1997）是博士班學生的時候曾寫到，在和參與者建立最初步的關係之前，就必須清楚地、詳細地描述研究內容，這件事其實是矛盾的。他們對於被指定進行的倫理審核過程提出許多顧慮。和此處的討論最相關的是對於「業經告知之同意」（informed consent）的詮釋。他們寫道：

> 大學的期待是這樣的：在研究一開始就簽下研究同意書的參與者，已經被全然告知他們所同意的事項是什麼。這樣的期待隱含的意思是：研究計畫在研究開始前就已經被全然闡述清楚了。然而，合作性研究的現實卻是，研究是會隨著時間而改變的。參與者在研究中的角色可能會改變，改變成為資料收集者、資料詮釋者，甚至是研究報告的共同書寫者。這樣的角色，可能是研究者接觸參與者，請他們參與研究時，沒能預料到的（pp. 239-240）。

171

　　當我們思考我們自己在學校裡的研究時，我們感到困惑的是：我們如何能夠從那些我們漸漸開始接觸的人們手中取得業經告知的同意。在一個機構裡取得業經告知的同意到底具有什麼樣的意義？業經告知的同意在這樣的場合裡具有什麼樣的意義？誰有權力給予業經告知的同意？某個人，如校長或老師，有權力幫別人來給予業經告知的同意嗎？或是，作為研究者的我們，需要從每個我們所接觸的人那裡取得業經告知的同意？當然有那種叫做機構同意的東西，學校董事會（school board）或是醫院等單位會給出這樣的東西。但這種同意不能回應以上提出的問題。

　　想一想那些倫理認可，它們可能符合大學對人類研究對象的倫理守則，雖然是專門的、具細節的、合法規的，但是它們並不容許我們去考慮關係的議題，而這樣的議題在敘說探究裡，卻是整個研究歷程的基礎。在其他地方，我們寫到，我們必須把倫理看成關係性的事情：「在每日生活中，友誼的概念意味著一種分享，一種兩個或更多人之經驗場域的相互滲透。單單接觸只會帶來認識，那不是友誼。同樣的情形也會發生在合作性研究裡，這樣的研究需要一種類似友誼的密切關係。就像 McIntyre 所暗示的，關係是藉著生活的敘說性聯合所結合的。」（Clandinin & Connelly, 1998, p. 281）

　　從關係的觀點來理解取得業經告知同意之倫理認可這件事，提供我們思考上述問題的另一種方式。從法規的角度來看，業經告知同意的問題是很難解決的，而且在任何一項複雜（不管何種程度）的研究裡，這些沒有解決的問題都可能使得

研究停止進行。從關係的角度來看，研究者似乎只能倚靠自己的倫理資源。為了讓研究能繼續進行，研究者幾乎無可避免地會發現自己處於灰色地帶，如果考慮到業經告知之同意的合法性的話。但是從關係的角度而言，研究者必須考慮到作為研究者對參與者的責任。我們依據良心來衡量我們在友誼中的責任，同樣地，我們也必須依據良心來衡量我們作為敍說研究者在參與性關係中的責任。

172

這些關係中的倫理議題，我們於 Bay Street 學校開第一次會之前，當我們聽到、並開始理解別人告訴我們的故事的意義時，就開始成為我們的敍說探究的一部分了。而且事實上，甚至在那之前就開始了，因為當我們注意到時，我們已經在活出研究故事的過程中了。例如，我們在第五章所指出的，Bay Street 學校和它的校長 Phil，在我們到達那所學校之前，早已經由別人透過故事告訴我們關於他們的事了。這個故事網絡引導我們到那所學校去，並為我們的關係協商設定了脈絡。我們並不是進到一個不帶有價值的脈絡裡。我們有一個整體的研究計畫，而我們覺得這計畫會適合於我們所聽到的關於那個學校的故事。

事實上，倫理議題的協商在我們首次進入那所學校之前早就開始了。例如，Jean 的自我故事提到一個社區倫理，這樣的倫理是在第二次世界大戰後，成長於一個與外界隔離的農業社區的人所發展出來的。在這個社區裡，鄰居們在當時嚴厲的天候裡學會相互依靠來生存。當我們談論研究倫理時，我們必須清楚覺察那些從我們對作為研究者之經驗的敍說裡，萌發出的

倫理。Blaise（1993）寫道：「生活裡的事件、我們到過的地方、我們認識的人，會一直回來。我們的生活是一部長篇小說，當我們走過這部小說的後半部時，我們永遠躲不開關鍵性的前面幾頁，這件事實在不足為奇。當燈整天亮著，當世界是一個親密的所在，而且所有居於其中的人彼此都認識。他們都在跳舞，並且手牽著手踥步前去。在任何他們想要的時間裡，他們可以繞回來，不須付出任何代價，不須提供任何警示。」（p. 43）

就像 Michael 在第四章提及的故事所顯示的，他的幼年經驗湧進他和 Ming Fang He 的關係裡，也進入 He 對於處於變遷時期之中國婦女的研究裡。雖然這個故事，就它被敘說的方式看來，並沒有探索 Michael「關鍵性的前面幾頁」對於他和 Ming Fang 之關係的影響、對於 He 和她的參與者之關係的影響，但我們可以想像，在他們的關係中，這些故事是如何地啟動了不同的對談、態度和回應啊！而這樣的關係又是如何地影響了在這個例子裡，指導教授和學生關係的倫理啊！

但我們的機構論述也提到倫理，這種倫理是從我們在序言裡所說的鉅型敘事（grand narrative）裡發展出來的。在這樣的論述裡，參與者被看成是需要在研究進行時受到保護的對象。

當我們進入 Bay Street 學校的研究現場時，從研究者的經驗敘說所萌發的倫理，和從機構的鉅型敘事裡萌發出來的倫理都跟著我們。當 Bay Street 學校的第一場會議開始進行，我們首次協商著在那個敘說探究現場裡，我們會扮演何種角色時，我們就覺察到必須和我們的參與者協商敘說的整體性（narrative

173

unities）。我們必須思考與討論在現場會扮演何種角色的問題。我們要把自己放在教室內還是教室外？我們會比較像是參與者還是觀察者？如果是參與者，要在哪裡參與？和誰一起？我們會是老師、研究者、女人、男人、朋友、大學生、老師的助理、還是校長的密友？在以上這些多重的可能情節路線裡，我們將採取並告訴學校參與者的究竟是哪一種？

之後，在我們於現場工作，以及在我們建構現場文本時，還會有其他的倫理顧慮持續在過程中萌發。我們很清楚的是，我們在學校裡的出現，使得保密和匿名這兩件事成為特別難以協商的事項。如果訪問學校的人看到我們，問我們，我們在那裡做什麼，我們要如何回應？如果我們，或我們的參與者，說我們在那裡做研究，那麼匿名的議題就變得很難了。如果研究參與者讓其他的人知道我們的研究關係，那麼，匿名問題也會成為問題。

再說，我們的現場文本怎麼辦？寫現場文本時，我們應該使用化名嗎？當我們和督導或其他協同教學的老師談話時，我們提到參與者時該使用化名嗎？當參與者要求我們對於某些事件、對談或文件不要寫進現場文本時，我們當然就不會寫。但是，這些事件或對談卻對我們有些影響，而且可能引導我們以更深思和不同的方式去強調或注意將來的事件。即便我們尊重別人的要求，我們也知道親眼目睹某事還是會對我們有所影響。

在我們寫中期文本時，還有其他的倫理議題會萌發。在第八章，我們寫到把研究文本帶回去給參與者看時，心中那種疑

惑和不確定的感覺。但在這種情境裡也有倫理的議題，因為不
要對參與者造成傷害是我們的責任。當我們建構研究文本時，
我們必須想到我們的研究參與者是我們的第一位讀者，事實
上，是我們最重要的讀者。因為，正是因著他們，我們必須格
外小心地來建構文本，小心不要建構出破壞支撐這些參與者之
174 生命故事的文本。但是作為研究者，我們也因著更大的讀者
群、因著學術論述的對談，而必須小心與負責。此外，我們的
研究文本也必須談到我們如何在某個研究現場裡，活出並敘説
我們的故事。

倫理和匿名

　　匿名，上述提及的倫理顧慮之一，在整個研究過程裡都是
個令人困擾的議題。就像我們之前所說的，在大學裡以人作為
研究對象的倫理守則規範下，這是件我們必須保證的事。在大
多數需要與研究現場和參與者密切接觸的質性研究裡，尤其是
在敘説探究中，匿名的議題會一再一再地出現。就像我們之前
所說的，就算我們保證匿名，我們是否能真的這樣做，其實並
不清楚。當我們在研究現場的時候，訪客和其他人都很清楚，
我們在那裡是因著對那個地方有長期的興趣。即便我們試著掩
飾我們在那個地方做的事，其他的人還是可能會告訴別人，我
們在那裡是做研究的。我們的參與者也可能告訴別人我們是
誰，我們在那裡做些什麼。例如，當我們在 Bay Street 學校進
行研究工作時，校長 Phil 很驕傲地宣稱：我們是他的駐校研究

者，並且很快地告訴訪客和其他人，說他是研究的參與者。另一方面，Stephanie，就不太願意讓教育董事會（board of education）裡的行政長官和諮詢人員知道她參與了研究。在董事會裡的那些人可能會知道她涉入研究的情境裡，因此她總是很小心地與研究計畫保持距離。

我們在現場工作了一段時間並開始撰寫研究文本時，這些事情有了一些轉變。Phil 和 Stephanie 在我們所寫的中期和最後的研究文本裡，都繼續保持匿名。然而，研究完成之後，有時 Phil 邀請我們在公開的論壇裡發表論文並參與其中。在這些公開場合裡，他使用自己的名字面對大家，並說他就是研究裡的 Phil。Stephanie 對於匿名的立場，在她離開原來的學校和董事會之後，也有了轉變。在大學裡，她很高興人們——研究生和大學教授——知道她就是 Stephanie，而她也使用真名來介紹自己。

當參與者在研究過程的其他部分擔任了其他角色的時候，屬於倫理議題的匿名顧慮，經常會有其他方面的轉變。例如，在研究初期，參與者可能會同意匿名；但當研究過程往前開展，而參與者擔任了其他角色時，他們可能會決定，在那些他們認為自己是共同作者的工作上，他們想要被認出來。例如，Wendy Sweetland，在 Janice Huber 和 Karen Whelan 的研究裡，開始時是參與者。研究往前推進時，她愈來愈把自己看成是共同研究者、研究文本的共同作者。最後，終於拋開匿名的顧慮，在一篇論文裡成為 Huber 和 Whelan 的共同作者。通常，有些老師和其他的專業人員會要求具名，就像 Phillion 研究裡

175

的 Pam，這樣他們所做的工作才會被認定為是他們自己的。當然，這樣的情況必然會給參與者和研究者帶來困擾，因為當人們——關起門來，在參與者自家機構裡——認為參與者在某方面並不看重、不尊重機構裡的敘說時，這樣做是有風險的。又如，參與者所做的批評可能不會受到歡迎；人們可能會認為他們在講學校的壞話；人們也可能認為他們是在炫耀。

　　當然，也有另一種可能的後果，就是一開始時，人們可能說他們希望用真名，而且說得相當清楚，他們選擇不要匿名。過了一陣子，或許是現場工作正在進行，或是中期或是最後的研究文本被寫出來的時候，他們開始感覺到如果用真名，可能會使自己陷入一種容易被傷害的處境裡。那個時候，他們可能會要求研究者使用化名，或是使用其他虛擬的方法，讓他們能夠得到匿名的安全保護。

　　在研究文本裡怎麼稱呼孩子？這方面的倫理顧慮也是很麻煩的一件事。通常，涉入敘說探究的兒童或是青少年，會希望自己的名字出現在研究文本裡，這樣他們的故事才會被認出來。有時候，如果家長同意的話，我們會用孩子的真名。但在所有的這些關於匿名的事情上，我們總要把關係看成所顧慮之事的核心。我們需要和參與者仔細說明，以各種我們能夠的方式，盡可能清楚地說明，這些關於匿名的決定將來可能會發展成什麼樣的情況。

　　我們設法想說清楚的是：匿名是研究從頭到尾都會存在的顧慮。作為研究者，我們需要知覺這樣的可能性：場景與我們的參與者都可能會轉移，可能會改變。有些在某個時候看來已

經解決、確定的事，在另一個時候可能又轉變了。

所有權和關係中的責任 ✎

　　大部分的新手敘說研究者，在把進行研究的個人理由寫成論文計畫的一部分時，會突然迸出這樣的問題：誰擁有故事？他們通常以非常直接的方式提出這個問題：到底是研究故事裡的角色擁有這些故事呢，或是研究者擁有這些故事？例如，書寫自身學校經驗的學生會問，他們是否需要取得老師、學生、兄弟姊妹或其他故事裡提及的人物的同意。因為說了故事，所以就擁有故事嗎？讓故事裡的角色匿名就夠了嗎？當匿名不可能做到時，例如，當某人寫到父親、某位兄弟姊妹、或是教某個年級的某位老師，這個問題就變得更複雜了。

　　所有權的問題在書寫現場文本時又會再度出現。例如，書寫現場筆記的敘說研究者，不知道是否所有的現場筆記都需要和所有的參與者分享。現場筆記是屬於研究者？寫出筆記的人？還是參與者？共同所有權的可能性，視研究者與參與者的關係而定，或許會在過程中萌現。這麼一來，我們或許要問，參與者和研究者雙方都必須協商現場筆記如何措詞嗎？

　　我們還記得在 Bay Street 學校書寫現場筆記時感受到的不確定感。對於某些 Stephanie 告訴 Jean 的故事，Jean 該如何處理？如果某些故事透過某些途徑被寫進現場筆記裡，而如果其他人，像是 Phil（另一位參與者），讀到了這些故事，可能就會出現問題。有時候，研究者寫個人筆記來區分可能可以和參

與者分享的資料，以及研究者覺得不適合分享的資料。這又引發下一個問題：在現場文本階段不公開的資料，在研究文本的階段能夠，或應該公開嗎？

所有權的顧慮，和倫理顧慮以及現場經過協商之關係，互相糾葛在一起了。說得直接一些，研究者總是清楚這樣的可能性：關係可能會終止，而他們也可能會被要求離開現場。

所有權的顧慮在建構研究文本時又會再度萌現。當碩士班和博士班學生瞭解到是他們的名字會出現在已完成的研究文本上，所有權很清楚的是他們的，而不是參與者的，這個時候，他們最能敏銳地感受到，所有權之顧慮又再度萌生了。如果在這之前，學生讀到那些批判研究者竊取別人聲音的文獻，就是那種批評研究者吸納、使用參與者的聲音來完成自己的研究目的的文獻，那麼，在面對所有權的顧慮時，這些學生就會更不知所措了。

我們在寫這個部分時，其實理解：雖然我們用所有權來說明這些顧慮，所有權這個概念，可能並不是能夠用來徹底思考上述研究中浮現之各種兩難處境與問題最好的方式。我們想知道，如果把敘說探究中的所有權顧慮，說成是關係中之責任的顧慮，這樣會不會對於思考這些事情比較有幫助。如果回頭探索書寫研究計畫階段出現的顧慮，我們認為：新手敘說研究者如果不要想著誰是他們幼年與學校經驗的擁有者，而是思考他們對其他人（如他們的父母、兄弟姊妹、和其他那些無法匿名的人）在某種關係中的責任，這樣可能比較有幫助。學生經常會希望彰顯他們父母的記憶，或是尊重他們父母所代表的價

值。比之於把這些事想成所有權，關係中的責任這個概念，會
是用來思考這些事比較好的方式。寫作者還是可以認為她們擁
有一項記憶，不過，可能因為感覺到其他的人或許不希望那項
記憶被說出來，或是在敘說的過程中可能會受到傷害，最終仍
然覺得不應該以這個回憶為基礎來說故事。

　　同樣地，當我們建構現場文本時，所有權的問題就沒有以
下這個問題來得重要：對於那些和我們有某種關係的人，我們
該有什麼樣的責任。當彼此間的信任感漸漸發展，參與者經常
會授權研究者，讓他想說什麼就說什麼。然而，研究者，或許
是因為比參與者更清楚文本最終會如何被閱讀，反而會發現他
們對於如何表徵參與者，變得比參與者自己還來得謹慎。

我們如何被故事化為研究者

　　當我們首次將自己視為敘說研究者，開始進行研究時，我
們把大多數的能量都集中在思考如何把研究中的參與者故事
化。我們沒有察覺到的是，也會有關於我們的故事被敘說啊！
寫到這些事，我們覺得那時實在是太天真了。如果我們想到研
究的關係性質，這樣的情形應該很容易可以想像得到才是。我
們所工作的場景當然是故事化的；那麼，作為在這些場景裡工
作的研究者，我們當然也會被那些和我們一起工作的人故事
化。當我們從現場轉移到現場文本，再轉移到研究文本，關於
我們的故事會一直跟著我們。

　　當我們還是新手敘說研究者，首次協商進入 Bay Street 學　178

257

校時，我們慢慢地才覺察到，別人也說著關於我們的故事。在某個時間點上，Stephanie 不假思索地說了，Jean 一定是在做她的碩士論文，而 Michael 一定是在做他的博士論文。這樣的評論給了我們一些啟示，讓我們瞭解我們的參與者之一如何敘說關於我們的故事。Phil 經常把我們說成「駐校研究者」，我們在那裡傾聽他的故事，並幫助他思考如何進行後續行動。

然而，並不是只有和我們在學校裡在一起密切工作的人會說著關於我們的故事。在比較近期的一項研究裡，有位住在 Calgary 的二年級老師 Marie 和我們一起工作。我們後來才察覺到孩子們也說著關於我們的故事。有個二年級的孩子，很喜歡 Jean 到教室裡來，在對 Jean 說著悄悄話的時候，她告訴 Jean，三年級的老師快要走了，Jean 或許可以來接替她的工作，然後可以有自己的班級。

這些關於作為研究者的我們究竟是誰的故事，也在我們進行訪談和與人對談時，出現在我們的現場文本裡。參與者跟我們說話的方式告訴我們一些事，讓我們知道自己如何被故事化。在 Bay Street 學校的研究工作裡，參與者最初對我們說話的方式讓我們知道，他們把我們故事化成擁有知識的專家，而且可以在工作坊和專業發展日的活動裡，提供他們一些知識。漸漸地，當他們和我們發展出彼此信任的工作關係，我們便被故事化為可信賴的朋友和同事。在後來於 Calgary 進行的一項與年輕女孩一起進行的敘說探究裡，Jean 在傾聽她和女孩的對談時才知道，她們把她故事化為一位來訪問的老師，一位對她們的進步和學校的功課感興趣的人。

關於作為研究者的我們是誰的那些故事，在我們建構研究文本時也很明顯。有時候，就像發生在 Bay Street 學校的長程研究工作過程裡的事一樣，當某位參與者讀了我們的作品，然後透過其他人，我們聽到了這個參與者如何說著關於我們的故事時，我們便曉得自己是如何被故事化。

研究者必須敏覺這些故事。有時候，研究者會主動採取行動來改變這些故事。我們發現自己在 Bay Street 學校時陷入一種處境：我們被正式要求在中午時段對老師進行一系列的工作坊。我們當時想，如果我們這樣做，那會改變我們在學校裡與其他人的關係，而這樣的狀況也會使得我們因為學校機構介入的關係，而被看成專家。我們那時想，這樣的話，將會逐漸破壞我們的參與者角色，以及我們所說的關於自己的故事。如果採取的行動與他人想說的故事背道而馳，就如讀者可以想見的，那會製造張力。在我們的這項情況裡，由於不進行工作 179 坊，我們冒著這樣的風險：被當成只是利用學校的人，只拿不給的人。

事實與虛構文類

在敘說探究裡，事實和虛構之間的界限是模糊的。通常是在自己或別人提出關於研究文本的問題時，我們最常面臨到這個議題。也就是，在我們自己想釐清，或別人要我們釐清我們所寫的東西的事實性與真實性的時候。但當我們為了這些問題感到困惑而苦思時，我們苦思的其實是在研究工作早期就很明

顯的一些事情，這些問題在我們開始書寫研究文本時變得更加嚴重。

當一位研究者在現場，聽到一個說出來的故事或敘述的事件時，我們可能會想知道這個故事的基礎。那些被描述的事件真的發生過嗎？我們怎麼知道？說的人怎麼知道的？如果有人問的話，對於這些問題的答案，會因著那個故事或事件而有所不同。當我們把這些問題寫在現場文本裡時，我們又問了一次。有時候，我們把懷疑寫在和其他現場文本相關的個人筆記裡。書寫故事或記錄一個事件是要看條件的，它是依我們的興趣和周邊狀況而定的。

我們思考這些問題時，很難找到清楚而確定的答案。在被催促著要給出答案的壓力下，原來似乎是事實的東西，變得愈來愈像是我們或參與者對記憶的再建構。我們最好把這些再建構想成虛構的文類嗎？回憶錄作家和自傳作家，像是 Torgovnick 和 Blaise，對於釐清事實與虛構文類之區別的無解狀況，提出了很有幫助的意見。在他的回憶錄，*Crossing Ocean Parkway*（1996）的後記裡，Torgovnick 提到一個她曾經被問到的問題，那個問題是：你的媽媽看法如何？而她是這樣回應這個問題的：

> 在我的書裡，我的父母和兄弟是以角色的方式出現的——我的意思是，他們是以從記憶折射出的事實為基礎所做的再現。在我的回憶錄裡，他們…並不是憑著自己來扮演那些角色，他們是我生命戲劇中的演員…我企圖要將我的父母轉

化成角色嗎？事實上，一直到我進入寫作過程一段時間後，
我才想到這個問題，但是無論如何我還是這樣做了。當…我
不經意地對我的秘書說，我要離開辦公室去接我的父母了，
她的回應是，「喔，和你那篇 Bensonhurst 文章裡的，是同
一對父母嗎？」這時我才瞭解了這一切（pp. 175-176）。

被問到那個問題迫使 Torgovnick 用事實和虛構文類的角度
來思考。對她而言，他們是同樣的人——在真實生活中的父母
和在故事裡的。但對於她的讀者像是她的秘書而言，他們只認
識故事裡的父母。讀者沒有關係史與記憶可資運用，來把書裡
的父母角色轉化成活生生的人，因而也不可能避免事實與虛構
文類的問題。對於讀者而言，故事中的父母必然是虛構的角
色。但是對 Torgovnick 而言，他們是從真實生活裡建構出的角
色。他們是事實的還是虛構的？對誰而言？到哪種程度？

Torgovnick 和她的秘書之間的對話，使得事實和虛構文類
的問題更加複雜。因為閱讀回憶錄時，讀者會把事件和角色想
成是真實生活中的事件和角色；想成是，使得形成回憶錄的詮
釋與敘說線路得以被建構的一些事實。然而，讀者，像是那位
秘書，也可能問出「這是同一對父母嗎？」這樣的問題。對她
而言，事實性的角色可以，或可能被認定為，在某個程度上被
虛構化了。在許多其他的事項上，這個故事顯示，讀者對文本
的關係，如何影響了我們對事實與虛構文類的顧慮。在這個情
況裡，事實或虛構文類的問題，似乎是由作者以偏向事實的方
向來解決了。這些角色是她的父母，因此是真實的。她的秘書

提出的問題隱含的意思是，故事中的父母和真實生活中的父母是不相同的。對於秘書，一個讀者，而言，事實或虛構文類的問題，解答的方式兩邊都有可能。但對於作者而言，這個問題並不容易解決。她說，在書寫回憶錄時，她的父母在她創造這兩個角色時是被虛構化了。事實，文本中的事實，對於讀者和作者而言，具有（被認為是）虛構的潛在可能性。這樣，我們就把此類文本稱為虛構文類嗎？

Blaise 在他稱之為《後現代自傳》（*Post-Modern Autobiography*, 1993）的著作裡，也從虛構文類為出發點，表示了類似的看法。他寫道：「每個人的虛構文類幾乎是完全自傳性的。使得它成為虛構文類的，經常是它喬裝的程度。所以當大部分的作家把自己的經驗分配或歸屬於其他的角色時；我則用某種方式把別人的經驗視為自己的。」（p. 201）

這麼說來，對於 Blaise 而言，可能可以這樣說：每件事，包括自傳和回憶錄，都是事實，因為每件事都是自傳性的。對他而言，就像對 Torgovnick 而言也是，事實和虛構文類是喬裝的問題，是虛構化的問題。

181

對敘說研究者而言，這些作家提供了一些可能性，讓我們得以用某些方式來思考事實和虛構文類這項議題，並使我們得以往前行進。當我們繼續投入敘說探究時，這些問題會跟著我們。雖然或許沒有答案，我們卻可以繼續我們的研究。

風險、危險和濫用:「我,評論家」

敘說的風險、危險和濫用,也是在整個敘說探究過程裡,必須一再思考的顧慮。雖然這些顧慮已經交織在整本書裡,但在最後這個部分裡,我們還是要對它們再一次進行思考。在這個部分,我們並不是要把各種可能的風險、危險和濫用列出來。而是,我們只想提醒新手敘說研究者,不論是進入現場、建構現場文本、中期文本或是建構最後研究文本的時候,都要仔細聆聽評論者的意見。我們的看法是,每一項回應,就某種程度而言,都是有用的,並且蘊含著帶有重要論點的種子。

就以敘說探究的中心宗旨之一,研究的互為主體性為例。如果完全不理會他人所說的,關於敘說探究過於個人、人際的這種評論,我們就可能陷入自戀與唯我的險境。

建構敘說探究文本的另一項危險,我們稱之為「好萊塢情節」,那種每件事到了結尾時都很美好的情節。這些情節,其中可能有那種徹底、不妥協的譴責,這些有時可在批判民族誌裡看到;或者是,在研究的每個面向都充滿了研究者與參與者的良好意圖,像是蜂蜜的蒸餾品,有時可在學程評鑑或學程實施狀況報告裡看到這樣的情節。在研究文本裡,這種情節的標誌是,它們不是在某些條件下才存在的,不是暫時性的存在,不是 Geertz 和 Bateson 在第一章裡所說的那一種。Spence(1986)把創造這些乾淨、無條件式情節的過程稱為「敘說平順化」(narrative smoothing)(p. 211)。這樣的過程在敘說探

究裡會一直進行著，無論是建構現場文本或研究文本。這樣的問題，因此成了一個判斷的問題。研究者必須作出一系列的判斷，以便能夠面對情節中所包含的平順化，以及因著平順化的過程而變得模糊的部分，並決定如何在兩者之間取得平衡。承認敘說的平順化，等於是為讀者打開了另一扇門。也就是說，對於沒說的故事與說出的故事，保持同樣程度的醒覺。我們使用了 Kermode（1981）的想法，發展出未說之故事這樣的概念，並將它視為細心的讀者會關注的敘說祕密。敘說研究者如果能自覺地討論所做的選擇、可能的另類故事、以及那些從「我，評論者」的角度所能看到的其他限制，對讀者來說是很有幫助的。

182

　　關於在整個研究過程中如何思考風險、危險和濫用這些議題，我們學到的方法之一是，透過我們作為敘說研究者的多重「我」來思考。這些「我」的其中之一是敘說評論者。Welty（1979）宣稱，虛構文類作者可以避掉評論的任務，但敘說研究者卻無法避免。她寫道，「故事寫作和評論分析，事實上是分開的天賦，就像拼字和吹奏橫笛。如果同一位作家兩者都精通，可說是雙重的天分。即便如此，這樣的作家也不能同時做到這兩件事」（p. 107）。敘說研究者無法照著這句名言的說法，他們必須找到成為那種「評論者我」的方式。

　　成為「評論者我」，如果太投入的話，會引發的問題之一是，它有種負面、監視的意味，這樣可能會抑制研究發展的空間。我們必須找到方法去覺察，在化約主義與形式主義邊界的人，對我們的作品可能有什麼樣的看法；我們必須警醒並覺察

我們的工作的脈絡；我們必須警醒並覺察那些從三度敘說探究空間的角度看到的，關於現場文本與研究文本的問題。我們把這樣的覺察稱為**醒覺**（wakefulness）。

　　我們刻意地選擇醒覺而非評論性的語言，用意是把敘說探究的工作場域，設定成一個沒有通行障礙物、關口和停止標誌的工作場域。醒覺的語言容許我們往前進行，而不會一直擔心、一直想到風險、自戀、唯我、過於簡化的情節、場景，和單一面向的角色。這樣的醒覺在回應社區裡能夠發展得最好，在這社群裡，多樣性與差異受到珍視，對其他可能性的猶疑也受到鼓勵。即便有回應社群在研究過程中運作，我們還是鼓勵自己和別人仔細關注他人對研究文本所做的評論。當然，這樣的評論無可避免地會對研究提出問題。然而，可別誤解了我們的立場。那些意見和評論有可能來自形式主義和化約主義的想法。這些意見必須被回應，用敘說探究的辭彙與概念來回應；或具體而言，用某項敘說探究的情況來回應。我們必須覺察這些評論，但不必然要接受這些評論。

　　我們所說的，用醒覺的精神來回應評論到底是什麼意思？用以下這個故事來說明最清楚不過了。在最近發生的一次談話裡，有位新手敘說研究者描述了她的研究計畫：她想探究巴西農村婦女的經驗。小組裡有位巴西婦女問她，研究者是巴西文化的局外人，又不懂當地語言，在這樣的狀況下，研究者如何期望能夠獲得什麼？研究者回應說，雖然她不是來自那個文化，可是她事實上會說葡萄牙語。一項關於由局外人進行跨文化研究之適切程度的討論就此展開。

183

265

　　對我們而言，其他有趣的議題被指出來了。我們把上述的對談看成是醒覺的一部分。就那位新手研究者而言，這是漸漸清醒、漸漸意識到某些問題的一部分，她確實需要考慮到語言的問題。她確實需要考慮，她是那個文化的局內或局外人會造成什麼不同。不過，她那個得意的回應——她會說葡萄牙語——卻把一個更廣泛的議題掩蓋掉了，即，在三度敘說探究空間裡進行研究時保持醒覺的議題。比方說，我們也不會想都不想地就認定缺乏某種語言一定會使得她無法進行研究；這是要看情形而定的。但她這個情況太戲劇性了，以致把比較日常的、每時每刻都要注意的面向掩蓋住了，即，我們必須覺察現場文本與研究文本如何沿著時間、個人、社會、地點的向度被定置。

　　再用相反的情況來看，假設有人做的是自傳性的研究，並且報導了一段記憶，這樣，語言似乎就不是議題了。但是，質問那位巴西研究者的問題，也可以用在這位帶出回憶的研究者身上。三度探究空間裡，有哪些條件會對人可能從記憶裡創塑出的意義有所限制？這項記憶是從成人對兒時回憶的敘述而來，或是來自兒童的敘述，這兩者是有差異的。再說，來自童年日記的記憶，和來自成年人不倚靠日記對事件所做的記憶，兩者在時間向度上是有差異的。記憶被喚出的情況也會造成差異——是在對談情境裡？在信件裡？還是在研究訪談情境裡等等。

醒覺 ✐

　　在第二章，我們根據特徵將敘說探究描述為一種「流動的」研究，一種挑戰既定研究與表徵認定的研究。它是一種需要持續反思的研究，這種持續反思我們稱之為醒覺。敘說探究，定置於化約主義式和形式主義式研究的邊界上，處在一種仍在發展的狀態中。這種狀態要求身為研究者的我們要對所有的研究決定，保持醒覺、經常思慮。

　　當我們進入研究現場，我們面臨到從別人而來的，以及來自自身的挑戰，被問道：做敘說探究的意義究竟是什麼。別人，或許甚至是我們自己，在形式比較固定的研究裡，會覺得比較舒服，比較自在。我們需要對我們作為敘說研究者究竟在做些什麼保持醒覺，這樣，對於進行敘說探究究竟有什麼意義，我們才能不斷地學習。如同我們在前面所說的，在支持性的回應社群裡進行敘說探究是有幫助的，這樣的社群幫助我們對於活出、說出那些來自現場的故事，一直保持懷疑的心態。

　　在以上的部分裡，我們指出，書寫研究文本時保持醒覺，並接受別人透過評論或審查而來的回應、包括那些進行形式較固定之形式主義式和化約主義式研究的人之回應，有多重要。我們設想，這些挑戰將會持續許多年。當我們對這些評論保持醒覺，我們的回應將會幫助我們發展出判斷敘說探究之價值的標準。

　　1990 年，在我們第一篇論及敘說探究的主要文章裡，我們

寫了一個部分，標題是，「怎樣才能做出好的敘說？超越信度、效度與概化。」在其中，我們寫道：「和其他的質性方法一樣，敘說倚靠的標準並不是效度、信度和概化。很重要的一點是，不要把敘說之判準的語言，硬塞進針對其他形式之研究而創造出的語言裡。用來說明敘說探究的語言和判準，在研究社群裡正在發展中。」（Connelly & Clandinin, 1990, p. 7）

那時，我們舉出許多可能使用的判準，像是 Van Maanen（1988）所說的**顯明性**（apparency）和**逼真性**（verisimilitude），這些判準強調研究文本中，研究現場可被辨識的程度；還有Lincoln和Guba（1985）所說的**遷移性**（transferability），這個判準強調概化的程度。我們也寫到，避免「因果關係之幻覺」（Crites, 1986, p. 168）這件事的重要性，就是以時間順序來敘說事件時，似乎存在的那種明顯的因果關係。我們提到，好的敘說探究應該具有**解釋**、**邀請**的性質，應該有**真實性**（authenticity），**適切性**（adequacy）和**可能性**（plausibility）。

這些判準都還在繼續發展中，我們也鼓勵敘說研究者要仔細推敲這些發展中的判準。然而，當我們回頭看1990年提出的問題——怎樣才能做出好的敘說？——我們理解到，我們必須轉換這個問題，以便能夠更適切地處理我們的一些顧慮。現在我們的問題比較不是怎樣才能作出好的敘說——這樣問，我們覺得隱含著怎樣才能寫出好的敘說探究文本的問題——而是，怎樣才能作出好的敘說探究？這個重新措詞的問題，使得我們不只能夠透徹思考研究文本的問題，也能夠關注敘說探究的整體過程。

185

　　在我們自己的回應社群裡，我們也請自己和別人說說他們希望別人使用什麼樣的判準來看他們的敘說探究。有時候，他們會發展出對他們行得通的新判準，像是 Conle（1996）提出的**敘說迴響**（narrative resonance），以及 Whelan（1999）和 Huber（1999）提出的**敘說交疊**（narrative interlapping）。有時候，我們的對談又把我們帶回到以上提及的判準——用這些判準來判斷某項敘說探究的整體過程，它們仍然是有意義的。

　　當我們持續在敘說探究的邊界上工作時，我們嘗試著發展出能在三度敘說探究空間裡行得通的判準。然而，就我們看來，無論我們是在現場、書寫現場文本、或是書寫研究文本，並猶疑著在某項敘說探究裡該使用哪些判準時，醒覺最能夠描述活出敘說探究的特質。

尾聲

　　活出、敘說、再敘說，以及再活出，這些標示出的，正是一個生命的素質。這樣一本關於敘說探究的書，一本對此種持續發展之生命素質進行反思的書，在某個點或某個時刻停了下來，不過是因為作者和他們最親密的讀者都說，夠了夠了，至少目前是夠了。這樣的一本書也是以同樣的方式開始的——不一定是在一個明顯的點上起了頭；而是從那個對作者的經驗故事來說有意義的點上開始。這就是這本書的情況。我們從敘說我們研究者的經驗故事開始。另一種開端，或是用其他的故事來開始，這都是有可能的。而我們在中途開始，也在中途結束。

　　在這短短的幾頁裡，我們想試著回溯，在這本書裡我們是如何述說我們的敘說探究；不過，我們並不把這些思考看成結論。這樣做的時候，我們其實就是把關於這本書的敘說重述一次。對於我們自己，以及你們讀者，我們希望帶出的感覺與意義是：我們，或許還有別人，在進行和思考敘說探究時，是如

何走到我們目前所在之處。這樣的重述可能會幫助我們——我們作者、我們的學生，以及特別感興趣的讀者們——把敘說探究者所做的事再活出一次，並以不同的方式向前移動。而雖然往前移動，但還是與我們的開始之處有著聯繫——就像重述與述說有著聯繫，再活出與活出有著聯繫一般。

在第四章我們寫到，這不是一本要定義敘說、定義敘說探究的書，更不是要說明如何做敘說探究的書。這是一本述說那些我們如何做敘說探究之故事的書。我們希望這是一本關於如何進行敘說式思考的書，一本述說關於敘說探究者究竟做些什麼的書。我們並不是根據一些定義性的屬性，來為敘說探究命名。我們所做的是，把它看成是有些人在做的事，並嘗試為那些也想做類似這些事情的人，說些有用的意見。

我們是怎樣重述的？這個任務可以說很簡單，因為我們不過是一點一滴重新述說；但它也可以說很困難，因為我們想要強調，我們所想的和別人有所不同，並穿越那些我們所謂的化約主義和形式主義的邊界——也就是以最廣的意義而言，定義社會科學研究世界的那些邊界。書寫這些事情，就像我們書寫這本書的每件事情一樣，對於我們重新活出敘說探究者的生活是很有幫助的。希望這本書對我們的學生和讀者來說也是如此。我們只能想像，閱讀這本書多少會和他們自身作為研究者的敘說發生聯繫，並讓他們得以創造出那些比較是屬於他們，而非屬於我們或這本書的，敘說探究旅程。

寫完這本書再來重述這本書之際，我們瞭解到，我們是從探索自身作為研究者的經驗故事開始寫起。由於過去我們都是

188

在我們稱為鉅型敘事的傳統下接受學術訓練，所以對我們兩人而言，我們作為研究者的過往被說得像個謎團似的。然而，當我們的故事幫助我們瞭解到一些事時，我們兩人都覺得，跟隨鉅型敘事的情節線路，會將我們帶離我們理解自己及別人之經驗時的核心興趣。當我們說著身為研究者的故事時，驅動著我們的力量，是那些經驗，而不是敘說。我們走到敘說探究，是因為我們想要尋找研究經驗的方式。而對我們來說，敘說是讓我們能夠最貼近經驗的一種方式。由於經驗是我們最主要的關注，我們發現自己試著去避開，那些因著敘說的理論性考量而出現的策略、手段、規則與技巧。對我們來說，一個探究的主要引導原則是：聚焦於經驗，並跟隨著經驗到它所引向之處。

我們讀了各種風格不同的作者之作品，這些作者也都轉向敘說。我們想瞭解，我們的興趣和經驗如何切合於或不切合於，其他這些敘說探究者的興趣和經驗。我們想看看自己如何能從這些作者轉向敘說的行動中學習。由於我們能夠直接或間接地，讀出許多敘說探究者的思考和經驗間的聯繫，因而得以把我們對敘說的概念不斷地細緻化，並漸漸地建立出我們所謂的一組用語，來界定出敘說探究的空間。

在第二、第三章，我們回到自身的研究工作，回到我們自己作為敘說探究者的經驗故事，以便瞭解，當我們在追求我們所以為的敘說式思考時，我們到底在做些什麼。投入那項工作後，我們發現，我們學到了許多關於我們自己的事；同樣地，也學到許多關於我們所認為的，對我們的探究而言最核心的事。我們把焦點放在探究張力發生的時刻——我們把這些時刻

稱之為，和他種探究思考方式一起在邊界上工作。這些在化約主義的邊界（第二章）和形式主義的邊界（第三章）上所遭逢的張力，引領我們去關注我們的研究生命裡，時間性的議題；關注理論、人、行動、確定性和脈絡，以及這些事的位置與平衡的議題；關注研究者之位置的問題。對我們來說，敍說式的思考，或開展一個敍說探究的生活，指的就是持續去探索這些事情。

189

在第四章，我們勉力處理敍說探究者做些什麼的議題，於是我們又回到自身的研究經驗故事，並建構出一組探究專用名詞。雖然這些詞彙並沒有詳細的告訴我們到底要做些什麼，然而它們卻創造出一種我們視為空間的東西——讓我們可以在這樣的空間裡進行敍說探究。

在接下來的五個章節裡，我們把敍說探究的連續歷程勾勒出來——從身處現場直到建構研究文本的整個歷程。人們總是以為，敍說探究指的就是收集、分析與詮釋故事。而我們想傳達的是一種敍說探究的整體感——從活出到述說，一直到在敍說探究文本裡重述經驗，這整個過程是一個整體。收集並分析故事只是敍說探究的一部分。活出與說出經驗，才是我們在表達作為敍說探究者之經驗的意義與感受為何時，主要的定置之處。雖然我們討論了一些議題，但回頭再思時，我們瞭解到，關係才是敍說式思考的核心。關係，是敍說研究者所做之事的核心與關鍵。

敍說探究是對於經驗的研究，而經驗呢，根據杜威所教導我們的，指的是人們如何處於脈絡性與時間性的關係之中。參

與者是在某種關係之中，而我們作為研究者，也和參與者處於某種關係之中。敘說探究是一種對於經驗的經驗。它是一些在某種關係中的人，和另一些在某種關係中的人，一起進行的研究。

在第十章，我們拉出了倫理、所有權，事實和虛構等敘說線路來說明，在整個研究歷程中，某些經驗是如何與我們一起生活著。經驗本身具有一種整體與完全的性質，它不會留在研究現場，也不會留在現場文本裡；它在結尾處仍是活的，就像它在開端時一樣。

我們現在所做的重述，就像對我們的生活敘說進行重述一樣，目的在於：提供一些重新活出的可能性，也提供關於新方向、做這些事之嶄新方式的可能性。我們希望的是：這本書為其他的敘說探究者提供想像式的可能性，以幫助這些研究者持續地在邊界上工作；並且，他們嘗試去瞭解經驗時，能夠將他們自己延伸到新的方向上。

在這本書一開始的介紹性故事裡——那是一個二十多年前經歷過的故事——我們看出自己當時是以符合鉅型敘事之情節路線的方式，活出了我們的研究故事。雖然在那個時候，這樣的作法似乎將我們帶離對經驗之研究，因而使我們倍感困擾，但是我們兩人還是繼續那樣做了——Michael 使用各種測驗來評估各文化裡學生的成就，而 Jean 則使用孩子在兩項測驗中的分數相關度來測量、預測學生在閱讀上可能成功的程度。對我們來說，當時幾乎沒有真正的其他選擇是可及的。關於我們所探討的主題，我們被教導用這樣的方式來思考。

190

　　現在，我們可以有不同的選擇。我們看見自己在化約主義與形式主義的邊界上工作，並且不斷尋找敘說式研究經驗的方式。現在，能夠再回到 Bay Street 學校的研究，能夠用敘說的觀點來探索學校改革的問題，我們感到很幸運。這項探究的點點滴滴在這整本書裡都有提及。目前，計畫中的工作是，我們要探索小學中多元文化的教－學經驗，這項計畫將在 1999 年秋季開始進行。在這項研究裡，我們將回到一種雙重主題上：孩子和老師的經驗，以及對於這些經驗所做的文化敘說所帶來的影響力。在這次的返回行動裡，我們不是依據鉅型敘事的情節線路，而是根據敘說探究的情節線路來開展我們的工作。

参考書目

Alvarez, J. *Something to Declare*. Chapel Hill, N.C.: Algonquin Books, 1998.

Anderson, K., and Jack, D. "Learning to Listen: Interview Techniques and Analyses." In B. Gluck and D. Patai (eds.), *Women's Words: The Feminist Practice of Oral History*. New York: Routledge, 1991.

Anderson, L. W., and Sosniak, L. A. (eds.). "Bloom's Taxonomy: A Forty-Year Retrospective." *The National Society for the Study of Education Yearbook*. Chicago: University of Chicago Press, 1994.

Bach, H. "A Visual Narrative Concerning Curriculum, Girls, Photography, etc." Unpublished doctoral dissertation, University of Alberta, 1997.

Bakhtin, M. M. *The Dialogic Imagination*. Austin: University of Texas Press, 1981.

Barone, T. E., and Eisner, E. W. "Arts-Based Educational Research." In R. Jaeger (ed.), *Complementary Methods for Research in Education*. (2nd ed.). Washington, D.C.: American Education Research Association, 1997.

Bateson, M. C. *Peripheral Visions: Learning Along the Way*. New York: HarperCollins, 1994.

Bernstein, R. J. "The Varieties of Pluralism." *American Journal of Education*, 1987, *95*, 508–525.

Blaise, C. *I Had a Father: A Post-Modern Autobiography*. New York: Harper-Collins, 1993.

Bloom, B. S. (ed.). *Taxonomy of Educational Objectives*. White Plains, N.Y.: Longman, 1956.

Booth, W. C. "Pluralism in the Classroom." *Critical Inquiry*, 1986, *12*, 468–479.

Bowers, L. "Career Stories of Three Mothers as Teachers." Unpublished master's thesis, University of Alberta, 1993.

Bruner, J. *Acts of Meaning*. Cambridge, Mass.: Harvard University Press, 1990.

Carr, D. *Time, Narrative, and History*. Bloomington: Indiana University Press, 1986.

Carr, E. *Hundreds and Thousands: The Journals of an Artist.* Toronto: Irwin, 1966.

Chatman, S. *Coming to Terms: The Rhetoric of Narrative in Fiction and Film.* London: Cornell University Press, 1990.

Clandinin, D. J., and Connelly, F. M. "Studying Teachers' Knowledge of Classrooms: Collaborative Research, Ethics, and the Negotiation of Narrative." *The Journal of Educational Thought,* 1988, *22*(2A), 269–282.

Clandinin, D. J., and Connelly, F. M. "Personal Experience Methods." In N. K. Denzin and Y. Lincoln (eds.), *Handbook of Qualitative Research.* Thousand Oaks, Calif.: Sage, 1994.

Code, L. *What Can She Know: Feminist Theory and the Construction of Knowledge.* Ithaca, N.Y.: Cornell University Press, 1991.

Coles, R. *The Call of Stories: Teaching and the Moral Imagination.* Boston: Houghton Mifflin, 1989.

Conle, C. "Resonance in Preservice Teacher Inquiry." *American Educational Research Journal,* 1996, *33*(2), 297–325.

Connelly, F. M., and Clandinin, D. J. *Teachers as Curriculum Planners: Narratives of Experience.* New York: Teachers College Press, 1988.

Connelly, F. M., and Clandinin, D. J. "Stories of Experience and Narrative Inquiry." *Educational Researcher,* 1990, *19*(5), 2–14.

Connelly, F. M., and Clandinin, D. J. *Shaping a Professional Identity: Stories of Educational Practice.* New York: Teachers College Press, 1999.

Crites, S. "Storytime: Recollecting the Past and Projecting the Future." In T. R. Sarbin (ed.), *The Storied Nature of Human Conduct.* New York: Praeger, 1986

Cuban, L. "Curriculum Stability and Change." In P. W. Jackson (ed.), *Handbook of Research on Curriculum.* Old Tappan, N.J.: Macmillan, 1992.

Czarniawska, B. *Narrating the Organization: Dramas of Institutional Identity.* Chicago: University of Chicago Press, 1997.

Davies, A. "Team Teaching Relationships: Teachers' Stories and Stories of School on the Professional Knowledge Landscape." Unpublished doctoral dissertation, University of Alberta, 1996.

DeCarion, D. "A Narrative Inquiry into Home: A Space Called 'Anywhere.'" Unpublished doctoral dissertation, University of Toronto, 1998.

Denzin, N. *Interpretive Ethnography: Ethnographic Practices for the 21st Century.* Thousand Oaks, Calif.: Sage, 1997.

Denzin, N., and Lincoln, Y. (eds.). *Handbook of Qualitative Research.* Thousand Oaks, Calif.: Sage, 1994.

Dewey, J. *Human Nature and Conduct.* New York: Hart, Holt, and Company, 1922.

Dewey, J. *The Quest for Certainty: A Study of the Relation of Knowledge and Action.* New York: Paragon Books, 1929.

Dewey, J. *Art as Experience.* Toms River, N.J.: Capricorn Books, 1934.

Dewey, J. *Experience and Education.* New York: Collier Books, 1938.

Dewey, J. *Democracy and Education.* Old Tappan, N.J.: Macmillan, 1961. (Originally published 1916.)

Dietrich, C. E. "Narrative of a Nurse-Educator: The Interconnected Beginnings of a Daughter, a Teacher, a Friend, Family—A Personal Source of Practical Knowledge." Unpublished doctoral dissertation, University of Toronto, 1992.

Dillard, A. *The Writing Life.* New York: HarperCollins, 1987.

Dillard, A. *An American Childhood.* New York: HarperCollins, 1988.

Doyle, W. "Curriculum and Pedagogy." In P. W. Jackson (ed.), *Handbook of Research on Curriculum.* Old Tappan, N.J.: Macmillan, 1992.

Edel, L. *Writing Lives: Principia Biographica.* New York: Norton, 1984. (Originally published 1959.)

Eisner, E. W. *The Enlightened Eye: Qualitative Inquiry and the Enhancement of Educational Practice.* Old Tappan, N.J.: Macmillan, 1991.

Geertz, C. *Works and Lives: The Anthropologist as Author.* Stanford: Stanford University Press, 1988.

Geertz, C. *After the Fact: Two Countries, Four Decades, One Anthropologist.* Cambridge, Mass.: Harvard University Press, 1995.

Goldberg, N. *Writing Down the Bones: Freeing the Writer Within.* Boston: Shambhala, 1986.

Goldberg, N. *Wild Mind: Living the Writer's Life.* New York: Bantam Books, 1990.

He, M. F. "Professional Knowledge Landscapes: Three Chinese Women Teachers' Enculturation and Acculturation Processes in China and Canada." Unpublished doctoral dissertation, University of Toronto, 1998.

Hedges, G. "A Narrative Inquiry into Intuition: A Personal Development Process." Unpublished doctoral dissertation, University of Toronto, 1994.

Heilbrun, C. *Writing a Woman's Life.* New York: Ballantine, 1988.

Houston, W. R. *Handbook of Research on Teacher Education: A Project of the Association of Teacher Educators.* Old Tappan, N.J.: Macmillan, 1990.

Huber, J. "Negotiating the Interface of Embodied Knowledge Within the

Professional Knowledge Landscape." Unpublished doctoral dissertation, University of Alberta, 1999.

Jackson, P. W. (ed.). *Handbook of Research on Curriculum: A Project of the American Educational Research Association.* Old Tappan, N.J.: Macmillan, 1992.

Johnson, M. *The Body in the Mind: The Bodily Basis of Meaning, Imagination, and Reason.* Chicago: University of Chicago Press, 1987.

Kerby, A. P. *Narrative and the Self.* Bloomington: Indiana University Press, 1991.

Kermode, F. "Secrets and Narrative Sequence." In W.J.T. Mitchell (ed.), *On Narrative.* Chicago: University of Chicago Press, 1981.

Kroma, S. "Personal Practical Knowledge of Language in Teaching." Unpublished doctoral dissertation, University of Toronto, 1983.

Kuhn, T. S. *The Structure of Scientific Revolutions.* Chicago: University of Chicago Press, 1970.

Lagemann, E. C. "The Plural Worlds of Educational Research." *History of Education Quarterly,* 1989, *29*(2), 185–214.

Lagemann, E. C. *Contested Terrain: A History of Education Research in the United States, 1890–1990.* Chicago: Spencer Foundation, 1996.

Lagemann, E. C. *John Dewey's Defeat: Studying Education in the Research University, 1890–1990.* Chicago: University of Chicago Press, in progress.

Lakoff, G., and Johnson, M. *Metaphors We Live By.* Chicago: University of Chicago Press, 1980.

Lincoln, Y. S., and Guba, E. G. *Naturalistic Inquiry.* Thousand Oaks, Calif.: Sage, 1985

Lugones, M. "Playfulness, 'World'-Travelling, and Loving Perception." *Hypatia,* 1987, *2*(2), 3–19.

MacDonald, A. M. *Fall on Your Knees.* Toronto: Vintage, 1996.

MacIntyre, A. *After Virtue: A Study in Moral Theory.* Notre Dame, Ind.: University of Notre Dame Press, 1981.

Mallon, T. *A Book of One's Own: People and Their Diaries.* New York: Penguin Books, 1984.

Marcus, G. E., and Fischer, M.M.J. *Anthropology as Cultural Critique: An Experimental Moment in the Human Sciences.* Chicago: University of Chicago Press, 1986.

Mickelson, J. R. "Our Sons Are Labeled Behavior Disordered: Here Are Our Stories." Unpublished doctoral dissertation, University of Alberta, 1995.

Minister, K. "A Feminist Frame for the Oral History Interview," In S. B. Gluck and D. Patai (eds.), *Women's Words: The Feminist Practice of Oral History.* New York: Routledge, 1991.

Mishler, E. G. *Research Interviewing: Context and Narrative.* Cambridge, Mass.: Harvard University Press, 1986.

Molloy, S. *At Face Value: Autobiographical Writing in Spanish America.* New York: Cambridge University Press, 1991.

Oakeshott, M. *Rationalism in Politics.* London: Methuen, 1962.

O'Brien, T. *The Things They Carried.* Toronto: McClelland and Stewart, 1991.

Paley, V. G. *White Teacher.* Cambridge, Mass.: Harvard University Press, 1989.

Paley, V. G. *The Boy Who Would Be a Helicopter.* Cambridge, Mass.: Harvard University Press, 1990.

Phillion, J. "Narrative Inquiry in a Multicultural Landscape: Multicultural Teaching and Learning," Unpublished doctoral dissertation, University of Toronto, 1999.

Polanyi, M. *Personal Knowledge.* Chicago: University of Chicago Press, 1958.

Polkinghorne, D. E. *Narrative Knowing and the Human Sciences.* Albany: State University of New York Press, 1988.

Prince, G. *A Dictionary of Narratology.* Lincoln: University of Nebraska Press, 1987.

Propp, V. *Morphology of the Folktale.* Austin: University of Texas Press, 1968.

Richardson, L. "Narrative and Sociology." In J. Van Maanen (ed.), *Representation in Ethnography.* Thousand Oaks, Calif.: Sage, 1995.

Rist, R. "Blitzkreig Ethnography: On the Transformation of a Method into a Movement." *Educational Researcher,* 1980, *9*(2), 8–10.

Rose, C. P. "Stories of Teacher Practice: Exploring the Professional Knowledge Landscape." Unpublished doctoral dissertation, University of Alberta, 1997.

Rose, D. *Living the Ethnographic Life: Qualitative Research Methods Series.* Vol. 23. Thousand Oaks, Calif.: Sage, 1990.

Sarton, M. (ed.). *May Sarton: A Self-Portrait.* New York: Norton, 1982.

Schafer, R. *Retelling a Life: Narrative and Dialogue in Psychoanalysis.* New York: Basic Books, 1992.

Schön, D. A. *The Reflective Practitioner: How Professionals Think in Action.* New York: Basic Books, 1983.

Schön, D. A. *Educating the Reflective Practitioner*. San Francisco: Jossey-Bass, 1987.

Schön, D. A. *The Reflective Turn: Case Studies in Reflective Practice*. New York: Teachers College Press, 1991.

Schroeder, D., and Webb, K. "Between Two Worlds: University Expectations and Collaborative Research Realities." In H. Christiansen, L. Goulet, C. Krentz, and M. Maeers (eds.), *Re-creating Relationships: Collaborations and Educational Reform*. New York: State University of New York Press, 1997.

Schwab, J. J. "What Do Scientists Do?" *Behavioral Science*, 1960, 5, 1–17. (Reproduced in I. Westbury and N. J. Wilkof [eds.], *Joseph J. Schwab. Science, Curriculum, and Liberal Education: Selected Essays*. Chicago: University of Chicago Press, 1978).

Skinner, Q. (ed.). *The Return of Grand Theory in the Human Sciences—Althusser, the Annales Historians, Derrida, Foucault, Gadamer, Habermas, Kuhn, Levi-Strauss, Rawls*. Cambridge, England: Cambridge University Press, 1985.

Spence, D. P. *Narrative Truth and Historical Method*. New York: Norton, 1982.

Spence, D. P. "Narrative Smoothing and Clinical Wisdom." In T. R. Sarbin (ed.), *Narrative Psychology: The Storied Nature of Human Conduct*. New York: Praeger, 1986.

Stone, E. *Black Sheep and Kissing Cousins: How Our Family Stories Shape Us*. New York: Times Books, 1988.

Sweetland, W., Huber, J., and Whelan, K. *Narrative Interlappings: Recognizing Difference Across Tension*, in progress.

Thompson, P. *The Voice of the Past: Oral History*. Oxford: Oxford University Press, 1978.

Torgovnick, M. De M. *Crossing Ocean Parkway*. Chicago: University of Chicago Press, 1996.

Turner, V. "Social Dramas and Stories about Them." In W.J.T. Mitchell (ed.), *On Narrative*. Chicago: University of Chicago Press, 1980.

Van Maanen, J. *Tales of the Field. On Writing Ethnography*. Chicago: University of Chicago Press, 1988.

Welty, E. *The Eye of the Story: Selected Essays and Reviews*. New York: Vintage Books, 1979.

Whelan, K. "Toward Places of Community: Border Crossing of Possibility on the Professional Knowledge Landscape." Unpublished doctoral dissertation, University of Alberta, 1999.

Wittrock, M. C. (ed.). *Handbook of Research on Teaching: A Project of the American Educational Research Association.* Old Tappan, N.J.: Macmillan, 1986.

Wolcott, H. F. *Transforming Qualitative Data: Description, Analysis, and Interpretation.* Thousand Oaks, Calif.: Sage, 1994.

Zinsser, W. (ed.). *Inventing the Truth: The Art and Craft of Memoir.* Boston: Houghton Mifflin, 1987.

索引

B

N

O

R

國家圖書館出版品預行編目資料

敘說探究：質性研究中的經驗與故事 /
D. Jean Clandinin, Michael Connelly 作；
蔡敏玲，余曉雯譯.--初版.--臺北市：心理, 2003（民 92）
面；公分. --（教育研究系列；81019）
含索引
譯自：Narrative inquiry: experience and story in qualitative
research

ISBN 978-957-702-626-2（平裝）

1.教育－研究方法

520.31   92016764

教育研究系列 81019
敘說探究：質性研究中的經驗與故事

作　　者：D. Jean Clandinin、F. Michael Connelly
譯　　者：蔡敏玲、余曉雯
總 編 輯：林敬堯
發 行 人：洪有義
出 版 者：心理出版社股份有限公司
地　　址：231 新北市新店區光明街 288 號 7 樓
電　　話：(02) 29150566
傳　　真：(02) 29152928
郵撥帳號：19293172　心理出版社股份有限公司
網　　址：http://www.psy.com.tw
電子信箱：psychoco@ms15.hinet.net
排 版 者：辰皓國際出版製作有限公司
印 刷 者：昕皇企業有限公司
初版一刷：2003 年 11 月
初版七刷：2021 年 1 月
I S B N：978-957-702-626-2
定　　價：新台幣 350 元